·国家自然科学基金青年项目（批准号：72103163）；教育部哲学社会科学研究后期资助项目（批准号：22JHQ066）；西北大学理论经济学一流学科建设项目；国际经济与贸易国家级一流本科专业建设项目。

环境治理与引资行为之间的多重困境

理论与实证

Multiple Dilemmas Between Environmental Governance and Investment-Attraction Behavior

Theory and Empirical Research

史贝贝◎著

中国经济出版社
CHINA ECONOMIC PUBLISHING HOUSE
北 京

图书在版编目（CIP）数据

环境治理与引资行为之间的多重困境：理论与实证 / 史贝贝著．—北京：中国经济出版社，2023.8（2025.4 重印）
ISBN 978-7-5136-7339-6

Ⅰ.①环… Ⅱ.①史… Ⅲ.①外资利用—研究—中国②环境综合整治—研究—中国 Ⅳ.①F832.6②X321.2

中国国家版本馆 CIP 数据核字（2023）第 101925 号

责任编辑 张利影
责任印制 李 伟
封面设计 华 子

出版发行 中国经济出版社
印 刷 者 北京艾普海德印刷有限公司
经 销 者 各地新华书店
开 本 710mm×1000mm 1/16
印 张 15.5
字 数 230 千字
版 次 2023 年 8 月第 1 版
印 次 2025 年 4 月第 2 次
定 价 86.00 元
广告经营许可证 京西工商广字第 8179 号

中国经济出版社 **网址** www.economyph.com **社址** 北京市东城区安定门外大街 58 号 **邮编** 100011

内容提要

改革开放四十余年来，中国经济发生了翻天覆地的变化，创造了奇迹般的增长，而在经济高速增长的同时，生态环境也遭受了破坏。面对日益严峻的环境问题，如何实现经济增长与环境保护之间的共赢，已成为转变经济发展方式、提高公共社会福利的重要议题。事实上，尽管长期以来地方政府将环境质量的改善作为其主要职责，并采取各种应对措施进行积极治理，但遗憾的是，部分地方政府对环境的治理始终没有达到理想的效果。鉴于此，本书从地方政府引资行为的角度来探究环境治理过程中存在的困境。为了进行深入而全面的考察，本书分别从政府竞争、财政压力、晋升激励以及环境规制的视角出发对环境治理与引资行为之间的困境进行详细的分析。

研究结论表明，引进大量外资在拉动经济增长的同时，导致外资的破坏性流入，加剧了辖区内的环境污染，而这一竞争行为在不同因素驱动下表现为环境治理与引资行为之间的困境有所差异。具体而言：首先，地方政府为提高本地在引资过程中的竞争优势，出台经济与环境的双重补贴政策来吸引外资，在赢得外资流入的同时也出现了地区间环境标准的“逐底竞争”，而过度的引资补贴促使地方政府进行税收转嫁、加剧辖区内的资源错配，并导致对本地企业的投资产生挤出效应，最终出现辖区内环境污染加剧、本地企业和外资企业的非平衡性增长，故而引资补贴使得地方政府面临整体发展与局部滞后之间的两难抉择；其次，财权与事权的不匹配造成的财政压力将迫使地方政府倾向于选择引进外资、提高企业数量的方式，而摒弃了推动已有外资企业产出规模增加的方式来实现短期内税基的增长，在缓解财政窘境的同时也为污染密集型外资企业的流入提供了可乘之机，从而出现环境质量的下滑与辖区内外资数量和质量的脱钩，因此，引资扭曲的存在迫使地方政府陷入短期收益与长期收益之间的矛盾；再次，在经济目标和环境目标的非对称晋升考核激励下，部分地方政府官员为了在“晋升锦标赛”中获得优胜权，理性选择以外资来推动辖区内经济增长，并偏好引进第二产业的外资来实现短期内经济绩效的快速提高，以牺牲环境为代价来实现经济增长的最大化，而官员任期的限制会促使政府行为短视化，由此产生先增加后降低的引资周期和先降低后增加的排污周期，可以看出引资偏好的存在更多地体现为个人利益和公共利益之间的冲突；最后，环境规制在改善环境质量的同时造成了外商投资成本的增加，导致污染密集型外资企业的转移与清洁型外资企业投资的增加，实现辖区内外资的策略性转移和外资结构转型。但事实上，环境规制带来的经济收益与环境收益之间的不一致性降低了地方政府进行环境治理的激励，致使环境规制效果弱化，引资转型使得地方政府在经济利益与环境利益之间进行权衡。

本书所得结论揭示了地方政府在环境治理与引资行为之间存在的困境，解释了不同因素影响下地方政府在环境治理过程中存在的种种制约，有力地说明了地方政府环境治理的局限。因此，在新时期、新背景下，改善环境治理困境的关键在于转变对地方政府行为的约束和激励，改变传统的引资模式、改革政府间财政分配体制、完善官员晋升考核机制以及加强环境规制与监督，这一系列机制设计的转变将提高地方政府环境治理的积极性，对环境质量的改善、外资结构的转型以及绿色发展方式的实现具有深远的现实意义。

目 录

第一章 导论

第一节 选题背景与研究意义

一、选题背景

改革开放以来，中国经济发展取得了举世瞩目的成就，生产力的高度发展、贫困人口的急剧减少以及人民生活水平的极大改善，这一系列伟大的成果无疑是改革开放带来的经济红利，是中国经济快速发展的历史见证。然而，在经济高速增长的同时，经济发展与环境污染之间的矛盾也日趋尖锐和激化（Vennemo et al.，2009）。美国耶鲁大学和哥伦比亚大学联合发布的2016年度全球环境绩效指数榜，中国环境绩效指数（Environmental Performance Index，EPI）得分65.1分，在180个国家和地区中居第109位，位次排名在整个评估国家和地区中比较靠后。可以看出，经济发展过程中造成的环境污染已成为当前社会亟须关注和解决的重大问题。

严重的环境污染将迫使政府采取积极策略对其进行有效治理。当然，在对环境污染进行有效治理之前，弄清楚污染产生的根源是非常有必要的。事实上，随着改革开放的不断深入以及全球化进程的不断推进，中国在全球价值链中的分工地位也得到了提升，逐渐成为全球各个国家和地区的网络连接点，使得彼此之间成为一个相互关联、联系紧密的全球生产网络。而在全球生产网络中，外商直接投资（FDI）在其中扮演着重要的角色，为更多的发展中国家所青睐，对于中国而言，更是如此。由于早期的经济基础薄弱、生产条件落后以及资金匮乏等条件限制，为了快速实现经济的发展，引进外资成为地方政府发展当地经济的重要推动力，而持续对外资的青睐与现实发展的需求也为污染产业的跨国转移创造了条件，并且从发展经济和政府官员仕途晋升的角度考虑，“逐底竞争”的存在将导致地方政府弱化环境规制、降低环境标准来引进污染密集型产业，从而加剧环境质量的恶化。与此同时，长期以来存在的“重数量、轻质量，重速度、轻效益”传统引资模式无疑加剧了外资产业结构失衡，而地方政府为此展开的一系列引资竞争，导致过度污染密集型外资的大量流入。除此之外，由于官员行为规范的欠缺与官员晋升考核的存在，地方政府围绕招商引资展开的竞争逐渐演变成为“逐底竞争”。在这一竞争过程中，地方政府并没有足够的激励来改善环境质量，而是将环境作为一种隐性补贴，来提高本地的竞争优势。同时，由于发展过程中存在监管漏洞、环保法规不完善等制度缺陷，为跨国企业寻求“投机”空间获取有别于本国的双重环保标准提供了机会，使得大量被发达国家淘汰的高污染产业纷纷转移到中国。

为避免走上“先污染，后治理”的老路，注重经济发展与环境保护共赢，提高环境规制强度的举措成为必要手段。可喜的是，面对日益严峻的环境问题，中国政府对污染防治与生态建设的关注和重视程度已日益提高。

事实上，长期以来，环境治理始终是地方政府的主要职责，很多地方政府不断地加大环境治理力度，为解决环境污染问题做出了长期不懈的努力，但成效甚微，原因在于地区之间政府实施环境规制标准的差异造成污染密集型产业进行跨区域转移，为污染逃避提供可行空间（Becker & Henderson，2000；Keller & Levinson，2002；List，McHome & Millimet，2003）。同时，有些地方政府依靠高污染、高能耗的产业拉动经济增长，在实现经济增长的同时加剧了地区污染排放（Jia，Kudamatsu & Seim，2015）。面对外资大量流入和环境污染日益加剧的现实，不由得思考，为什么地方政府对环境污染的长期治理没有取得理想的效果？地方政府在治理环境与引进外资之间是否存在困境，而这种困境的内在机制是什么？以及如何破除地方政府在环境治理与FDI之间的困境？对于上述一系列问题的回答将是本书的重点，这些问题的回答将有利于地方政府进一步加强环境治理、改善环境质量，同时对在经济新常态背景下有效利用外资推动经济结构转型也具有重要的现实意义。

二、研究意义

环境治理已经成为一个全球性的重要议题。继哥本哈根气候大会后，中国政府在2014年联合国气候峰会上承诺2020年碳减排40%~45%，为此中国已经开展碳排放权交易试点工作，并于2017年在全国范围内推广实行。把握当前国际环境治理的大趋势，努力协调FDI与环境治理之间的关系已成为地方政府面临的严峻而又现实的问题。现有研究仅仅分析FDI与环境污染的关系，而忽略了地方政府作为环境治理与吸引外资主体的作用，故而已有结论并不能很好地解释现实，并为环境治理和FDI提供有益的政策建议。鉴于此，本书将从地方政府行为的视角出发，试图从政府竞争、财政压力、晋升激励与环境规制的角度分析环境治理与引资行为之间的困境，并以此对现实做出新的解释，其现实和理论意义如下。

1. 现实意义

首先，改革开放给中国的发展带来机遇，使得中国经济在过去四十余年中出现奇迹般的增长，但不可否认的是，中国依然是一个资源匮乏、技术落后的发展中大国。正是基于现实条件的限制和发展的需求，地方政府仍然需要不断引入外资并利用外资，那么要想在新的全球产业分工体系下抓住战略性新兴产业迅速崛起的机遇和把握气候变化与新能源合作的发展趋势，有效统筹FDI与环境治理之间的关系、利用外资的同时减少环境污染，就需要弄清楚地方政府在处理环境治理与吸引FDI时的行为动机。这对于制定和运用相关政策实现产业结构转型，促进国民经济持续、快速、健康发展，并破除资源、环境约束具有重要的现实意义。

其次，政府在引进FDI和环境治理过程中扮演着双重角色。一方面，政府为了地方经济的发展会抓住机遇，努力与其他地区进行竞争，并通过降低环境门槛吸引更多的外资流入，而忽略外资带来的环境成本；另一方面，无论是出于社会福利、公众需求还是政治要求，地方政府都会迎合性地改善地区的环境质量，但不得不承认的是，环境规制在改善环境质量的同时会提高外资流入的外部成本，对 FDI 的流入产生一定的阻碍作用。因为这种困境的存在，地方政府究竟该如何抉择？弄清楚该问题不仅有利于地方政府进一步加强环境治理、改善环境质量以及利用外资，同时对深化政府体制改革、规范政府行为、完善政府机构建设具有重要意义。

最后，在经济新常态的背景下，地方政府该如何利用外资实现地区经济发展方式的转变以及加强环境治理，是地方政府亟须解决的重大问题。在新时期背景下，面临经济发展与环境治理的双重压力，地方政府需要转变原有的粗放型经济发展模式，在转变的过程中可充分利用外资，以环境治理作为“过滤器”来实现对外资的过滤和有效选择，摒弃对外资过度依赖和纵容的传统观念，选择有利于实现经济发展方式转变和环境治理的外资。本书从地方政府行为的角度出发，考察环境治理与引资行为之间的关系，为经济新常态下地方政府如何实现经济发展方式转变和环境治理探寻新的途径。

2. 理论意义

首先，对 FDI 与环境污染之间关系的研究是学者关注的重点议题，然而在长期研究过程中人们往往会忽略政府行为在两者之间发挥的作用，单方面地将环境污染归咎于外商直接投资。因此，本书试图从地方政府行为的角度出发，对引资行为与环境治理之间的困境进行研究。事实上，分权体制下的经济激励和政治激励进一步加剧了地方政府间的策略性引资竞争，对外资的过度依赖，导致地方政府官员以本地资源的过度耗竭和环境污染来换取任期内的经济增长。此外，在财政压力与中央政府强制规定的减排压力约束下，地方政府往往与辖区内的外资企业进行合谋，采取区域性、间断性的减排策略。对于以上这些内部机制的研究将全面揭示当前环境治理下环境依然日益恶化的悖论现象，为规范地方政府行为、优化 FDI 的环境效应提供了有力的证据，并进一步拓宽了现有的研究视角，深化已有分析。

其次，目前研究主要集中在考察 FDI 和环境污染之间的关系，并未对两者之间的因果关系做出明确分析，而社会科学研究的任务之一便是因果推断，为了得出可行并真实的因果效应，本书尝试以环境信息公示制度的实施作为“准自然实验”，并采用 DID 对环境规制与 FDI 之间的因果关系进行推断，使结果更为可信。本书引入因果推断的分析方法，详细考察地方政府面临的环境治理与引资行为之间的困境，通过因果推断的分析，为现有地方政府治理环境和规范引资行为提供一种可信的经济学解释，同时在一定程度上填补了现有研究 FDI 和环境治理相关文献中的空白。

第二节 研究思路与研究内容

一、研究思路

本书的研究目标在于分析地方政府在环境治理与引资行为之间存在的困境，而对这一问题的分析将从实际情况出发，对地方政府行为进行详细归纳，并有效地甄别和提炼，最终得到本书要研究的主要问题，即从地方政府引资行为出发探讨环境治理久治无效的内在原因。而围绕着这一核心问题，本书的研究目标可细分为：第一，分析地方政府在环境治理与 FDI 之间困境存在的内在机制，对其进行理论层面的分析，即从理论上回答为什么两者之间存在着困境；第二，结合实际情况，对地方政府在环境治理与 FDI 之间的困境予以现实检验，即从实证上回答两者之间的困境是否存在以及具体的作用机理；第三，探讨如何破除地方政府在环境治理与 FDI 之间面临的困境，即解决两者之间困境的有效途径。通过本书的核心研究内容来确定以上研究目标，而上述目标将决定本书整体的研究思路。

围绕以上研究目标，本书的分析遵循整体分析、局部论证以及整体总结的研究思路。通过整体的框架分析说明地方政府间的引资竞争在产生大量外资流入的同时也带来了环境污染，而对于环境污染产生的原因简单归因于 FDI，并不利于对这一问题的解决，故而在整体框架分析后，为了对困境产生的详细机制进行阐述，本书将遵循“具体问题具体分析”的原则，分别从政府补贴、财政压力、晋升激励以及环境规制的角度来考察地方政府引资行为与环境治理之间困境的具体传导机制。在对所考察的内容进行理论分析和实证检验之后，对如何破除目前存在的困境提出政策建议，使研究结论在改善环境质量、规范引资行为上发挥其价值。

二、研究内容

根据以上研究思路，本书的研究内容将主要集中于分析地方政府在环境治理和引资行为之间面临的困境，并对其内在机制进行分析。具体而言，本书从政府补贴、财政压力、晋升激励以及环境规制的视角出发，探究地方政府面临困境的根源，整体研究分为八章，具体内容如下。

第一章导论。本章主要介绍选题背景及研究意义，同时明确研究思路，并介绍研究内容和研究方法，进一步指出研究的创新之处。

第二章文献综述。本章通过文献综述的方式厘清现有的研究脉络与研究动态，为本书后续的分析提供一个可行的研究视角。而本章的分析主要围绕以下三点进行：一是有关 FDI 与环境污染之间关系的理论争辩是研究环境治理与引资行为不可忽略的重要文献；二是针对本书后续具体分析的内容，对有关政府补贴、财政压力、晋升激励以及环境规制方面的文献进行逐一梳理，为后续的各章研究奠定文献基础；三是对现有研究中有关环境治理过程中的引资困境进行细致分析，包括企业收益、FDI 转移以及污染转移，通过对以上潜在困境的分析，为本书后续各章分析提供可行的研究思路。

第三章环境治理与引资行为之间困境的理论框架。作为本书分析的逻辑起点，本章主要从理论的角度整体分析地方政府在环境治理与引资行为之间存在的困境。故而本章试图在公共利益与个人利益的一个整体框架中探讨地方政府面临的困境，并以数理模型说明地方政府之间因引资竞争产生的经济效益与环境效应，这是本书分析的出发点。此外，本章从政府补贴、财政压力、晋升激励以及环境规制的角度详细阐述地方政府在环境治理与引资行为之间困境产生的内在机制，为后续几章的实证检验提供理论支撑。

第四章政府竞争、引资补贴与外资和内资的非平衡增长。本章主要从引资补贴角度分析引资行为与环境治理之间困境产生的内在机制。限于经济发展滞后、资金短缺以及技术落后等现实条件的约束，地方政府将不得不把目光聚焦于 FDI。但由于行政区域的分割，地方政府为了更好地吸引外资，进行税收、财政等经济补贴，以及不断地降低环境门槛、软化原有的环境约束等环境补贴。在经济补贴与环境补贴的双重激励下，大量外资不断流入的同时也带来了污染问题，而过度的政府补贴将使本地企业投资成本增加、资源扭曲加剧，投资受到限制，从而出现本地投资和外资增长的不平衡。鉴于此，本章通过理论分析提出假设并对以上分析进行实证检验。

第五章财政压力、引资扭曲与外资数量和质量的脱钩。本章主要从中国的财政体制改革现实出发，说明财政压力下地方政府引资行为的变化以及该变化带来的环境污染问题。由于地方财权和事权之间的不完全匹配，地方政府面临财政窘境，故而在努力实现经济增长的同时也试图缓解财政压力。地方政府以引资的方式增加税收，并以大量引进新建外资企业的方式实现税基的快速增长，在解决财政问题的同时也造成了 FDI 数量和质量的脱钩并加剧了环境污染。基于此，本章通过现实数据对以上假设进行检验并解释。

第六章晋升激励、引资偏好与外资产业结构失衡。本章主要针对实际招商引资过程中，部分地方政府在选择外资时不仅考虑其对经济发展的作用，还会考虑其对个人仕途晋升的影响。在晋升激励的条件下，部分地方政府更加偏好引进大量第二产业的外资，以此实现辖区短期内经济快速增长的同时，也会带来仕途的晋升。鉴于此，本章将从地方政府引资偏好的角度分析外资结构的失衡问题，以及由此造成的环境污染问题。

第七章环境规制、引资转型与外资策略性转移。本章主要针对目前日益严重的环境问题，以及地方政府在进行环境治理过程中面临 FDI 转移的困境进行分析。环境规制强化是否会影响地区外资的流入；同时，对目前已经流入的 FDI 是否具有“挤出效应”，从而引起本地区 FDI 的转移？当然，外资企业并不会被动接受环境规制，而是会积极采取策略进行应对，故而本章主要分析环境规制下企业决策的选择。本章以地方政府实施的环境规制政策为起点，构建一个“准自然实验”并使用双重差分法（DID）来检验环境规制对地区 FDI 的影响，同时考察环境规制带来 FDI 的转移是否在外资饱和度、环境规制强度以及政企合谋等方面存在着明显的异质性。通过本章的研究将为地方政府在进行环境治理与外资转移之间提供理论依据和政策基础。

第八章结论与政策建议。该部分对本书的研究进行系统性的总结，并且基于分析结论提出相关的政策建议。同时，本章也对整体研究存在的不足进行说明，对未来研究的方向和内容进行展望。

第三节　研究框架与研究方法

一、研究框架

根据上述研究思路和研究内容，结合已有相关文献得出本书的研究框架，具体如图 1-1 所示。

二、研究方法

本书主要考察地方政府在环境治理与引资行为之间存在的多重困境。为了对研究的问题进行现实描述和抽象分析，首先，本书采用演绎法与归纳法进行研究，提炼出考察的主要因素，为后续具体分析提供可行的切入点；其次，以统计与比较的分析方法来深化对问题的认识，以经济数据的统计分析与比较来挖掘经济现象背后存在的问题；最后，采用理论与实证研究相结合的研究方法，在理论研究中通过数理模型的构建得出主要假设，并在实证研究部分通过对地级市宏观数据、微观企业以及官员个体数据进行实证检验，得到相关结论。

（1）归纳和演绎的分析方法。鉴于本书主要考察地方政府在环境治理与引资行为之间存在的困境，而对这一重大问题要展开的具体分析需要从现实观察中了解地方政府是如何进行引资和环境治理的，准确把握地方政府行为将是本书研究的重要环节。因此，本书首先对地方政府引资等行为进行归纳总结，通过归纳法掌握政府的引资补贴及面临的财政压力导致政府引资行为的转变等，并在归纳的基础上进行理论抽象演绎，使得一般事实升华到理论分析高度，最终使分析所得结论具有普遍性。基于此，本书分析将采用演绎法和归纳法相结合的方式来寻求考察问题的主要因素，为后续的理论分析奠定基础。

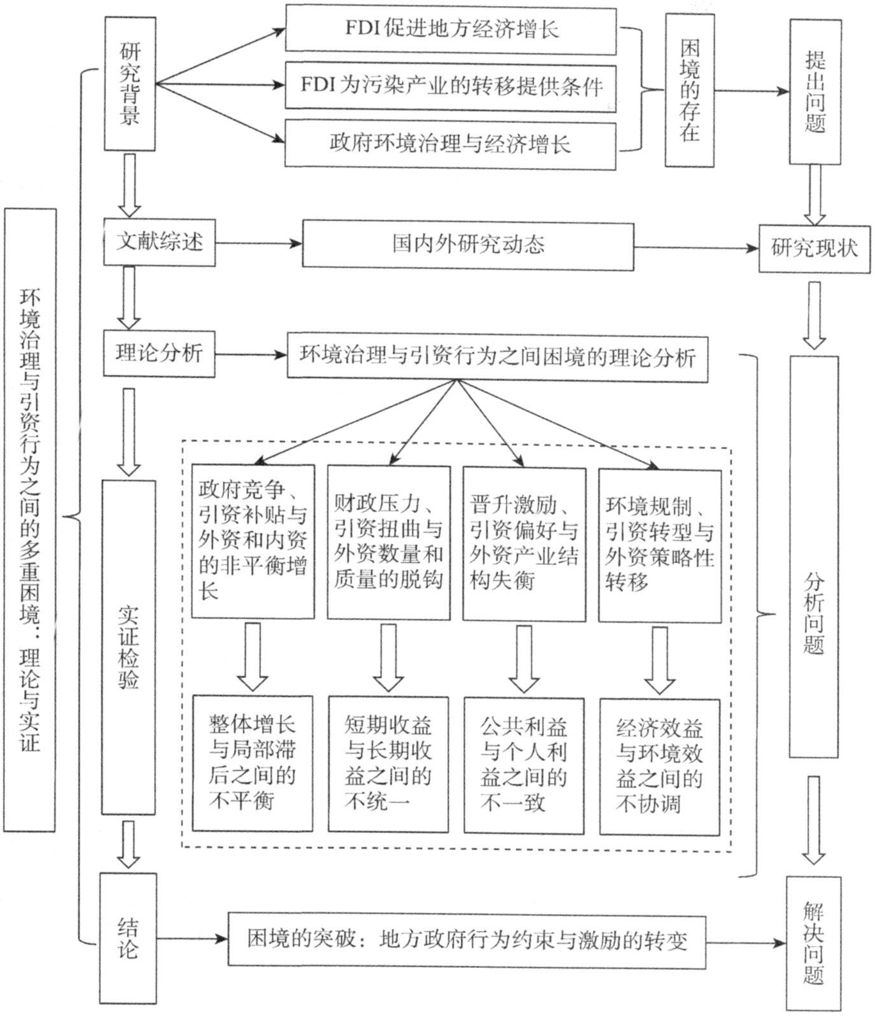

图1-1　研究框架

（2）统计与比较的分析方法。为了对考察的问题进行现实表达，本书在整个分析过程中采用了大量的统计分析方法和比较分析方法，为理论分析和实证检验提供可行的视角。例如，以统计描述的方式来说明财政压力下政府引资行为的改变带来的外资质量和数量的脱钩，以及在晋升激励和引资偏好的诱导下带来的地区三次产业之间流入外资的结构失衡问题等。

（3）理论与实证的分析方法。通过演绎法和归纳法的分析后，本书归纳出地方政府行为在 FDI 与环境治理间发挥作用的关键因素，并通过统计和比较的方法来详细说明要研究的具体问题。基于此，将关键因素纳入理论模型，在理论模型分析的基础上提出核心假设，并使用相关数据、以现代规范的计量经济方法来对本书提出的假设进行详细检验。然而，考虑一般模型中存在的内生性问题以及政府行为的内生性，研究试图通过“准自然实验”的方法，在解决内生性问题后对 FDI 与环境治理之间的因果关系做出明确推断。

第四节　创新之处

第一，本书从地方政府行为的视角出发分析环境治理与引资行为，为两者之间的研究提供了一个崭新的视角。尽管 FDI 与环境污染之间关系的研究早已成为学者关注的重点，但是已有研究仅仅针对 FDI 对环境造成的影响以及环境污染如何影响外资企业的选址，而忽略了作为引资和环境治理主体政府的作用，单方面地将环境污染归咎于 FDI 并不能很好地对现实进行诠释。地方政府通过降低环境标准来吸引外资流入、发展地方经济，同时又考虑公共福利的需求来治理环境，在 FDI 与环境治理中扮演着双重角色。因此，在分析引资过程中造成的环境问题时，忽略地方政府行为是现有研究的缺陷。为此，本书从地方政府行为的角度出发，分析地方政府在引资和环境治理之间的作用，为丰富现有关于 FDI 和环境污染关系的研究提供一个独特的研究视角。

第二，为了拓展现有研究对 FDI 的考察思路以及深化分析地方政府引资行为，本书在研究过程中多层次、多角度、全方位地呈现外资的结构演变，在弥补现有研究缺陷的同时也拓宽了分析思路。具体而言，无论是研究外资流入还是考察环境污染等问题，现有研究几乎都是从国家层面和地区层面的外资流入整体着手，分析外资流入产生的经济效益和环境效益。尽管整体外资的研究能够解释说明一定的经济现象，但不可否认的是，这一做法不可避免地掩盖了外资内部结构差异带来的后果，不利于探索问题的本质，故而挖掘整体研究所得结论背后隐藏的事实将是本书的任务之一。鉴于此，本书首先从地区整体的外资水平着手，对外资流入与本地投资进行研究分析，以求和现有的研究达成共识；其次从外资的结构入手，外资数量与质量的脱钩、外资在三次产业之间的结构失衡以及清洁型与污染型外资的增长不一致，通过外资内部的结构考察来更加全面地理解环境治理与引资行为之间的困境。

第三，本书试图以现代经济学方法阐述研究的问题，而这一过程需要不同的数据资料和科学的方法做支撑。为此，在整个研究过程中，笔者收集并整理构建多种个体微观数据库，并以前沿的“准自然实验”作为研究方法，为宏观层面的分析提供相应的微观基础，从而使本书的研究更加翔实和严密，得出令人信服的结论。为了深化宏观层面的相关研究，本书收集了大量的微观企业数据并着手建立个体资料数据库，为更加准确地分析地方政府行为在FDI与环境治理间的作用提供坚实的微观基础，以此来避免宏观层面分析的局限性以及由此造成的结果偏误，使研究不再仅仅停留在宏观层面，对深化研究具有推动作用。同时，为了进一步克服大量文献中存在的内生性问题，本书利用“准自然实验”并采用DID对因果关系进行推断，为地方政府在环境治理和引资行为之间的困境分析提供一种可信的经济学解释，在一定程度上弥补了相关研究的不足。

第二章 文献综述

第一节 FDI 与环境污染之间关系的理论争辩

现代经济的崛起改变了传统的生产方式，化石燃料的使用加剧了污染物的排放，人类行为的无限扩张破坏了生态环境，而对于经济发展与环境污染之间关系的研究，以环境库兹涅茨曲线（Environmental Kuznets Curve，EKC）的提出作为一项重要标志，Grossman 和 Krueger（1991）在研究贸易、经济与环境之间的相关关系时发现，经济增长与环境污染之间呈倒“U”形曲线，即一个国家在经济增长的起步阶段会使该地区的环境质量不断恶化，而随着经济的持续增长，该地区的环境质量不但没有继续恶化，反而得到改善，污染排放减少。这一假设的提出，引起大量学者的关注，并得到来自不同国家数据样本检验的支撑（Selden & Song，1994；Carson，Jeon & McCubbin，1997；Stern & Common，2001；Dasgupta et al.，2002；Maddison，2006；包群、彭水军，2006；Caviglia-Harris，Chambers & Kahn，2009；朱平辉、袁加军、曾五一，2010；张成、朱乾龙、于同中，2011；计志英等，2015）。尽管具体结论有所差异，但总体上呈倒“U”形关系，这为后续研究环境问题提供了重要的参考。当然，EKC 仅仅是一种相关性的数量表述，对具体的内在机制并没有进行详细的说明。鉴于此，为了对其进行完善和进一步诠释，Grossman 和 Krueger（1995）从 FDI 的角度说明东道国环境质量下降的内在机制，具体包括技术效应、结构效应以及规模效应。

然而，在 Grossman 和 Krueger（1995）使用 FDI 来解释经济增长与环境质量之间呈倒“U”形关系的内在机制之前，FDI 与环境污染之间的关系已被学者关注到，并为此展开了一系列研究，最终形成两种截然相反的理论假设："污染避难所"假设与"污染光晕"假设。之所以形成鲜明的对立，主要是因为研究者对于FDI给东道主国家带来的影响持不同看法，前者更多是以污染产业跨区域转移为主的分析（Walter & Ugelow，1979；Birdsall & Wheeler，1993；Mani & Wheeler，1998；Keller & Levinson，2002；Copeland & Taylor，2004），而后者则从先进技术的角度进行解释（Antweiler，Copeland & Taylor，2001；Christmann & Taylor，2001）。为了厘清两者之间的关系，并为本书后续分析指明方向，对这两种观点进行详细的梳理是非常有必要的。为此，本节的文献梳理围绕"污染避难所"假设与"污染光晕"假设的检验展开。

一、FDI与环境污染："污染避难所"假设

关于FDI与环境污染之间关系的研究最早被系统阐述并以理论假设的形式提出来的是"污染避难所"假设，该假设是由Walter和Ugelow（1979）提出的。"污染避难所"假设认为，由于发达国家依据经济发展水平制定出较高的环境规制标准，环境规制标准的提高无疑给企业带来额外的治污成本，企业为了寻求更好的生存环境，将选择以跨国企业的形式将发达国家污染密集型产业或夕阳产业转移到环境规制水平与治污成本较低的发展中国家，从而使得发展中国家环境恶化，并最终成为发达国家污染密集型产业的"避难所"。此后，Esty和Geradin（1997）从环境标准差异的角度对该假设的内在机制进行了解释。而Markusen和Venables（1999）则从经济发展阶段的角度对该假设进行诠释，指出经济发展早期，发展中国家为了获得更多外资，通过采取主动降低环境规制标准等方式来生产污染密集型产品，从而使得发展中国家更多地从事污染密集型产业，最终沦为"污染天堂"。后续更多的研究主要是对"污染避难所"假设进行大量的实证检验，并得到现实数据的支撑（杨海生等，2005；应瑞瑶、周力，2006；李国柱，2007；Akbostanci，Tunc et al.，2007；Levinson & Taylor，2008；Khalil & Inam，2006；Baek et al.，2009；苏振东、周玮庆，2010）。其中，Acharyya（2009）以印度作为考察对象来检验是否存在"污染避难所"，结果发现，FDI占GDP比例每提高1%，

该辖区 CO_2 排放量将增加 0.86%，故而证明“污染避难所”假设在印度成立。张磊等（2018）以 55 个国家为研究对象，并使用 2000—2014 年的国家面板数据进行跨国检验，结果表明，FDI 整体上显著加重了东道国的雾霾污染，并且 FDI 每增加 1%，导致东道国雾霾污染程度上升 0.015%～0.019%。以上分析都以实际数据验证了“污染避难所”假设的成立，而在后续的具体研究过程中，学者为了对该假设进行深入探讨，重点考虑行业特征，将东道国的污染加剧归因于污染密集型 FDI 的转移（夏友富，1999；Merican，2007；Waldkirch & Gopinath，2008；Wagner & Timmins，2009；王文治、陆建明，2011）。

当然，除了对“污染避难所”假设展开的一系列实证检验外，部分研究还对该假设进行了拓展。“污染避难所”假设强调了发达国家对环境的重视程度要高于发展中国家，制定了严格的标准来治理环境，而严格标准的实施给企业带来额外成本的增加，企业将污染产业转移到环境规制较低的地区。当然，之所以跨国企业污染转移得以实现，主要是因为发展中国家对发达国家资本的渴望。由于发展中国家在经济发展过程中存在各种“瓶颈”，才不得不依靠 FDI 来实现本国经济的崛起，也正因如此，才会给发达国家污染密集型产业转移提供可乘之机。同时，发展中国家为了吸引更多来自发达国家的 FDI，积极主动地采取降低环境标准的策略保持本国在吸引外资中的竞争力，从而出现了环境标准上的“逐底竞争”现象，这一现象为诸多学者证明（Cole & Elliott，2005；Woods，2006；Busse & Silberberger，2013）。其中，Chakraborty 和 Mukherjee（2013）使用跨国数据分析了 FDI 流入给环境带来的影响，结果表明，政府以牺牲环境为代价来吸引 FDI。而与以往的研究有所不同，Bu 和 Wagner（2016）以进入中国的美国跨国企业为研究对象来考察 FDI 与环境之间的关系，并考虑企业应对环境规制的能力，该能力的差异将导致企业选址决策的不同。研究发现，应对环境规制能力较强的外资企业将倾向于选择环境标准较高的省份，而应对环境规制能力较差的企业将更倾向于选择环境规制水平较低的省份。这一结论从侧面佐证了“逐底竞争”，也证明了“污染避难所”假设的成立。国内研究对环境“逐底竞争”的考察更多地结合中国发展的现实条件，来凸显“逐底竞争”的异质性。赵霄伟（2014）从区域发展视角出发进行研究，强调“逐底竞争”仅表现在中部地区；而李拓（2016）通过使用动态空间自回归模型来分析土地财政下环境规制是否存在“逐底竞争”，结果表明省份之间确实存在土地财政下环境规制的“逐底竞争”现象；进一步地，盛巧燕和周勤（2015）强调在财政赤字条件下，欠发达省份的环境规制“逐底竞争”的动机更强。此外，随着国内环境问题的日益严峻，环境规制手段形式的多样化，薄文广等（2018）使用目前环境规制日益严格的中国数据，并将环境规制细分为政府命令型、市场型以及自主型三类，以此考察环境规制在地区之间是否存在“逐底竞争”，研究表明“逐底竞争”特征更多地体现在政府命令型和市场型的环境规制上，而自主型环境规制则更多表现为“逐顶竞争”特征。尽管现有的研究结论之间存在着差异，但不可否认的是，环境标准的“逐底竞争”现象被大量证明存在于发展中国家。

二、FDI 与环境污染：“污染光晕”假设

从以上研究可以看出，“污染避难所”假设对于 FDI 与环境污染之间的关系进行了单向的描述，后来学者又不断地对其进行诠释、完善，对机制进行探讨，来说明 FDI 流入加剧了东道国的环境污染。但事实上，并不是所有的实证结果都支持上述假设，即 FDI 的流入不但不会加剧东道国的环境污染，反而有利于东道国环境质量的改善（Antweiler，Copeland & Taylor，2001；He，2006），与“污染避难所”假设完全相反，大量学者重新审视 FDI 与环境污染之间的关系，并对其进行了全新的解释，这一解释被称为“污染光晕”假设。该假设认为，由于发达国家的经济与技术远远超过发展中国家，故而来自发达国家的 FDI 会带来清洁绿色发展的技术，为发展中国家提供利用先进技术经验的机会，正因如此，发展中国家才可以借此提高环境治理的能力并改善环境质量（Birdsall & Wheeler，1993）。“污染光晕”假设的提出推翻了已有的理论假设，使研究者拥有了崭新的视野来重新审视 FDI 对发展中国家的影响，后续研究多对其进行实证检验，以说明该假设的合理性。

“污染光晕”假设的提出不仅改变了人们关于 FDI 与环境污染之间关系的

传统看法，更重要的是，为正确处理两者之间的关系指明了方向。而沿袭这一方向，学者开始对其进行深层次的解释，即为什么外资流入会改善东道国的环境质量？经过对文献的梳理，现有解释主要集中在以下两点。第一，外资流入将带来先进的技术，尤其是清洁绿色技术以及该技术产生的溢出效应，这将促使东道国迅速追赶环境治理技术（Letchumanan & Kodama，2000；Eskeland & Harrison，2003；Perkins & Neumayer，2009）。正如 Girma 等（2008）和 Albornoz 等（2009）研究指出的那样，跨国企业将本国先进的技术带到东道国，特别强调本国淘汰落后技术但对东道国却是相对先进技术的转移，在促进东道国技术升级过程中实现清洁绿色生产，提高东道国的技术效率，减少资源消耗和环境污染。第二，外资企业在转移的同时将本国严格的环境规制标准以及环境管理方式带到东道国，以此来提高东道国环境治理的能力，提升企业的环境管理水平（Christmann & Tayor，2001；Mielnik & Goldemberg，2002）。以上两种观点已被国外大量事实予以检验，上述文献均证明了“污染光晕”假设的成立，即 FDI 流入不会加剧环境污染，反而改善了东道国的环境质量。

而国内对“污染光晕”假设的检验要远远低于“污染避难所”假设的检验，所得文献不多，但在仅有的文献中也说明了部分外资流入会带来更好的环境行为，如较高的技术水平以及较低的排放（Wang & Jin，2007）。周力和应瑞瑶（2009）基于 1998—2005 年省级面板数据并使用联立方程和情景模拟的方法来研究 FDI 与工业污染之间的交互作用。研究表明，FDI 流入水平的提高将使工业污染减少，这一效果主要是通过以规模、结构和技术效应为主的直接传导机制以及以收入和政策效应为主的间接传导机制实现的，研究指出，外资的技术水平要高于内资企业，同时外资企业也拥有较低的排放水平。李子豪和刘辉煌（2011）以 35 个工业行业作为考察对象研究 FDI 的技术效应对碳排放的影响。结果表明，FDI 的技术效应显著降低了全行业的碳排放，并且这一效果在人员流动效应与竞争效应两种机制上均有所体现，而人员流动的效应更强。除此之外，学者将 FDI 与环境污染之间的关系从整体考察逐渐转移到行业内考察，探讨外资流入对技术水平溢出等的影响（钟昌标，2010；

代迪尔、李子豪，2011；毕克新、杨朝均，2012）。随着环境污染的加剧，清洁技术逐渐成为研究的重点，陈媛媛和李坤望（2010）从外资的角度来考察清洁技术的应用，并在分析过程中考虑产业之间的水平和前后关联效应，研究强调外资的进入能提高本行业的末端治理技术水平，而通过前后关联不仅能够提高本行业的清洁技术水平，还能提高下游行业的清洁技术水平。

第二节　地方政府行为对环境污染影响的动态研究

改革开放以来，FDI 在中国经济崛起中扮演着重要的角色（谢建国，2006；何元庆，2007；Tuan，Ng & Zhao，2009）。但不可否认的是，FDI 在带来经济效益的同时，也带来了环境污染问题，而对于 FDI 与环境污染之间的实证检验，至今没有得出统一结论。正如以上分析，一方面，学者认为 FDI 的流入将带来发达国家淘汰的高污染产业，为国外污染产业提供“避难所”，加剧了地区的污染排放，这一看法的初衷完全符合“污染避难所”假设（Walter & Ugelow，1979；Khalil & Inam，2006；Baek et al.，2009）；另一方面，部分学者从“污染光晕”假设的角度来解释 FDI 与环境污染之间的关系，并称 FDI 不仅带来了经济效益，也带来了先进的技术，而清洁技术或者生产流程绿色化将有助于改善辖区内的污染排放，从而产生对环境的净化作用（Antweiler，Copeland & Taylor，2001；Frankel，2003；Albornoz，Cole & Elliott，2009）。事实上，完全将环境污染归咎于 FDI 具有一定的片面性，FDI 不完全会加剧污染排放，而以往的分析仅仅局限于对两者之间的关系探讨，忽略了地方政府的引资行为带来的影响。正因如此，从地方政府的角度重新审视 FDI 与环境污染之间的关系显得格外重要。鉴于此，为了进一步探究环境污染产生的原因，此处将从地方政府引资行为的角度出发对现有文献进行梳理，具体如下。

一、引资补贴对环境污染的影响

过去的几十年里，FDI 作为国际资本流动的主要形式，在为一国经济增长注入强大动力的同时，也为一国带来了先进的技术和管理经验（江小涓、李蕊，2002；Berthélemy & Démurger，2000；蒋仁爱、冯根福，2012；Osano & Koine，2016），而外资带来的先进技术具有很强的溢出效应，国内企业通过不断地模仿和学习，提高本地企业的生产率与市场竞争力（Aitken & Harrison，1999；Liu，2008；Halpern，Koren & Szeidl，2015）。此外，FDI 的流入也会促进出口的增加、扩大出口规模（张小蒂、李晓钟，2001；黄繁华、王晶晶，2014），在带来出口规模扩张的同时也带来了企业出口附加值率的提升（张鹏杨、唐宜红，2018；毛其淋、许家云，2018）以及产品质量的提升（李瑞琴、蒋为、宋立刚，2018）。正是由于引进外资给地方政府带来一系列促进作用，地方政府才将经济发展的推动力聚焦于外资，而为了使辖区尽可能获得较多的外资流入，引资补贴将是地方政府用于招商引资的重要利器。事实也证明，引资补贴不仅可以改善地区间的收入分配（徐静、蔡萌、岳希明，2018）、引导产业发展并促进产业升级（林毅夫、苏剑，2007）以及拉动内需（胡志国、严成樑、龚六堂，2013），而且补贴行为还将进一步体现在微观企业的产出绩效上（Du & Girma，2010；Carboni，2011；Du & Mickiewicz，2016），其中，包括补贴促进企业全要素生产率的提高（任曙明、吕镯，2014；Cin & Kim，2017）、创新水平的提高（Doh & Kim，2014；Bronzini & Piselli，2016；郭晓丹、何文韬、肖兴志，2011），以及扩大企业出口（苏振东、洪玉娟、刘璐瑶，2012；康志勇，2014；Defever，Reyes & Riaňo，2017）、改善企业的生存状况、影响企业在市场中的退出与进入（Meuleman & Maeseneire，2012；Amezcua，Grime & Bradley，2013；Pellegrini & Muccigrosso，2017）。

尽管地方政府通过经济补贴来吸引外资，并借此改善辖区内的经济绩效，但是在地方政府大规模的引资浪潮中，仅仅依靠经济补贴难以在竞争中获胜，地理位置与资源禀赋等因素的差异将迫使地方政府采取更多策略来保持在引资竞争中的优势，而环境规制的弱化、环境标准的降低将是地方政府对外资进行环境补贴的重要方式。地方政府为了吸引更多的外资流入本地，试图通过经济补贴和环境补贴的方式来减少企业的生产成本，为 FDI 的流入营造宽松的外部环境（Stewart，1977；Wildasin，1989；Oates & Schwab，2015）；同时，放松环境监管、容忍企业的污染排放（Qian & Weingast，1997；Kamwa，2012）。正如Cole等（2006）对FDI与环境规制进行考察所得结果，地方政府为了吸引外商投资而放松环境规制。朱平芳等（2011）针对中国以往的引资事实来检验环境规制对FDI的作用，结果表明，地方政府为引进外资存在环境规制政策的策略竞争，以环境为代价来换取FDI的流入，有明显的环境“逐底竞争”现象，并且这一作用将随着FDI流入程度的不同表现出差异化的效果。而刘建民等（2015）通过构建中央与地方政府的征税努力、资本流动以及环境污染的理论模型，并以地市级数据对其进行检验，也得出相似的结论，地方竞争将导致环境上的“竞次效应”。以上研究充分说明，环境污染的产生来自地方政府引资过程中的行为扭曲；同时，为了摆脱财政压力窘境，地方政府将更多的金融补贴给予短期高产出的污染密集型产业，以此来增加税负（谢罗奇、龚玲、赵纯凯，2018），从而实现财政收入与经济增长的双重目标，提高晋升概率。正是由于环境标准的降低以及补贴行为的扭曲，造成大量污染密集型外资流入，使辖区内污染型外资与清洁型外资结构失衡，加剧了地区的环境污染。该结论从侧面反映出忽略地方政府行为分析FDI对环境污染的作用具有一定的片面性，结果存在偏误。

二、财政压力对环境污染的影响

作为一项重要的制度安排，财政分权无论是对经济发展还是对政府行为都具有重要的影响。财政分权导致地方政府行为的改变，并且这一改变产生的环境污染问题将是本节考察的重点。通过对现有文献的回顾，我们发现有关财政分权与环境污染的研究主要集中在以下两个方面：一是财政分权是否会加剧环境污染，二是财政分权带来环境污染的内在机制如何。基于此，本节将根据学者的研究进行梳理，对已有研究进行系统化的整理。

许多学者试图澄清财政分权与环境污染之间的关系，而从现有研究可以看出，一类观点主要集中在财政分权加剧了环境污染方面（俞雅乖，2013；吴俊培、丁玮蓉、龚旻，2015）。贺俊等（2016）为了研究财政分权对环境造成的影响，特在效用函数与生产函数中分别引入环境质量与污染强度变量，试图在理论模型中对两者之间的关系进行说明，并基于2003—2012年中国省级面板数据对分析所得结果予以检验，结果表明财政分权与税收竞争均会加剧地区的环境污染，并且税收竞争造成的环境污染效用存在显著的地区异质性。进一步，财政分权对环境造成的污染程度将随着财政分权程度的提高而提高，地方政府围绕着财政分权和地方竞争带来的环境污染具有明显的“竞次效应”（刘建民、陈霞、吴金光，2015）。为了细化考察财政分权对环境污染的作用，祁毓等（2014）分别从环境、行政、检测以及监察四个角度来考察分权对环境污染的作用，事实也证明了以上四种分权均与环境污染呈显著的正相关关系，并且财政分权导致地方政府对环境治理的激励不足，最终加剧了环境污染。此外，黄寿峰（2017）通过对雾霾的研究说明财政分权带来的环境污染不仅会影响本辖区，对周边地区也会产生明显的溢出效应。

与之不同，另一类观点则完全相反，认为财政分权并不会造成环境污染，甚至可以改善环境质量（List & Gerking，2000；Millimet，2003），主要是因为在财政分权的约束下，地方政府将更努力地去激励企业进行绿色创新，减少环境治理的成本，改善环境污染状况（Hottenrott & Rexhäuser，2015）。同时，Saveyn 和 Proost（2008）强调财政分权制度有利于地方政府制定有效的环境政策。但事实上，与财政分权加剧了环境污染的排放这一结论相比较，后者的研究在国内仅有少许文献，并没有得到大量研究的支撑。谭志雄和张阳阳（2015）基于1994—2012年的省份面板数据，摒弃了大量研究中使用的工业“三废”作为环境污染的衡量指标，使用熵值法来对地区环境污染程度进行综合测算，并基于环境投入产出模型来分析财政分权的作用。研究结果表明，财政分权与环境污染显著负相关，但这一作用的实现与地区财政分权后的财政能力有关，财政分权较高的东部地区拥有充裕的资金，可以对环境污染进行有效的治理，而资金相对匮乏的中西部地区则达不到理想的效果。

正如上文所述，大部分研究更倾向于财政分权加剧了辖区内的环境污染，但对这一观点的解释却不尽相同，通过对财政分权与环境污染之间机制研究的相关文献进行梳理，得出的解释主要有以下三类。一是财政分权减少了地方政府的财政收入，由此造成的财政压力将迫使地方政府通过对本地区的税率进行调整、弱化环境标准等方式来吸引更多企业进入（Stewart，1977；Wildasin，1989；Oates & Schwab，2015），并放松环境监管、容忍污染企业的排放（Qian & Weingast，1997；Kamwa，2012），以此作为扩大税基的重要方式来增加财政收入，在摆脱分权带来的财政窘境的同时也带来了环境污染。张克中等（2011）从碳排放的视角来说明财政分权为何会导致环境污染，结果发现财政分权降低了地方政府对碳排放的监督程度。二是由于财政分权使地方政府的财政支付能力受限，从而使地方政府把更多资源投向生产性支出，而削弱了环境治理等福利性公共支出（Oates，2002；傅勇、张晏，2007；范子英、张军，2009；Liu & Martinez-Vazquez，2015），财政支出行为的偏向是财政分权造成环境污染的原因之一。李涛和刘思玥（2018）使用分位数回归来刻画政府财政支出偏好的动态性，结果发现财政分权加剧了地方政府对以经济建设支出为主的偏好，而减少了政府提供公共服务的支出，尤其弱化了环境规制的财政职能。三是环境污染不仅与环境支出的投入资金有关，更与环境支出的效率有着密切的关系，正是基于这一考虑，学者开始从环境支出效率的角度来分析财政分权与环境污染的关系（何平林、刘建平、王晓霞，2011）。潘孝珍（2013）基于 DEA 方法对我国各地区环境支出效率进行了测算，结果说明绝大部分地区支出效率偏低，并且财政分权程度与环境支出效率之间存在着显著的负向关系。而和立道等（2018）进一步研究发现，尽管现有的财政分权制度有利于政府加大环境治理投资，但政绩考核以及信息不对称的存在将影响支出效率。

三、晋升激励对环境污染的影响

对于地方政府而言，辖区内的经济效益与政策制度安排必然受到官员行为及任期的限制（List & Daniel，2006；Ferreira & Gyourko，2009）。正是由于拥有特殊的政府管理体制，中国的经济才会出现奇迹般的增长。地方政府官员围绕着辖区内地区生产总值的增长而展开“政治锦标赛”竞争（周黎安，2007），对于地方经济增长带来官员仕途晋升的这一理论逻辑不仅在晋升考核中得以显现，而且更多地被大量的文献证明（Li & Zhou，2005；Chen et al.，

2005；杨瑞龙等，2013；罗党论等，2015）。由于官员晋升与经济增长之间的关系探讨并不是本节的重点，在此不展开赘述。

中央政府将更多经济管理的自由权赋予地方政府，只负责对地方政府进行监督与考核，这种模式在对经济增长发挥重要作用的同时，也将产生一些弊端（Xu，2011），如环境污染问题。地方政府依赖于污染密集型产业（Vennemo et al.，2009），这一经济发展模式的选择将在一定程度上归因于地方政府的晋升激励。在以 GDP 为核心的绩效考核下，地方政府为了短期内促进经济增长会选择给予辖区内企业以各种资源和政策优惠，甚至以资源破坏和环境污染为筹码（于文超、何勤英，2013）、以环境为代价来实现经济增长，同时提高地方官员的升迁概率，这一基本逻辑已被 Jia（2012）检验。研究表明，地方政府官员出于晋升激励的考虑，往往选择投资“污染型技术”而舍弃“清洁型技术”，实现经济短期内的快速增长并造成环境的污染。之所以产生环境污染问题，主要是因为在晋升激励下地方政府行为的扭曲，在以经济增长为目标的考核绩效下，地方政府将一切资源尽可能地投入使用来促进经济增长（王贤彬等，2009），而忽略了环境治理等公共设施的建设（Li & Zhou，2005）。同时，由于金融的发展与环境之间存在着紧密的联系（Sadorsky，2010；Zhang，2011；严成樑等，2016），在环境规制弱化的情况下，金融行业将促进污染密集型产业的发展（He et al.，2017），并且政府会积极主动地以金融为中介来干预资金流向、建立政绩工程（钱先航等，2011；纪志宏等，2014）。此外，为了摆脱财政压力窘境，地方政府将更多的金融补贴给予短期高产出的污染密集型产业，以此来增加税负（谢罗奇等，2018），而就业压力的存在将使地方政府以金融来扶持劳动密集型产业，但由于其技术较低、污染设备不达标以及大量的污染排放等特征加剧了地方污染（阚大学、吕连菊，2016）。可以看出，地方政府官员的晋升激励在带动经济增长的同时，由于政府行为的扭曲而改变政策导向，最终造成地区环境的污染。

面对日益严重的环境污染问题，地方政府应采取积极的应对策略。Wu 等（2017）研究发现，早期中央与地方之间的财政体制给地方政府造成一定程度的财政压力，使得地方政府在环境治理方面的投资较少，而将更多的财力资源用于改善基础设施、吸引大量投资上，最终导致地方环境质量得不到很好的改善。但随着公众对环境质量要求的不断提高，将绿色目标纳入地方政府官员的绩效评估和晋升标准是国家鼓励地方政府治理环境的主要方法。自“十一五”以来，国家通过应用“节能减排目标责任制”（TRS）来提高地方政府治理环境的积极性。Zheng 等（2014）对这一考核机制转变带来的环境效益进行分析，发现在面临公众对改善环境要求压力下，地方政府将更加努力改善辖区内的环境污染，并且这一举措将提高官员的晋升概率。但事实上，众多学者对环境考核的实施效果持怀疑态度，一方面，环境考核并不容易量化，并且环境治理的效果在短期内难以呈现，加之官员任期产生政治周期的存在将使该长效机制受限（郑思齐等，2013）；另一方面，地方政府官员不仅受仕途晋升的激励，而且受经济利益的诱惑，倾向于与辖区内污染密集型企业合谋（刘华军、刘传明，2017），弱化环境规制标准，默许企业排污，导致污染物排放量增加（梁平汉、高楠，2014；郭峰、石庆玲，2017）。正是由于以上因素的存在，环境考核的完善还需漫长且艰辛的过程。

四、环境规制效果的评估研究

随着经济的快速增长，资源过度使用、工业排放加剧以及生态环境退化等一系列环境问题也随之出现，环境污染不仅带来经济的损失（夏光、赵毅红，1995；郑易生、阎林、钱薏红，1999），而且危及人类的长远发展。最典型的事实便是，环境污染损害了人体健康，死亡率显著提高（Ebenstein et al.，2015；Currie et al.，2015），而对此的研究几乎形成统一定论。Clay 等（2015）以 1918—1919 年西班牙流感大暴发作为“准自然实验”来实证考察环境污染和流行病对人体健康的综合影响，由于早期数据的缺失，文中以煤炭发电量作为环境污染的代理变量，结果发现环境污染显著提高了婴儿流感死亡率及整体流感死亡率，并进一步测算指出，煤炭发电量及其产生的污染、各城市距一战军事基地的距离以及各城市本身的居民健康状况可以解释 76%的婴儿流感死亡率和 44%的总体人口死亡率。同时，He 等（2016）考察了环境污染与死亡率之间的关系，研究表明环境污染显著提高了死亡率。

面对严峻的环境污染形势，各国政府都在积极努力地进行环境治理，并试图在全球范围内达成环境治理的共识。作为人类历史上第一个限制温室气体排放的国际性法律文件——《联合国气候变化框架公约京都议定书》（以下简称《京都议定书》），该协议的签订标志着全球气候治理进入新阶段。虽然已有研究通过分析 CO_2 的排放量，发现该协议的诞生显著减少了7%~10%的 CO_2 排放（Aichele & Felbermayr，2012；Aichele & Felbermayr，2013；Grunewald & Martinez-Zarzoso，2016），但不可否认的是，质疑声也很大：该政策的实施是否真的迫使发达国家减少碳排放？Almer 和 Winkler（2017）使用合成控制方法（Synthetic Control Method）对《京都议定书》的减排效果进行评估，结果发现该协议并没有显著降低碳排放，发达国家并没有因为签订了该协议而切实减少碳排放，甚至有些国家排放了更多的 CO_2。这一研究结果引发不同领域对《京都议定书》成效的质疑。

本节按照环境规制类别的差异进行划分，具体可分为两类：一是以政府强制政策为代表的行政命令式环境规制，二是以市场激励为主导的环境规制。对于前者，由于政府行政命令的强制性以及有力的监督，总体能够实现预期的环境效果，Shapiro 等（2018）发现隐形污染税（implicit tax）使企业在产出和降污减排间的抉择更加理性，环境规制政策使得美国制造业污染下降约75%。而 Tanaka（2015）以中国在1998年实施的两控区（two control zone policy）来证明环境治理能够显著提高居民的健康水平，降低婴幼儿死亡率。此外，王兵等（2017）基于广东东莞政府为解决环境问题设立的环保基地展开分析，从时间与空间的双重角度考察该规制带来的环境效益，结果表明环保基地的设立有效地减少了企业在工业废物、COD 和氮氧排污等气体的排放，并且该政策不仅有利于辖区内企业的环境保护，并且对辖区外的企业具有明显的“辐射效应”。当然，环境规制也并不总是以政府文件的形式出现，或许一项较小的社会规则的变化也将会对改善环境产生巨大影响，如出行习惯的变化、交通方式的改变均能降低能源的使用而改善环境质量。2012年7月下旬，意大利法院突然宣布暂停米兰的道路收费，而在八周后这项收费政策又得到重启，为了对这一交通规则的改变带来的环境效益进行评估，Gibson 和

Carnovale（2015）基于该政策的冲击来评估空气污染，结果发现道路收费政策暂停后，收费区域内外的 CO 和 PM_{10}浓度上升了 6%～17%，污染物的排放加剧。该发现促使人们开始重新审视环境规制，改变传统看法，但不管怎样，行政命令的环境规制方式的效果显著，成为当前政府治理环境的首选模式。

当大部分研究者在着力探讨政府强制实施环境规制的作用效果，而忽略了市场激励下环境治理措施时，Fowlie 等（2012）转变研究思路，将目光聚集在美国西岸加利福尼亚州南部的“区域清洁空气激励市场”（Regional Clean Air Incentive Market，RECLAIM）项目，该项目主要是通过管理局对辖区内的硫氧化物（SO_x）和氮氧化物（NO_x）总量控制限额，并给予规制企业一定的排污许可额度，企业将自主选择减排或是通过购买排污许可额的方式来实现最优成本收益，并达到排污控制的目标。这是一种完全依靠市场激励来解决环境问题的方式，结果发现该项目的实施使得 1990—2005 年 NO_x 的排放量降低了 20%，并且该减排效果在收入差异以及种族差异地区并不存在显著的异质性。中国“碳试点交易”政策的实施不仅有利于中国碳排放的减少，而且对缓解全球气候的变暖具有重要意义，是中国政府致力于以市场手段来解决碳排放问题的初步探索。因此，Zhang 等（2017）基于中国 2000—2013 年省份面板数据，使用 PSM-DID 方法来考察碳排放交易试点政策的实施对碳排放的影响，结果表明尽管该政策执行时间比较短且市场机制不完善，但对环境质量的改善作用已经凸显，有效地减少了碳排放，该作用也存在着滞后效应。

究竟是市场化的环境治理手段好还是政府行政命令的方式更好？这是一个困扰着研究者与政府决策者的重要议题，至今没有获得广泛认可。Harrison 等（2015）以印度作为考察对象，使用 DID 来评估上述两种方式的环境治理效果。之所以选择印度，是因为印度对治理严重的环境污染问题出台了一系列的环境规制政策，如 1996 年最高法院出台议案（action plans），要求地方政府在 8 年内对所辖区域内的企业完成污染规划：关闭或搬迁污染型企业、安装减降排设备等；而印度各地区煤炭储存量与供给政策的差异使得地方煤炭价格及消费量不同，前者属于行政命令规制，而后者属于市场激励规制。同时，由于印度整体制度环境较差且考察期间没有征收碳税，这些因素为评估两种规制手段提供了条件。研究表明，市场激励下的高碳价迫使小企业退出市场的同时也显著降低了企业对煤炭的使用量以及污染排放量；相反，行政命令规制对企业采用减排设备或煤炭使用量的影响较小，而就 SO_2 排放量的降低而言，作者认为市场激励下的高碳价格发挥的治污效果要强于行政命令规制的效果。这一重要发现为研究者认识不同规制手段提供了新的思路，对两者之间的效果比较做出了进一步的辨析。

此外，随着环境问题的日益突出，仅仅依靠地方政府对环境进行治理似乎并不能杜绝污染源头。随着公众环保意识的不断提高，环境治理过程中的冲突成为政府面临的严峻问题，为环境治理的第三方监督和发展提供了机遇。Duflo 等（2013）在印度以田野调查的方式进行了实验研究，结果发现尽管第三方监督有利于降低环境污染，但第三方的审计中也不可避免地存在造假现象。而 Li 等（2018）从中国环境污染的现实出发，以第三方非营利组织机构的环境信息公示作为环境污染的约束，来考察这种约束下环境质量的改善问题，结果发现信息公示有效地减少了地区污染物的排放，并且该治理效果存在明显的地区异质性，东部地区与中部地区的效果要强于西部地区。第三方公众监督的环境治理模式为政府改善环境质量提供了新的方式，开拓了新的思路。

第三节　环境治理的困境与机制研究

面对日益严重的环境污染问题，各地政府采取积极措施对其进行有效治理，但无论是对于治理过程中的环境效果还是经济效益而言，地方政府都面临着两难取舍的困境，正是由于困境的存在直接弱化了环境治理的效果，同时还对经济发展方式的转变产生作用。基于此，本节对有关地方政府在环境治理过程中的困境的现有文献进行了归纳，为本书后续的分析奠定了理论和实证基础。具体而言，本节主要对环境规制对企业效益、污染转移以及外资转移的影响进行研究。

一、环境规制对企业效益的影响

自从环境污染的治理成为学者关注的重点之后，环境规制对企业效益的影响就一直作为焦点议题而备受瞩目。关于两者之间关系的探讨，学界争议很大，形成的主要观点则分为“遵循成本说”和“生产率提高说”两大类。

其一，“遵循成本说”认为，环境规制提高了企业生产成本，不会对经济体的生产绩效与经济增长起到促进作用甚至会产生抑制效应（Siegel，1979；Christainsen & Haveman，1981；Löfgren et al.，2013）。其中，Siegel（1979）认为，环境规制会对产出增长起到抑制作用；Christainsen和Haveman（1981）研究发现，环境规制的抑制效应能够稀释0.27%的劳动效率，同时抑制0.5%的生产水平，并且该抑制作用也具有时间异质性。此外，Löfgren等（2013）针对瑞典企业的调查发现，CO_2排放规制不会对企业的生产性行为和经济利益造成显著影响。其二，“生产率提高说”认为，环境规制在一定程度上能够激励创新行为，提高生产率水平，抵消成本增加的制约，从而促进经济增长（Porter，1991；Brunnermeier & Cohen，2003；Johnstone，Haščič，& Popp，2010；涂正革、谌仁俊，2015；Feng，Shi & Kang，2017）。这一假设起源于“诱导性创新假设”，即随着生产要素相对价格的提升，该要素的资源稀缺会制约经济增长。随后，Porter（1991）根据该观点提出了“波特假说”，认为环境规制造成相对要素价格上升，这种生产成本的提高会被由规制带来的生产率提升与经济增长替代。譬如，Gray和Shadbegian（1998）通过普查数据发现，严格的环保法规能够促进企业的生产性投资；而Mazzanti和Zoboli（2009）在对意大利环境规制效率与劳动生产率的考察中发现，环境规制政策能够提高企业生产率进而提高经济效益。Feng等（2017）的研究也发现，环境规制能够提高企业的绿色创新能力。

基于上述文献梳理与回顾，关于环境规制对企业效益的作用没有形成统一的结论，而是两种相互对立的观点持续存在。但从已有文献中可以看出，目前的研究呈现出以下特征。首先，大部分研究者往往将目光集中在环境规制对企业个体层面的经济绩效影响上，更偏好观察环境规制中的企业个体行为。通过企业利润、生产方式、产能结构与创新行为等方面来考察环境政策对企业层面的影响，没有考虑环境规制对企业影响存在溢出效应，而简单直接对企业层面经济绩效的探讨并不能反映环境规制政策的宏观性指向作用和针对整体经济状况的实际效应影响。其次，在以往大多数研究中，研究者主要是通过企业调查或案例（Rogge，Schleich & Haussmann，2011；Löfgren et al.，2013）和针对企业生产率考察（Jaffe，Peterson & Portney，1995；Dean，Brown & Stango，2000；张成、朱乾龙、于同中，2011）的形式进行分析。对于前者而言，由于样本量有限、分析方法中缺乏定量成分，因此并不能得到准确有效的环境规制效应，并且在本节对前人文献梳理的过程中发现，案例分析得到的结果差异巨大，环境规制效应存在明显出入；而对于后者而言，使用定量分析的同时，在计量模型设定中存在内生性隐患，不能对二者之间做出有效因果推断。

二、环境规制对外资转移的影响

政府对环境的治理将引起外资的转移，对于这一问题的探讨由来已久，并形成一系列的观点。最早对环境规制引起外资转移的现象给予解释的便是Pethig（1976）和Siebert（1977），他们认为环境规制的差异引起企业生产成本的不同将迫使跨国企业将污染密集型产业转移到环境标准较低的国家和地区，从而出现外资转移。进一步，Walter（1973）、Walter 和 Ugelow（1979）将以上观点与贸易理论相结合，并提出“污染避难所”假设，该假设认为环境规制将提高企业的生产成本，使环境标准较高的地区丧失区位优势，而环境规制宽松的地区对污染密集型产业具有较强的比较优势，企业在利润最大化的理性抉择下更倾向于选择环境规制水平较低的地区进行生产，由此带来污染产业在国际范围内的不断转移，其多从发达国家流向发展中国家，最终使发展中国家成为“污染避难所”。而从各国引资过程中采取的实际策略可以看出，政府为了吸引外资流入，不断以降低环境标准的方式竞争，最终使得环境规制出现“逐底竞争”现象（Wheeler，2001），从而陷入外资增长与环境污染加剧的困境。

沿袭上述理论的发展脉络，大量学者更多的是以现实数据对其进行检验，环境规制引起外资企业数量及投资的减少被很多学者证实（Xing & Kolstad，2002；刘建民、陈果，2008；陈刚，2009；Dam & Scholtens，2012；侯伟丽、方浪、刘硕，2013），并且强调环境规制程度越高，外资企业将越少（List & Co，2000）。而Javorcik和Wei（2003）更加强调，普通的环境规制并不能引起外资的转移，而只有非常严格的环境规制才会影响外资流入。针对中国的引资现实，綦建红和鞠磊（2007）考虑到中国经济发展的地区差距，经检验发现发达省份的环境规制并没有引起外资的减少；相反，欠发达地区的环境规制与外资之间呈现出显著的负相关关系。进一步，Dean等（2009）按照外资企业的来源将外资细分为华裔国家的外资和非华裔国家的外资，以此来考察环境规制对不同来源外资的影响，研究表明非华裔外资企业来华投资并没有造成“污染天堂”，而正是由于环境规制的宽松使得华裔外资企业带来更多污染项目，加剧了中国的污染。除了以上分析外，学者还将环境规制关注的重点集中在污染密集型外资，发现“污染天堂”假设的成立集中在技术水平较低、环境污染程度较高的行业（李国平等，2013；彭可茂、席利卿、雷玉桃，2013），因此，环境规制将最终导致污染密集型外资企业的转移，在缓解环境污染的同时也将阻碍地区外资的流入。在所有政府实施的环境规制政策中，中国政府为治理酸雨而在1998年实施的“两控区”环境政策是学者研究的重点。Hering和Poncet（2014）以此为切入点，结果发现“两控区”的实施将使辖区内污染严重行业的出口显著下降，并且对私营企业的抑制作用要高于国有企业。同时，Cai等（2016）对此的研究发现“两控区”环境规制将阻碍FDI的流入，而该阻碍作用在不同类型外资企业之间存在异质性，即环境标准高于中国的FDI对环境规制发挥的阻碍作用并不明显；反之，环境标准低于中国的FDI则表现出显著的负向作用。当然，除了政府实施的环境规制会引起外资转移外，引资行为也会导致产业转移从而引起环境污染。如中国政府为促进经济增长而在各地区大量设立开发区，事实也证明开发区的设立将有助于投资、产出以及企业数量的增长（Lu，Wang & Zhu，2015）。正是由于新进企业带来的规模扩张，开发区附近河流才出现短期的污染（王兵、聂欣，2016）。

三、环境规制对污染转移的影响

环境污染的不断恶化引起了公众的广泛关注，地方政府积极采取措施对污染进行治理。当然，除了以上政府行为等因素导致环境规制失效外，地区之间政府实施环境规制标准的差异将造成污染密集型企业进行跨区域转移，为污染逃避提供可行空间（Becker & Henderson，2000；Keller & Levinson，2002；List，McHone & Milliment，2003）。这种现象的出现主要是经济不发达地区与经济发达地区之间的差异化选择，经济不发达地区为了实现经济发展而选择以环境为代价来放松环境规制，该选择使得发达地区的环境污染降低而欠发达地区的污染加剧，此起彼伏，从而出现区域环境治理达到效果而全国环境污染更加严重的矛盾，环境治理不能发挥规模效应，环境治理的效率降低（陆铭、冯皓，2014）。而地方政府与中央政府之间存在的“隐秘关系”将进一步引导地方政府发展经济，使地方政府官员更偏向于选择高污染、高能耗的产业来拉动经济增长，在实现经济增长和仕途晋升的双重收益下导致地区污染排放加剧（Jia，Kudamatsu & Seim，2015）。

污染转移的现实已被大量研究证实，而研究者主要从污染跨区域转移与环境跨区域治理来分析污染转移问题。对于环境污染跨区域转移的分析将涉及产业转移，正是污染密集型产业的迁移才导致污染转移出现，沿着这一思路研究者对其进行详细考证。中国“十一五”规划中明确提出水污染减排目标，Wu 等（2017）对该环境目标考核下新污染企业的选址问题进行了系统研究，并考虑内外资企业在该目标下的异质性。研究结果表明，2007 年实施的“污染减少的绩效考核”使得更多污染密集型企业从环境规制水平相对严格的沿海地区逐渐转移到环境规制较宽松的西部地区，并且该政策效果在环境规制强度和企业污染强度方面存在着明显差异。与谭志雄和张阳阳（2015）的研究结论相类似，作者基于财政分权的角度来解释环境治理的效果，并明确指出财政分权之所以使东部环境规制获得良好的效果，主要是因为东部地区大部分污染密集型产业向中西部地区转移。正是由于污染产业的转移，才使得环境规制在减少迁出地污染排放的同时加剧了迁入地的环境污染（沈坤荣、金刚、方娴，2017），因此地方政府为实现环境效益最优化做出的环境规制政策并不能降低地区整体环境污染水平，存在着局部与整体环境治理上的矛盾。当然，以上更多地集中于区域间大规模产业转移的分析，而区域内部的企业选址也会产生污染转移的问题。Cai 等（2016）基于中国 24 条主要河流附近的县级数据来考察企业的选址倾向，结果发现污染企业将从辖区内部逐渐向行政边界转移。此外，Sigman（2005）对美国国内与不同州之间的环境污染进行了考察，结果发现水污染的企业不仅偏好在行政边界选址，而且更偏好在辖区内河流的下游聚集。这一研究结论充分说明污染密集型企业选址偏好存在的原因在于跨界污染的溢出，该行为动机的存在将实现地方政府要求的经济收益最大化与环境污染最小化的双赢。

而对于环境跨区域治理的探讨，学者将更多地集中于河流跨界污染的治理问题上，正如现有研究所得结论那般，跨国河流的污染程度高于国内河流的污染程度，跨州河流的污染程度要高于州内的河流污染程度，跨界河流的污染程度要高于非跨界河流的污染程度。由于这种污染的外溢，需要对环境污染进行整体的治理，需要高层政府集权统一决策，全面详细布局。在分权管理体制下，政府之间相互依赖，环境治理效果降低，进而导致非效率。Lipscomb 和 Mobarak（2017）以巴西的县环境监测点距离县区边界来衡量环境分权，并以此来考察其环境效应，结果表明距离下游行政边界越近，污染越严重、河流污染恶化的速度越快，证明了分权治理给环境带来的弊端。而关于国内的边界污染问题也被证实。李静等（2015）以淮河流域的污染排放作为考察对象并使用 2004—2013 年重点监测断面的周数据，分别使用最小二乘法和最近邻匹配法来考察河流污染的行政边界问题，研究表明淮河流域的污染存在着明显的“行政边界效应”，即行政边界下游的污染远高于上游的污染，该结论与李静等（2015）对全国九大水系污染分析所得结果完全一致。

因此，为解决环境的外部性问题，中央政府应该加强监管和治理，降低地区之间的环境政策差异，完善监督机制，以集权的方式来应对环境治理过程中出现的问题（Lockwood，2002）。面对环境规制引起的污染转移问题，地方政府应从全局出发、整体规划，以避免陷入局部环境改善而整体污染加剧的困境。

第四节 文献述评

本章对文献进行了系统性的梳理，可以看出，环境污染与经济增长之间关系的探讨是一个经典议题，而围绕着这一问题的深化考察将研究重点聚焦于 FDI 与环境污染之间的关系上，由此产生了以“污染避难所”假设和“污染光晕”假设为代表的两种截然相反的理论争议。进一步，为了纠正简单地将环境污染归咎于外资的片面性，对地方政府行为的考察将有助于研究污染产生的内在机制，对已有分析进行深化和拓展。总体来说，由于现有研究的对象、思路以及使用方法上存在差异，各国学者关于环境污染的相关研究没有得到一致的结论，但从文献脉络中可以得出，研究基本呈现出以下趋势。首先，研究视角不断深化。在对早期研究的拓展方面，后续研究将分别从空间角度和时间维度对环境污染进行详细考察，包括污染的空间转移以及环境污染的阶段性差异，并在此基础上更多地对现实问题进行解释。其次，研究方法不断完善。随着现代计量方法的不断改善和发展，学者也逐渐使用新的方法试图对环境污染的相关研究进行准确推断，从早期的普通回归到面板方法的出现，现在逐渐演化成空间模型和门槛效应模型，方法上的不断改善也使研究结论存在较大的差异。最后，研究对象不断拓展。随着大数据时代的来临，学者在研究该问题时考察的对象也不再仅仅局限于一个国家或地区，而是在更大范围内开展研究，从单一地区的环境污染治理逐渐转变为全球环境污染治理。尽管有关 FDI 与环境污染之间的研究已经取得了很大进展，但不可否认的是，目前的研究仍然存在以下几点不足。

第一，国内外对 FDI 与环境污染之间的研究并没有考虑中国的实际情况，尤其是地方政府行为在两者之间发挥的作用。政治和经济双重激励下的引资竞争行为对中国的污染排放加剧、环境质量下滑产生深远影响，故而地方政府的引资行为是不可忽视的重要因素。更重要的是，地方政府在追求公共利益的同时也在追求个人利益最大化，而这一系列因素将体现在地方政府引资行为的变化上，最终导致外资产业结构失衡、外资数量与质量脱钩以及清洁型与污染型外资不协调等经济现象，由此造成环境污染排放加剧、环境质量恶化等环境问题。鉴于此，简单地将中国环境污染加剧笼统归咎于外资的研究结论存在偏误，并且这一做法不利于挖掘环境污染产生的根源，故而忽略地方政府引资行为来考察FDI与环境污染之间的关系是现有研究的缺陷。

第二，从现有的研究范式来看，少许学者逐渐从微观企业的角度来考察FDI与环境污染的问题，但更多的研究是从国家或地区等宏观角度来分析FDI和环境污染之间的关系，这种宏观分析与微观考察之间的分离将使宏观分析所得结论缺乏相应的微观基础，而微观考察所得结果在宏观角度下的适用性遭受质疑，并没有将两者进行有效的结合。从文献中也可以看出，学者从不同的角度出发并采用各种方法来研究两者之间的关系，得出很多相反的结论，除了研究考察的对象和使用的指标存在差异外，大部分的研究仅仅停留在宏观层面，并没有深入企业个体层面。由于宏观层面的研究难以将全部因素纳入框架进行分析，故而会使研究结果出现偏误、缺乏相应的微观基础。因此，为了进一步巩固研究所得结论，弥补现有在宏观层面和微观个体之间研究分离的缺陷是非常有必要的。

第三，现有研究大多采用传统的面板数据分析FDI与环境污染之间的关系，由于方法上的缺陷，并不能很好地对FDI与环境污染之间的因果关系做出明确推断。从上述的文献回归也可以看出，大部分的研究仅仅局限于两者之间相关性的探讨，几乎很少有人对FDI与环境污染之间的因果关系做出判断，但随着“准自然实验”方法的普及与推广，少数学者也逐渐开始以该方法来评估外资与环境污染的关系，尤其以环境规制为代表的政策评估方面最为突出，以此来估计政策的环境效果和经济效果。而社会研究的重要任务之一就是进行因果推断，为了证明研究结果的可靠性，本书也尝试在后续的实证分析部分使用“准自然实验”的方式来进行评估，分析环境规制对地方政府吸引FDI和环境污染的影响，为地方政府在环境治理与引资行为之间面临的困境提供一种可信的经济学解释。

第三章 环境治理与引资行为之间困境的理论框架

第一节 环境治理与引资行为之间困境的理论分析

一、政府引资行为的影响因素

地方政府在引入 FDI 和环境治理之间扮演着双重角色。一方面，在经济落后、财政不足、资金缺乏等现实条件约束下，地方政府将经济增长动力聚焦于 FDI，为此展开了一系列的引资竞争，其中环境标准的“逐底竞争”将导致环境恶化；另一方面，环境作为一种典型的公共物品，其特殊性决定环境治理必须由地方政府来承担，而环境治理的改善也将导致 FDI 流入的门槛提高、外资企业成本增加，对外资流入产生一定的影响。鉴于此，地方政府在环境治理与引资行为之间存在着明显的困境，要想改善 FDI 带来的环境问题以及转变外资结构，就必须对其困境进行分析，因此本书将主要探讨究竟是什么原因造成地方政府在环境治理与引资行为之间存在困境；而在不同的政治约束和经济激励条件下，地方政府该如何在两者之间进行决策；政府的理性抉择对地方的 FDI 流入与环境治理造成什么样的影响；并在分析的基础上提出相关政策建议，破除地方政府面临的两难困境。但是，在进行理论分析之前，需要我们对整个研究涉及的概念、标准等问题予以界定。

（1）地方政府的界定。本书的研究主要是从地方政府的角度来考察引资行为与环境治理之间的困境，为了使后续的分析在概念上不发生混乱，清晰明确地对地方政府进行界定是必要的。地方政府作为中央政府委派管理地方事务的代理人，对地方经济发展等事务具有重要的影响，这早已成为学者关注和研究的重点。而从现有研究可以看出，学者对地方政府的定义基本形成统一认识，地方政府一般是指管理一国行政区事务的政府组织的总称，而结合中国的实际情况，地方政府是指区别于中央政府的各级政府，具体包括省、自治区、直辖市、市、县、乡镇等。这一定义也将被本书延续使用，并且考虑地方政府行为的选取以及数据指标的量化，后续分析中的地方政府主要是以省级政府和地市级政府作为地方政府的代表。但需要强调的是，研究所得结论并不局限于以上两级政府，而是适合除中央政府以外的各级地方政府。

（2）影响地方政府引资行为因素的选择标准。在清晰界定地方政府的概念后，对于如何在众多影响地方政府引资行为的因素中选取本书要详细研究的具体因素，需要我们对众多因素进行一一甄别，并在甄别的过程中考虑本书研究的主题，故而本书遵从以下几项标准。①主题相关原则。由于本书主要从政府引资行为出发来考察环境污染久治无效的内在机制，故而一系列与引资行为和环境规制无关的因素将不是本书要考察的内容，我们侧重于选择既影响 FDI 流入又作用于环境质量的因素，这才是本书要研究的重点。②重大现实原则。由于本书的整体研究是希望通过理论分析来解决中国在环境治理与引资行为之间的困境，最终解决现实问题，故而选取地方政府的主要引资行为以及影响地方政府行为的主要因素予以考察，而这些因素在政府引资与环境治理之中扮演着重要的角色，是我们对该问题进行分析时不能忽视的。③可操作性原则。在以上原则的基础上，对所要研究的政府行为给予现实考察，计量的分析需要数据的支持，故而对因素的考察分析也要考虑数据的可获取性以及研究的可操作性。④文献参考原则。为了能够对选取的地方政府引资行为进行翔实而全面的分析，并且具有重要的文献支撑，而不产生一种“无根之木、无源之水”的感觉，本书更多地将从现有文献出发，探寻已有研究的轨迹，深化已有的分析并拓展本书的研究，给予现实合理的解释。

（3）影响地方政府引资行为的主要因素。基于以上选择标准，本书对影响地方政府引资行为的诸多因素进行仔细甄别，最终选择从政府竞争、财政压力、晋升激励以及环境规制的视角来分析地方政府引资行为与环境治理之间的困境。上述四种特征不仅仅是影响地方政府引资行为的重要因素，也是中国地方政府面临的现实问题。可以看出，中国经济的发展与转型也伴随着地方政府在上述四种因素下的引资行为的变化，故而本书选择以上因素作为分析地方政府引资行为与环境治理的主体，试图以此来深化两者之间的困境研究，为政府治理环境和规范引资行为提供决策基础。

二、政府引资行为带来环境困境的分析思路

本书从政府竞争、财政压力、晋升激励以及环境规制的角度出发，探究地方政府在 FDI 与环境治理之间面临的困境。如何将上述因素直接纳入统一框架来分析政府引资过程中出现的困境，将是本节的重点任务。那么，本书选取的上述因素在地方政府环境治理与引资过程中扮演着什么角色，彼此之间的关联何在？对于该问题的回答，此处将主要从地方政府面临的公共利益和个人利益视角出发，在政府竞争、财政压力、晋升激励以及环境规制的限制下，地方政府的引资行为发生变化，地方政府试图改变当前的行为来寻求最优的引资策略来实现双重利益的最大化，具体分析思路如图 3-1 所示。

由图 3-1 可以看出，部分地方政府官员在考虑公共利益的同时也在追求个人利益的最大化。本节主要是从地方政府行为的视角出发，探讨环境治理与 FDI 之间存在的困境。基于此，本书的分析思路主要围绕以下两个方面展开。一是地方政府为了解决经济发展与资金不足之间的现实矛盾，将目光聚焦于 FDI，试图通过激烈的引资竞争来实现大量外资的流入，在改善辖区内经济绩效的同时也带来了一系列的环境问题。与中央政府不同，地方政府不仅仅考虑公共利益，作为地方政府的代理人，政府官员也会考虑个人利益的最大化。正是在个人利益和公共利益的双重激励下，地方政府才不断地通过税收优惠、政策倾斜以及降低环境门槛等方式来提高本地在引资竞争中的优势，并且地方政府在对外资进行环境补贴的过程中出现环境标准的“逐底竞争”，产生的严重后果就是污染排放加剧、环境恶化。二是由于环境日益恶化并引起社会的广泛关注，政府将采取环境规制、提高环境标准的政策，该政策的实施将对 FDI 的流入产生影响。地方政府通过“逐底竞争”引入的 FDI 大部

分是发达国家淘汰的高污染产业；同时，跨国公司通过寻求监管漏洞来采取有别于本国的双重环保标准，使得污染产业纷纷转移到我国沿海地区，由此产生的环境问题将引起社会公众的不满，影响公共福利。环境治理将提高外资流入的门槛和企业成本，进而影响地区外资的流入；同时，部分政府官员在个人利益的驱使下会选择与污染企业进行合谋，给予合谋企业差别化的环境规制标准，最终导致环境规制的弱化与环境治理的失效。基于以上分析，地方政府该如何抉择？这是地方政府在环境治理和引资之间面临的困境。

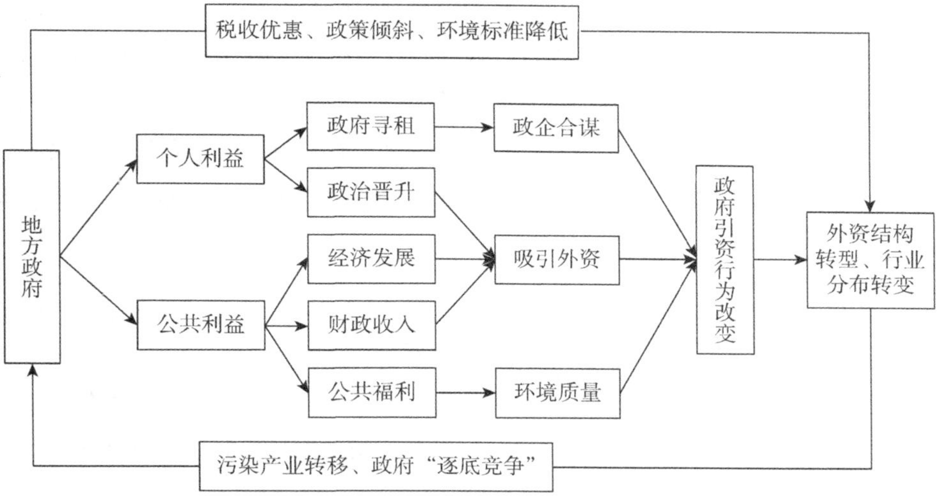

图 3-1　理论分析思路

三、政府引资行为带来的环境困境：一个引资模型的解释

本章主要是在统一框架下分析地方政府在环境治理与引资行为之间面临的困境，并讨论该困境产生的内在机制。鉴于此，本节基于地方政府为获得大量外资流入而进行的一系列引资竞争，并借鉴 Hayashi 和 Boadway（2001）的思路①，通过简化的税收竞争模型来说明地方政府竞争带来的诸多影响。

① 原有模型主要分析资本的跨区域流动，而结合本书的研究主题，在考虑资本流动的同时也加入了环境污染，进行综合全面的考察。

现仅考虑存在两个地区，分别为地区 1 和地区 2，两地政府为了吸引外资而彼此进行税收竞争，通过税收的变化来引进更多的外资。假设两个地区分别获得的外资为 K_1、K_2，并依据中国以往的经济增长现实，此处假设两地区分别拥有劳动力的数量是无限供给的，并且劳动力可以被资本完全替代，其经济产出的函数分别表示为 $Y_1 = F_1(K_1)$、$Y_2 = F_2(K_2)$，并进一步假定 $F_1(K_1)$、$F_2(K_2)$ 均为凹函数，即

$$F'_1(K_1) > 0,\ F''_1(K_1) < 0;\ F'_2(K_2) > 0,\ F''_2(K_2) < 0 \qquad (3-1)$$

当然，地方政府 1 努力吸引得到的外资 K_1 不仅仅取决于本地税率 t_1，也受到地区 2 的税率 t_2 的影响，因此，K_1 是两地税率 t_1 和 t_2 的复合函数，即 $K_1(t_1, t_2)$；同理，K_2 是两地税率 t_1 和 t_2 的复合函数，即 $K_2(t_1, t_2)$。在完全竞争市场中，产品的价格为 p，并且进一步假设两地区单位产品的生产成本分别为 c_1、c_2，而两地区的资本收益分别为 r_1、r_2，根据厂商利润最大化原则，则有

$$r_1 = (p - t_1 - c_1)F'_1(K_1);\quad r_2 = (p - t_2 - c_2)F'_2(K_2) \qquad (3-2)$$

此外，资本可以进行跨区域的自由流动，已获得由于各个地方政府实施不同税收竞争带来的套利机会，但外资跨区域转移需要支付一定的转移成本，设 $b_1(K_1)$、$b_2(K_2)$ 分别表示外资在地区 1 和地区 2 进行转移的成本，而 $B(K_1+K_2)$ 则表示整个地区的调整成本，并假定上述成本函数均为严格意义上的凸函数，即

$$b'_1(K_1) > 0,\ b''_1(K_1) > 0;\ b'_2(K_2) > 0,\ b''_2(K_2) > 0;$$
$$B'(K_1 + K_2) > 0,\ B''(K_1 + K_2) > 0 \qquad (3-3)$$

外资在地区 1 和地区 2 之间依据各自政府实施的税率 t_1 和 t_2 进行抉择，最终实现资本流动的均衡状态，即当地区间资本的收益率相等，并且等于整个区域收益时，资本不再发生流动，即均衡条件为资本在各地区及整个地区之间的收益相等，则

$$r + B(K_1 + K_2) = (p - t_1 - c_1)F'_1(K_1) - b_1(K_1) = (p - t_2 - c_2)F'_2(K_2) - b_2(K_2) \qquad (3-4)$$

式中，r 表示国际资本收益率。式（3-4）说明外资在地区之间的流动取

决于资本在各地区之间的收益，当收益相等时，资本将不再流动，达到均衡。

为考察地区 1 政府的引资行为，此处对式（3-4）中的 t_1 求导，可得

$$B'(K_1+K_2)\cdot\left(\frac{\partial K_1}{\partial t_1}+\frac{\partial K_2}{\partial t_1}\right)=(p-t_2-c_2)\cdot F''_2(K_2)\cdot\frac{\partial K_2}{\partial t_1}-b'_2(K_2)\cdot\frac{\partial K_2}{\partial t_1} \tag{3-5}$$

$$(p-t_1-c_1)\cdot F''_1(K_1)\cdot\frac{\partial K_1}{\partial t_1}-b'_1(K_1)\cdot\frac{\partial K_1}{\partial t_1}=(p-t_2-c_2)\cdot F''_2(K_2)\cdot\frac{\partial K_2}{\partial t_1}-b'_2(K_2)\cdot\frac{\partial K_2}{\partial t_1}+F'_1(K_1) \tag{3-6}$$

式中，$\frac{\partial K_1}{\partial t_1}$和$\frac{\partial K_2}{\partial t_1}$分别表示地区 1 政府为引入外资而选择的税率 t_1 对地区 1 和地区 2 外资流入的影响。对$\frac{\partial K_1}{\partial t_1}$和$\frac{\partial K_2}{\partial t_1}$分别进行求解，可得

$$\frac{\partial K_1}{\partial t_1}=\frac{F'_1(K_1)\cdot[R_2-B'(K_1+K_2)]}{R_1\cdot R_2-R_1\cdot B'(K_1+K_2)-R_2\cdot B'(K_1+K_2)} \tag{3-7}$$

$$\frac{\partial K_2}{\partial t_1}=\frac{F'_1(K_1)\cdot B'(K_1+K_2)}{R_1\cdot R_2-R_1\cdot B'(K_1+K_2)-R_2\cdot B'(K_1+K_2)} \tag{3-8}$$

在式（3-7）和式（3-8）中，为了简化说明，此处分别为$R_1=(p-t_1-c_1)F''_1(K_1)-b'_1(K_1)$、$R_2=(p-t_2-c_2)F''_2(K_2)-b'_2(K_2)$。

同时，为考察地区 2 政府的引资行为，此处对式（3-4）中 t_2 求导，可得

$$B'(K_1+K_2)\cdot\left(\frac{\partial K_1}{\partial t_2}+\frac{\partial K_2}{\partial t_2}\right)=(p-t_1-c_1)\cdot F''_1(K_1)\cdot\frac{\partial K_1}{\partial t_2}-b'_1(K_1)\cdot\frac{\partial K_1}{\partial t_2} \tag{3-9}$$

$$(p-t_1-c_1)\cdot F''_1(K_1)\cdot\frac{\partial K_1}{\partial t_2}-b'_1(K_1)\cdot\frac{\partial K_1}{\partial t_2}=(p-t_2-c_2)\cdot F''_2(K_2)\cdot\frac{\partial K_2}{\partial t_2}-b'_2(K_2)\cdot\frac{\partial K_2}{\partial t_2}-F'_2(K_2) \tag{3-10}$$

式中，$\frac{\partial K_2}{\partial t_2}$和$\frac{\partial K_1}{\partial t_2}$分别表示地区 2 政府为引入外资而选择的税率 t_2 对地区

1 和地区 2 外资流入的影响。对$\frac{\partial K_2}{\partial t_2}$和$\frac{\partial K_1}{\partial t_2}$分别进行求解，可得

$$\frac{\partial K_2}{\partial t_2}=\frac{F'_2(K_2)\cdot[R_1-B'(K_1+K_2)]}{R_1\cdot R_2-R_1\cdot B'(K_1+K_2)-R_2\cdot B'(K_1+K_2)} \tag{3-11}$$

$$\frac{\partial K_1}{\partial t_2}=\frac{F'_2(K_2)\cdot B'(K_1+K_2)}{R_1\cdot R_2-R_1\cdot B'(K_1+K_2)-R_2\cdot B'(K_1+K_2)} \tag{3-12}$$

对于式（3-7）、式（3-8）、式（3-11）、式（3-12）而言，由于$p-t_1-c_1>0$、$p-t_2-c_2>0$、$R_1<0$、$R_2<0$、$F'_1(K_1)>0$、$F'_2(K_2)>0$以及$B'(K_1+K_2)>0$，可得

$$\frac{\partial K_1}{\partial t_1}<0,\ \frac{\partial K_2}{\partial t_1}>0;\ \frac{\partial K_2}{\partial t_2}<0,\ \frac{\partial K_1}{\partial t_2}>0 \tag{3-13}$$

由式（3-13）可以看出，对于地区 1 和地区 2 的政府来说，降低税率均可以使本地区获得更多外资的流入；相反，税率的增加将使资本外流，选择低税率的地区进行投资。这一结论充分证明中国以往选取税收优惠等引资方式的有效性。

在考察了引资竞争对资本流动的影响后，需要分析竞争带来的经济增长，为此本书假设地区 1 和地区 2 的生产函数分别为$Y_1=F_1(K_1)$、$Y_2=F_2(K_2)$，则税收竞争带来的增长效应为

$$\frac{\partial Y_1}{\partial t_1}=F'_1(K_1)\frac{\partial K_1}{\partial t_1}<0;\ \frac{\partial Y_2}{\partial t_1}=F'_2(K_2)\frac{\partial K_2}{\partial t_1}>0 \tag{3-14}$$

$$\frac{\partial Y_2}{\partial t_2}=F'_2(K_2)\frac{\partial K_2}{\partial t_2}<0;\ \frac{\partial Y_1}{\partial t_2}=F'_1(K_1)\frac{\partial K_1}{\partial t_2}>0 \tag{3-15}$$

从式（3-14）和式（3-15）中可以看出，本地税率水平与经济产出之间呈现出负相关水平，而与竞争地区呈现出正相关水平，也就是说本地税率的提高将使资本流向其他地区，从而降低本地的经济增长；相反，竞争地区税率的提高可以促进更多外资选择本地进行投资，拉动本地的经济增长。这一结论表明，为外资展开的竞争在获得大量外资的同时，也实现了地区经济的高速增长，从而达到了为增长而竞争的预期收益。

此外，考虑到地方政府引资竞争行为对环境产生的影响，本书从产出的角度设定环境污染函数，以δ表示单位 GDP 带来的环境污染排放，并设定$\delta>$

0，地区 1 和地区 2 的环境污染排放函数①分别为$E_1=\delta Y_1=\delta F_1(K_1)$、$E_2=\delta Y_2=\delta F_2(K_2)$。可以看出，经济的高速增长也将产生大量的污染排放，这一假定与中国以往经济发展的现实较为相符。通过考察引资竞争对环境产生的影响，对环境产出函数分别求导，可得

$$\frac{\partial E_1}{\partial t_1}=\delta\frac{\partial Y_1}{\partial t_1}=\delta F_1'(K_1)\frac{\partial K_1}{\partial t_1}<0;\quad \frac{\partial E_2}{\partial t_1}=\delta\frac{\partial Y_2}{\partial t_1}=\delta F_2'(K_2)\frac{\partial K_2}{\partial t_1}>0 \tag{3-16}$$

$$\frac{\partial E_2}{\partial t_2}=\delta\frac{\partial Y_2}{\partial t_2}=\delta F_2'(K_2)\frac{\partial K_2}{\partial t_2}<0;\quad \frac{\partial E_1}{\partial t_2}=\delta\frac{\partial Y_1}{\partial t_2}=\delta F_1'(K_1)\frac{\partial K_1}{\partial t_2}>0 \tag{3-17}$$

从式（3-16）和式（3-17）中可以看出，对于地区 1 和地区 2 而言，环境污染的排放量与该地区的税率水平均呈负相关关系，而与竞争地区的税率均呈正相关关系，也就是说本地税率的降低在吸引大量外资流入的同时，也使得本地的污染排放加剧；反之，则降低本地的环境污染。该结论充分说明地方政府的引资竞争在带来经济效益的同时，也加剧了地区内的环境污染。

通过以上构建的两地区政府引资竞争模型的详细阐述可以得出以下结论。

地方政府之间的引资竞争虽然带来了大量的外资流入，促进了辖区内的经济增长，但是加剧了环境污染的排放，出现了经济绩效的提高与环境效益的降低，而这一困境出现的制度根源在于长期以来地方政府之间存在“为增长而竞争、为竞争而污染”的行为模式。

地方政府引资竞争行为在带来地区经济快速增长的同时也破坏了地区的生态环境，加剧了辖区内的污染排放。以往过多的研究侧重论证地方政府为经济增长而展开的一系列竞争，当然，事实也证明了地方政府竞争在获得更多资本流入的同时产生了明显的经济效益。但不可否认的是，学者普遍忽略了这一系列竞争行为给环境造成的影响，片面地分析地方政府“为增长而竞争”，而忽略了“为竞争而污染”的现实，这一逻辑的存在将是地方政府在引

① 尽管污染排放函数的设置比较简单，但本书认为这一线性关系的设置能够很好地反映中国以往发展过程中采用高能耗、高投入以及高排放的经济增长模式，与现实情况更加贴切。

资行为与环境治理之间面临困境的出发点，也将是本书后续分析的总体思路。同时，上述理论模型所得结论仅仅说明引资竞争行为在促进经济增长的同时也造成了环境污染，但对环境污染具体产生的机制并没有给予明确的回答。当然，对于该问题的详细解答需要在具体条件下分析引资行为的变化以及该变化对环境产生的影响，这将是以下分析的重点。

第二节　环境治理与引资行为之间困境的多维度分析

以上分析表明，地方政府在利用外资来发展本地经济的同时，造成了外资的破坏性流入，使得辖区内污染排放加剧、环境恶化。以上整体分析揭示了地方政府在环境治理与引资行为之间存在的困境，而对于困境产生的内在机制却没有进行清晰的说明。鉴于此，本节从影响引资行为的具体因素出发，说明困境产生的根源。具体而言，本节主要从政府竞争、财政压力、晋升激励以及环境规制的角度来探讨以上因素的存在是如何影响地方政府的引资决策，以及由引资决策的转变带来政府行为的改变，从而最终体现了辖区内的外资流入和环境污染。上述逻辑链才是分析地方政府在引进外资与环境治理过程中面临困境的路径，其中包括政府行为的改变、企业应对决策的选择以及环境污染产生的机制。

一、引资补贴下环境治理与引资行为的困境分析

对于地方政府而言，发展经济、提高就业以及改善民生均是其主要的职责，然而由于经济基础薄弱、发展滞后、资金短缺以及技术落后等现实条件的束缚，地方政府不得不把目光聚焦于 FDI。尤其是政府分权以后，地方政府对辖区内经济发展拥有较大的自主经营管理权，并且在权力下放的同时又加强了对政府官员的目标考核。这一方式的转变使得地方政府为实现经济增长而努力采取各种策略，增强了政府间的横向竞争，而竞争的结果不仅有关本地的经济绩效，还关乎政府官员的仕途晋升。基于上述逻辑，地方政府之间通过财政补贴、税收优惠、政策倾斜等方式来进行相互竞争，为引进 FDI，制

定的政策不仅要考虑本地的发展条件，还要考虑相邻地方政府的引资决策，从而制定出更加有利于本辖区的引资策略。总而言之，为了保持在引资竞争中的优势，地方政府不仅对外资企业进行财政补贴、税收优惠、土地低价出让以及政策扶持等一系列经济补贴，而且部分地方政府将弱化环境规制作为一种隐性补贴给予外资企业，从而造成了环境的恶化。对于政府补贴行为的作用机制分析如图 3-2 所示。

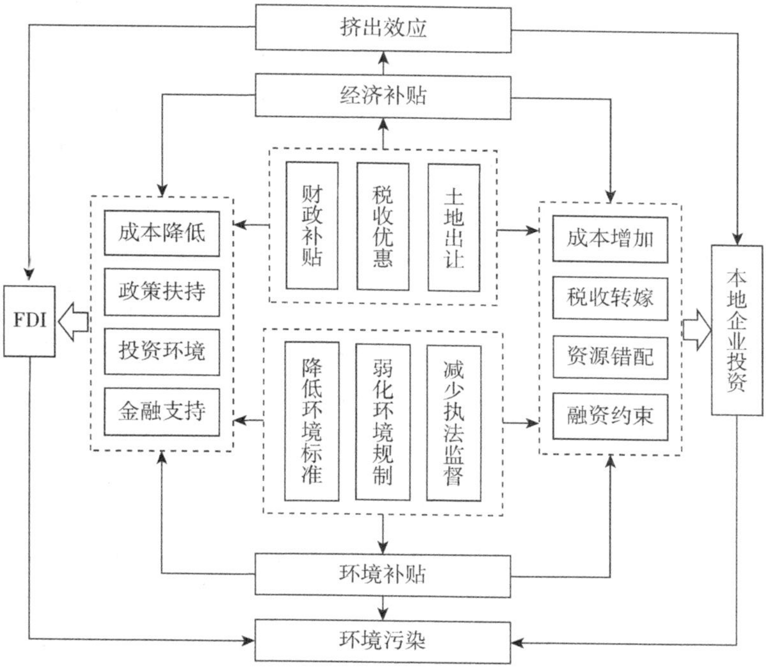

图 3-2 政府补贴背景下环境治理与引资行为之间困境的机制分析

图 3-2 主要是对政府补贴背景下环境治理与引资行为之间困境的内在机制进行了详细解析。从图 3-2 可以看出，地方政府为了在地区竞争中保持优势，不仅采用经济补贴的方式来吸引外资企业来本地进行投资，而且通过环境补贴的方式来弱化环境标准对外资企业的限制，降低外资企业投资建设的环境成本，从而扩大外资企业的来源，其中，既包括清洁型外资还包括污染密集型外资，这为污染密集型外资产业的转移提供了投机空间，导致地方政

府在环境规制标准上的“逐底竞争”现象。面对资金不足、技术落后以及财政窘境等现实问题，地方政府采用以政策换取资金技术的发展战略。具体而言，从经济补贴可以看出，地方政府为了吸引更多外资企业落户本地而主要采取财政补贴、税收优惠、土地低价出让以及政策倾斜等方式，事实也证明了引资方式的有效性。

进一步，由于地方政府过度的政策倾斜造成了本地企业在资源分配上的扭曲、税赋比例的提高以及融资成本的增加，这些因素的长期存在将使本地企业在发展过程中与外资企业处于非平等地位，这一非平等地位在促进外资在中国发展的同时也削弱了本地企业的增长，从而对本地企业的投资具有明显的“挤出效应”。此外，由于行政区域的分割、地方政府自主权利的增强以及地区之间的发展差距等因素的存在，统一模式下的经济补贴将使部分地区在引资过程中不具有较强的竞争优势，为了弥补由于自身因素而在引资过程中表现出的缺陷，地方政府将环境补贴作为弥补缺陷、提高竞争力的利器。在缺乏统一治理和监管的条件下，环境补贴成为地方政府的首选，地方政府为了更好地吸引外资，不断地降低环境门槛、软化原有的环境约束，最终以环境为代价迎合外资流入，促进地方的经济增长。从该角度来解释环境污染“逐底竞争”的存在，更多的是地方政府以环境来弥补引资竞争中的不足，但这一行为背后说明地方政府在引资过程中并没有有效地对外资类型予以甄别，区别对待清洁型外资与污染型外资，而是以地区整体外资流入最大化的方式来进行引资，粗放式发展模式在实现经济增长的同时也带来了环境污染、抑制了本地企业的发展与成长，从而陷入了整体增长与局部滞后之间的不平衡困境。

二、财政压力下环境治理与引资行为的困境分析

自 1994 年实施分税制改革以来，地方政府的财政收支逐渐独立于中央政府，并且拥有相对独立的税收权力，而在财政体系分离的同时行政事务并没有得到相应的改变，如何以有限的财政收入来满足公共服务支出的需求，是地方政府要解决的问题，这种财权与事权的不匹配将使地方政府长期陷入财

政不足的窘境。面对财政压力，在努力发展经济的同时，实现财政盈余、缓解财政窘境也将是地方政府的主要任务和目标。结合经济发展的现实条件并在缓解财政压力的目标驱动下，地方政府选择以引进外资来扩大税赋来源、提高财政收入。当然，增加财政收入是地方政府要实现的目标之一，如何在短期内大幅提高财政收入是地方政府需要考虑的另一重要问题，而该思路将迫使地方政府在引资过程中有策略性的选择，对于外资的结构将产生深远的影响。基于这一逻辑起点，地方政府面临的财政压力将改变地方政府的引资行为，即如何以外资来增加财政收入并且实现财政盈余。财政压力下环境治理与引资行为之间困境的机制分析如图 3–3 所示。

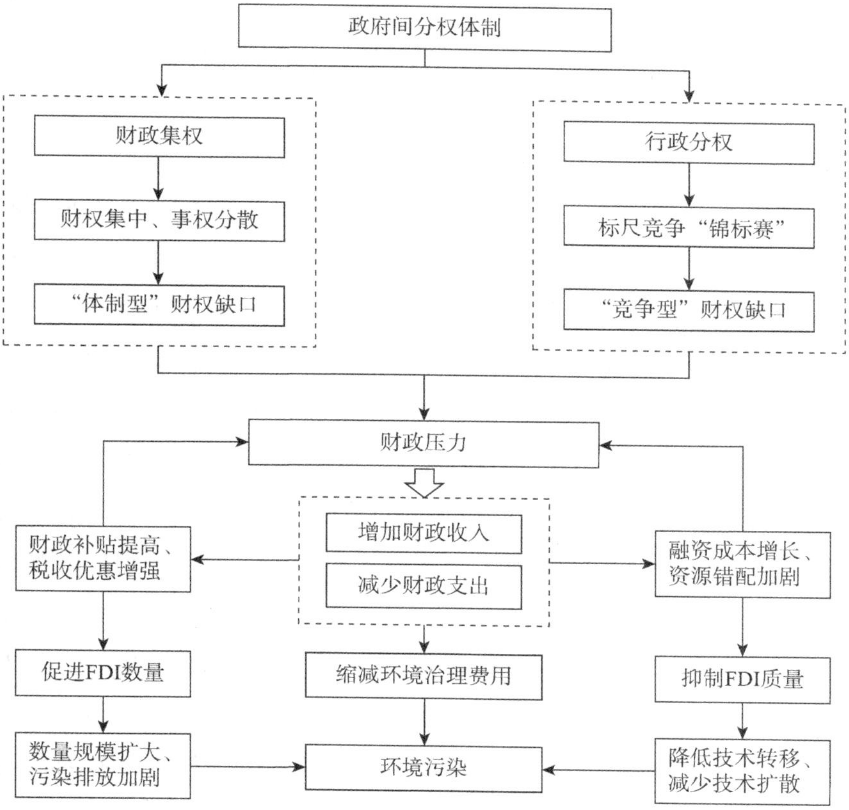

图 3–3　财政压力下环境治理与引资行为之间困境的机制分析

图 3–3 详细诠释了在财政压力下地方政府行为变化如何使外资与环境陷

入困境。从图 3-3 可以看出，财权与事权不匹配导致的“体制型”财权缺口和政府之间标尺竞争产生的“竞争型”财权缺口均使得地方政府面临严重的财政压力，地方政府为摆脱财政窘境选择以引进外资为核心的策略来实现财政收入的提高。在财政压力下，政府努力扩大税收来源，其中的重要举措就是扩大税基①。而面对目前辖区内的企业生产，地方政府可以通过以下两种主要方式来扩大地区产出、增加税基。其一，以现有企业规模的扩张来提高地区总产出，政府通过税收优惠、财政补贴等方式来不断鼓励辖区内已有外资企业扩大生产规模，实现地区产出增加的同时也扩大税基；其二，以增加引进企业的数量来提高地区总产出，地方政府也可以通过引资方式吸引更多企业来本地区落户，以新建企业数量的增加来提高辖区内外资企业产出规模的整体扩大。对于地方政府来说，在实现税收增加的这一目标引导下，上述两种方式均能通过扩大企业产出来增加税基、缓解财政压力；而对于地方政府考虑的另一问题，即如何大幅提高财政收入来说，则以上两种方式对这一问题的解释存在明显的差异。从本质上来说，规模扩张与产出扩大均在政府政策优惠的促进下实现，但同一政策带来的效果大小不同。相较于产出规模扩大而言，地方政府鼓励已有外资企业进行规模扩张存在局限性，一是在市场竞争背景下，企业产量的选择将更多受到市场供需条件限制且企业的最优生产由企业家在理性条件下决策，政府的干预对已有企业的生产决策影响较小；二是已有企业产出在最优化生产的条件下受到政府干预，即便扩大产出规模，由于产出存在“边际产出递减规律”，也必然使产出的增加受限。正是由于以上局限的存在，地方政府更倾向于选择以吸引新外资企业落户本地区的方式来实现产出增加，从而扩大本地税基、增加税收。这种以外资企业数量增加来替代规模扩张带来产出增加、税收提高的方式，势必会降低辖区内外资的质量，最终出现外资数量和质量在发展过程中的脱钩。而在财政压力下，地方政府为了追求外资增长以提高财政收入，主动放弃并纵容 FDI 对环境带来

---

① 当然，提高税率也可以增加本地的财政收入，但由于税率的提高会降低本地在引资竞争中的优势，减少外资企业来本地投资，并且税率一般由中央政府统一规定，地方政府的可操作空间较小，故此处考虑上述实际情况，并没有对提高税率进行详细分析。

的污染，同时仅有的财政收入也势必降低地方政府进行环境治理的投资，进一步恶化地区环境，使得地方政府在财政压力下面临短期与长期收益之间不统一的困境。

三、晋升激励下环境治理与引资行为的困境分析

作为地方政府的代理人，政府官员将提高经济增长作为发展和管理地方经济的主要职能。无可厚非，该职能是要求地方政府官员从公共利益的角度进行决策。但是，作为理性的个体，政府官员除了增进公共福利外还会考虑个人收益，其中最典型的便是政府官员的仕途晋升。除此之外，政府官员的任期限制将使得地方政府官员更偏好短期行为，而环境污染治理是一项长期才能见效的工程，这种官员短期任期与环境治理长期收益之间的矛盾降低了地方政府对环境治理的努力程度。因此，政府官员面临的晋升机制将使得地方政府在引资与环境之间陷入困境，具体内在机制见图 3-4。

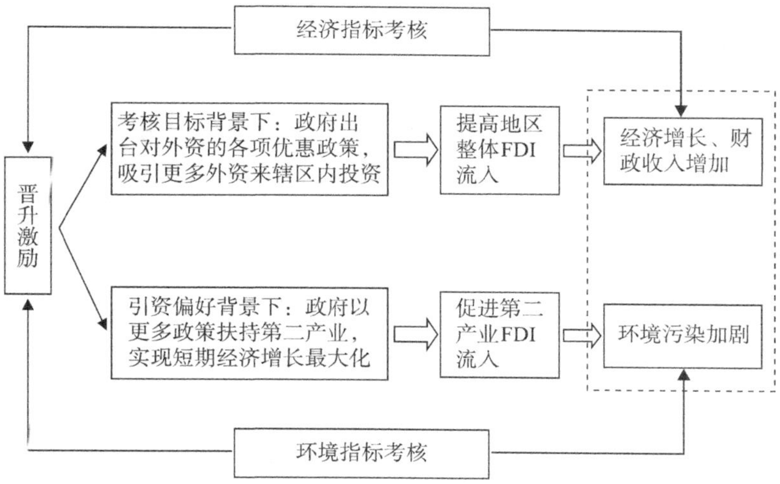

图 3-4　晋升激励背景下环境治理与引资行为之间困境的机制分析

官员晋升激励背景下环境治理与引资行为之间困境的内在机制如图 3-4 所示。可以看出，仕途晋升机制的存在将使地方政府的行为发生转变，主要围绕核心考核的经济目标进行。为此，地方政府长期依赖吸引外资，以外资

的流入来拉动地方经济增长、实现财政收入盈余以及解决当前政府面临的就业问题，实现地区公共福利的最大化，这是考核目标下最重要的部分。但事实上，在上述所有的考核内容中，经济增长在过去漫长的发展过程中占据着绝对优势。正因如此，地方政府在所有的考核目标中侧重于辖区内的经济增长。当然，除了从公共福利的角度来进行考核外，政府官员个人的仕途晋升也将是其重点考虑的因素。

鉴于此，地方政府在吸引外商投资过程中存在着明显的引资偏好，更偏好于引进以工业为主的第二产业的外资，该类外资具有投资规模大、见效快、产出强等特征，政府可以以第二产业外资的流入来解决辖区内经济产出在短期内快速提高、财政收入增加以及地区就业等问题。但第二产业外资的大量流入也加剧了地区污染的排放，给环境带来负面影响。当然，以上的机制分析已经说明了在晋升考核背景下，地方政府在引资与环境中面临的困境。事实上，除了考核机制的作用外，官员任期与更替的存在本身就会导致地方政府行为短期化，使得地方政府在发展经济过程中选择短期有效而长期失效的模式，从而放弃了辖区内发展的长期有效而短期无效的决策。

四、环境规制下环境治理与引资行为的困境分析

由于我国实行粗放式的经济发展模式，使得地区的环境污染不断加剧，已严重影响公众的福利健康，并成为社会关注的重点议题。为了应对环境污染带来的危害，改善环境质量、提高公共福利已成为地方政府亟须解决的重要问题。鉴于此，地方政府将采取环境规制的手段来治理环境，而这将直接影响 FDI 的流入，同时对目前已经流入的 FDI 具有“挤出效应”，从而引起本地区 FDI 的转移。企业的逐利性以及地方政府官员受到政治利益和经济利益的双重激励，外资企业为争取更低的环境生产成本来扩大生产、获取更多的经济收益而存在向部分地方政府行贿以寻求放松环境规制的动机；而地方政府出于公共利益和个人利益的考虑，适当地放松环境标准、弱化环境规制来帮助寻租企业扩大生产，由此形成在寻租激励条件下的政企合谋，加剧了环境质量的恶化。可以看出，政府为改善环境质量而进行环境规制，但环境规

制的实施将减少 FDI 的流入，而政企合谋将弱化环境规制，达不到预期的减排目标，地方政府由此陷入困境。环境规制背景下环境治理与引资行为之间困境的机制分析如图3-5 所示。

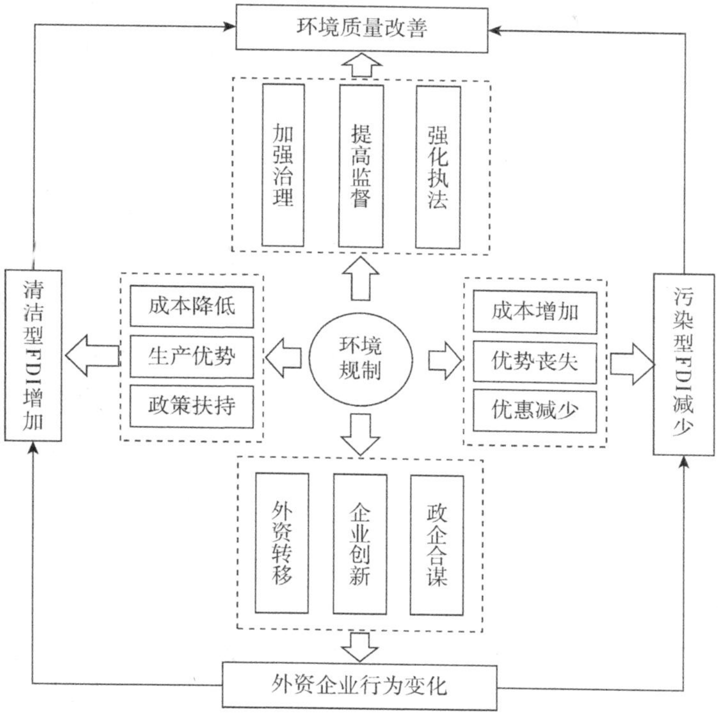

图 3-5　环境规制背景下环境治理与引资行为之间困境的机制分析

图 3-5 对环境规制背景下地方政府在引资与环境治理之间面临困境的机制进行了详细分析。考虑到环境规制实施的对象与具体作用，此处将 FDI 进一步细分为清洁型 FDI 与污染型 FDI，用以说明环境规制对不同类型外资的差异化影响。从图 3-5 可以看出，地方政府在进行环境治理时实施的环境规制，将加大惩治力度和完善监督体制，并且将转变以往外资享受的政策优惠，侧重于减少或降低污染型外资的税收优惠、财政补贴以及土地出让，无论如何，上述举措无疑会增加污染密集型外资企业的生产成本，传统政策红利的消失将使污染型外资企业在本地的生产逐渐丧失竞争优势。同时，对于新建外资企业而言，环境规制的实施直接在供给端降低污染型外资企业在辖区落户的

概率，从而达到环境规制预期的环境效益。与之相反，尽管地方政府在加强环境治理以满足公共需求，但不可否认的是，发展地方经济依旧是地方政府的重要责任。正因如此，地方政府在通过环境规制对污染型外资企业进行整顿时，引资重点将由以前的所有外来资本逐渐过渡到清洁型外资。这一引资行为的转变不仅有利于地方政府调整地区内外资结构，并且有利于清洁型技术的发展与推广，对地区环境治理与改善具有重要的推动作用。当然，辖区内已有的外资企业在面对政府进行环境规制时并不会坐以待毙，为了获得更多的发展机遇，企业会采取积极的应对策略。在理性抉择下，企业将选择转移投资或者以创新的方式来抵销环境规制带来的额外成本。但很显然，转移投资与创新对企业来说都需要巨额的投入，其潜在成本可能不亚于企业进行环境治理的污染成本。鉴于此，企业可能会选择更隐秘的渠道予以解决，即“政企合谋”。此外，由于环境规制与所要达到预期的环境效果之间存在时滞性，政府官员能否以短期经济效率的损失来追求长期的环境效益，将成为环境治理成功的关键，较短任期和官员更替将削弱环境规制的长期效应，使得地方政府在环境规制过程中面临经济效益与环境效益不协调的困境。

第三节　本章小结

本章首先从地方政府的概念界定入手，详细地说明本书要考察的对象以及在现实中的应用对象；同时，为了对影响地方政府引资行为的重要因素予以甄别，本书分别从主题相关原则、重大现实原则、可操作性原则以及文献参考原则出发选择本章要重点考察的因素，从这些因素变化的背后分析地方政府在引资行为与环境治理之间的困境所在。基于此，本章主要从政府补贴、财政压力、晋升激励以及环境规制的角度来分析地方政府引资行为，而在分析之前，将以上主要因素纳入统一逻辑框架、以引资竞争模型来说明地方政府在引资过程中出现的环境问题。通过对模型分析可知，地方政府为经济增长展开一系列的竞争，而为了获得竞争优势选择以牺牲环境为代价，最终出现“为增长而竞争、为竞争而污染”的局面，但以往大部分研究仅仅局限于

"为增长而竞争"，忽略了地方政府竞争行为产生的环境污染问题。此外，详细考察政府竞争、财政压力、晋升激励以及环境规制对政府引资行为的影响，地方政府面临的困境主要体现在以下几点：引资补贴产生的整体增长与局部滞后之间的不平衡，财政压力背景下短期收益与长期收益之间的不统一，晋升激励背景下表现出个人利益与公共福利之间的不一致，环境规制背景下经济收益与环境效益之间的不协调。正是以上矛盾和冲突的存在，使得地方政府在环境治理与引资行为之间面临多重困境，而对于以上理论分析所得结论的检验，将是后续章节考察的核心内容。

第四章 政府竞争、引资补贴与外资和内资的非平衡增长

第一节 引言

作为对市场失灵的一种有效补充，政府在资源配置和引导产业发展中发挥了积极作用（Klette，Møen & Griliches，1999；Fogarty & Sagerer，2016），政府补贴是常见的政府行为之一。政府往往通过补贴来实现宏观经济和微观经济产出的双向收益。就宏观层面而言，政府补贴可改善地区间的收入分配（徐静、蔡萌、岳希明，2018）、引导产业发展并促进产业升级（林毅夫、苏剑，2007）、以创新带动经济增长（Romer，1986，1990）以及拉动内需（胡志国、严成樑、龚六堂，2013），最终实现宏观经济效益的增长。显然，宏观层面的补贴行为是一种政策倾斜与转移支付的方式，具有典型的扶持色彩。同时，补贴行为将进一步体现为在微观企业的产出绩效（Du & Girma，2010；Carboni，2011；Du & Mickiewicz，2016），其中包括补贴促进企业全要素生产率的提高（任曙明、吕镯，2014；Cin，Kim & Vonortas，2017）、科研支出的增加（吕晓军，2016；佟爱琴、陈蔚，2016）、创新水平的提高（Doh & Kim，2014；Bronzini & Piselli，2016；郭晓丹、何文韬、肖志兴，2011），以及扩大企业的出口（苏振东、洪玉娟、刘璐瑶，2012；康志勇，2014；Defever et al.，2017）、改善企业的生存状况并影响企业在市场中的自由退出与进入（Meuleman & Maeseneire，2012；Amezcua et al.，2013；Pellegrini & Muccigrosso，2017）。

正是由于补贴行为带来的积极作用，政府补贴行为被频繁地使用到经济发展过程中，而对于中国地方政府而言，更是如此。在过去的三十年内，地

方政府不仅对已有企业进行补贴，更重要的是将政府补贴作为一种有效方式，成为地方政府相互竞争的常用方式。当然，地方政府通过补贴的方式来吸引外资更多地缘于中国经济起步发展的现实条件限制，经济发展薄弱、基础设施不完善等因素都限制了外资的流入，在发展劣势与资源匮乏日益凸显的现实条件下，政府不得不以政策优势来弥补现有缺陷与不足。同时，随着地方政府对辖区内经济管理权限的扩大，更多的政策补贴被用于招商引资，从而增加地方政府进行绩效竞争的权重。其中，低价出让工业用地、财政补贴以及税收优惠是地方政府招商引资最常见的补贴方式，而实践也证明，以上补贴能有效促进外资企业的流入，为地区的发展做贡献。

事实上，不管是宏观层面的政府补贴还是微观企业的税收优惠，政府的这些行为也并不是都能够达到预期的效果，补贴行为的存在在一定程度上也会造成资源错配，使得资源在分配过程中存在扭曲现象。政府补贴加剧了地方要素市场的竞争，使得不同企业在竞争中所处的地位发生明显变化，对两者之间的收益产生非对称影响，造成本地企业在市场中处于劣势，扭曲了原有资源配置的机制，更重要的是，补贴过程的非透明（孔东民、刘莎莎、王亚男，2013）、补贴对象的主观选择（Boeing，Mueller & Sandner，2016）均会提高寻租现象出现的概率（余明桂、回雅甫、潘红波，2010）。同时，存在政治关联的企业将会在政府补贴中得到较多的资源，此外，这些企业管理者的声誉以及前期绩效均会增加政府补贴的机会。与此同时，政府过多的补贴将造成财政收支的亏损，加大地方政府财政压力。

政府补贴引起的财政压力使得地方政府产生税收转嫁的激励，为了弥补引资所致的财政亏空，地方政府是否会提高本地企业税收收入、增加本地企业负担呢？这是一个值得思考和探究的问题。税赋转嫁的存在将会使外资企业与本地企业在市场争夺资源中处于非对称地位，从而可能以牺牲本地企业的发展来提高外商投资水平，在总体经济水平增长的情况下引发局部发展滞后的不平衡矛盾。同时，由于政府补贴的可操作性，地方政府之间为外资展开的角逐可能逐渐由政府补贴竞争间接演化为环境标准的竞争，最终以环境质量“逐底竞争”的形成出现，在引进外资的同时也对环境产生影响，出现二者之间的两难选择。对以上问题的回答将是本章的主要任务。

第二节　理论分析与假设提出

本章主要分析地方政府在引进外资过程中采用的各种补贴政策带来的资源错配，以及由此产生的非平衡问题。为了对其进行详细的描述，本节考虑如下经济系统，该地区仅包含外资企业（foreign）和本地企业（home），并将其企业数量标准化为1。本地企业和外资企业均需要向地方政府缴纳税款，并且税率均为θ（$0<\theta<1$），而两类企业均会在生产过程中对环境产生污染，并分别以$\delta_h q_h$、$\delta_f q_f$来衡量企业的污染排放，其中，δ_h、δ_f分别表示本地企业和外资企业的排污系数，$\delta_f \geqslant \delta_h$；$q_h$、$q_f$分别代表两类企业投资带来的产出。当然，地方政府并未忽略企业的污染排放，而是以征税的方式来治理环境。为了简化模型，此处对污染收费的税率单位化为1。

由于地方政府通过各种政策补贴的方式来引进外资，大量外资的流入将改变本地市场的结构，加剧本地企业的竞争压力。鉴于此，本书在此假设本地企业和外资企业在同一市场内竞争，故而假设两企业面临的市场反需求函数为线性关系$P(Q)=a-q_f-q_h$；同时，分别假设两类企业生产成本为二次函数，分别以$F_h+\frac{1}{2}k_h q_h^2$与$F_f+\frac{1}{2}k_f q_f^2$来衡量，其中，F_h和F_f为企业生产的固定成本，并且为了简化参数，将外资企业的成本系数k_f标准化为1，即$k_f=1$，并假定本地企业的成本系数大于等于外资企业成本系数，$k_h \geqslant 1$。

企业生产过程均遵循利润最大化的原则，利润函数为

$$\Pi_i = p_i q_i - c_i$$

式中，$i=h$表示本地企业，f表示外资企业。

一、基准模型：不存在引资补贴的情形

地方政府对流入的外资企业不进行政策补贴，通过对这种基础模型的考察结果与后续观点进行有效对比，说明政策补贴带来的一系列影响。基于企

业利润最大化的原则，可得外资企业和本地企业利润函数，如下所示：

$$\Pi_{f0} = q_f(a - q_f - q_h) - F_f - \frac{1}{2}q_f^2 - \theta q_f - \delta_f q_f \tag{4-1}$$

$$\Pi_{h0} = q_h(a - q_f - q_h) - F_h - \frac{1}{2}k_h q_h^2 - \theta q_h - \delta_h q_h \tag{4-2}$$

式（4-1）与式（4-2）分别为外资企业与本地企业利润函数，θq_f、θq_h 分别表示外资企业和本地企业缴纳的税款，而 $\delta_h q_h$、$\delta_f q_f$ 说明企业污染排放产生的成本。为了得到最优产出对应的本地与外资投资水平，分别对式（4-1）与式（4-2）求一阶导数，可得

$$\frac{\partial \Pi_{f0}}{\partial q_f} = a - 3q_f - q_h - \theta - \delta_f = 0 \tag{4-3}$$

$$\frac{\partial \Pi_{h0}}{\partial q_h} = a - q_f - (k_h + 2)q_h - \theta - \delta_h = 0 \tag{4-4}$$

对式（4-3）、式（4-4）进行求解可得

$$q_{f0}^* = \frac{a + (a - \theta - \delta_f)k_h + \delta_h - \theta - 2\delta_f}{5 + 3k_h} \tag{4-5}$$

$$q_{h0}^* = \frac{2a - 2\theta - 3\delta_h + \delta_f}{5 + 3k_h} \tag{4-6}$$

从式（4-5）和式（4-6）中可以看出，企业的最优投资水平取决于税负比率、成本系数以及排污系数，而从税负角度来看，可得

$$\frac{\partial q_{f0}^*}{\partial \theta} = \frac{-k_h - 1}{5 + 3k_h} < 0;\quad \frac{\partial q_{h0}^*}{\partial \theta} = \frac{-2}{5 + 3k_h} < 0 \tag{4-7}$$

由式（4-7）可以看出，地方政府对不同类型企业征税，均会使企业成本增加，会降低企业的投资水平。

在考察了地方引资补贴对本地企业和外资企业的投资水平作用后，此处将着重分析地区的环境污染状况，并以 $E_0 = \delta_f q_{f0}^* + \delta_h q_{h0}^*$ 来衡量污染排放总量，并将式（4-5）和式（4-6）代入其中，可得

$$E_0 = \delta_f \cdot \frac{a + (a - \theta - \delta_f)k_h + \delta_h - \theta - 2\delta_f}{5 + 3k_h} + \delta_h \cdot \frac{2a - 2\theta - 3\delta_h + \delta_f}{5 + 3k_h} \tag{4-8}$$

式（4-8）表明地区环境污染水平总量取决于本地企业与外资企业的排污系数、生产成本系数以及政府对企业所征收的税款比率。

二、扩展模型：存在引资补贴的情形

考察税收补贴与财政补贴同时存在的情况。① 地方政府显然不会被动等待外资企业的流入，而是会积极主动地采取一系列优惠措施来吸引外资的流入，这种政策补贴对本地企业和外资企业将产生非对称的影响，这将是本章所要考察的。因此，本章结合中国的引资现实，着重分析地方政府常用的两种引资方式：财政补贴与税收优惠②。鉴于此，此处以 ρ 表示地方政府对外资企业的税收优惠程度，$\theta-\rho$ 说明外资企业的真实税率，其中，$0\leqslant\rho<\theta<1$；以 β 衡量地方政府给予外资企业的财政补贴力度，该值越大说明外资企业获得的财政补贴越多，反之则越少，$0\leqslant\beta\leqslant1$。因此，在考虑地方政府对外资企业补贴条件下的最优利润函数如下所示：

$$\Pi_{f1}=q_f(a-q_f-q_h)-F_f-\frac{1}{2}q_f^2-(\theta-\rho)q_f-\delta_f q_f+\beta[(\theta-\rho)q_f+\theta q_h+\delta_f q_f+\delta_h q_h] \tag{4-9}$$

$$\Pi_{h0}=q_h(a-q_f-q_h)-F_h-\frac{1}{2}k_h q_h^2-\theta q_h-\delta_h q_h \tag{4-10}$$

式（4-9）是外资企业在考虑地方政府补贴条件下的利润函数，其中，$(\theta-\rho)q_f$ 表示外资企业在获得税收优惠 ρ 下实际上缴地方政府的税款；而 $(\theta-\rho)q_f+\theta q_h+\delta_f q_f+\delta_h q_h$ 为地方政府获得的总财政收入；地方政府为了使大量的外资不断流入本地区而给予外资企业一定的财政补贴，此处以 $\beta[(\theta-\rho)q_f+\theta q_h+\delta_f q_f+\delta_h q_h]$ 来衡量外资企业获得的政府财政补贴。由于本地企业并不会获得地方政府的补贴和优惠，故而其利润函数并不会发生明显变化，如式（4-10）所示。

---

① 只存在税收补贴和财政补贴的情形，仅仅是本章模型设定的特殊情况，并不影响理论分析所得结论，故而此处限于篇幅，对其省略。

② 尽管低价土地出让也是地方政府招商引资的主要方式之一，但本章认为土地出让可等价于财政补贴或税收优惠，故而此处仅考虑税收补贴和财政补贴两种主要方式。

为求解政府补贴条件下最优解 q_{f1}^* 和 q_{h1}^*，分别对式（4-9）和式（4-10）求一阶导数，可得

$$\frac{\partial \Pi_{f1}}{\partial q_f} = a - 3q_f - q_h - \delta_f - (1-\beta)(\theta-\rho) + \beta\delta_f = 0 \tag{4-11}$$

$$\frac{\partial \Pi_{h0}}{\partial q_h} = a - q_f - (k_h + 2)q_h - \theta - \delta_h = 0 \tag{4-12}$$

对式（4-11）和式（4-12）进行求解，可得

$$q_{f1}^* = \frac{a + \theta + (a - \delta_f)k_h + \delta_h - 2\delta_f}{5 + 3k_h} - \frac{(2 + k_h)\cdot[(1-\beta)(\theta-\rho) - \beta\delta_f]}{5 + 3k_h} \tag{4-13}$$

$$q_{h1}^* = \frac{2a - 3\theta - 3\delta_h + \delta_f}{5 + 3k_h} + \frac{(1-\beta)(\theta-\rho) - \beta\delta_f}{5 + 3k_h} \tag{4-14}$$

式（4-13）和式（4-14）分别表示外资企业与本土企业的最优产出对应的资本投资水平，即最优资本投入水平。从式（4-13）和式（4-14）可以看出，无论是本地企业还是外资企业，最优投资水平都取决于排污系数、成本系数以及政府补贴程度。

为了进一步考察地方政府补贴对本地企业、外资企业投资水平以及地区环境的影响程度，此处首先分析财政补贴 β 与税收优惠 ρ 对外资企业投资水平的作用：

$$\frac{\partial q_{f1}^*}{\partial \rho} = \frac{(2 + k_h)\cdot(1-\beta)}{5 + 3k_h} > 0;\ \frac{\partial q_{f1}^*}{\partial \beta} = \frac{(2 + k_h)\cdot(\theta - \rho + \delta_f)}{5 + 3k_h} > 0 \tag{4-15}$$

从式（4-15）中可以看出，地方政府对外资企业的税收优惠与企业投资水平呈正相关关系，即税收优惠可促使更多外资企业流入本地。同时，财政补贴也将是吸引外资流入的一个重要因素，给予外资企业的财政补贴将吸引资本流入。除了增量上的对比外，此处还进行总量比较，具体如下：

$$q_{f0}^* - q_{f1}^* = -\frac{(2 + k_h)\cdot[\rho + \beta(\theta-\rho) + \beta\delta_f]}{5 + 3k_h} < 0 \tag{4-16}$$

式（4-16）是比较地方政府对外资企业进行政府补贴前后最优外资投资

规模间的差异，可以看出，地方政府补贴使得外资投资规模扩大，大于补贴前的外资流入规模。这充分说明，补贴有利于地方政府吸引外资，增加本地区的外资流入。

基于式（4-15）与式（4-16）所得结果，本章在此提出如下假设。

假设 4.1：为了吸引更多外商资本来本地进行投资，地方政府对外资企业进行大量的财政补贴和税收优惠，这一引资策略有效地提高了外资企业的投资水平，使得辖区内外资规模显著扩大。

除了外资企业考察外，本地企业投资水平也将是本章的研究重点，为此，分别对式（4-14）中的财政补贴 β 与税收优惠 ρ 进行求导，可得

$$\frac{\partial q_{h1}^{*}}{\partial \rho}=-\frac{(1-\beta)}{5+3k_{h}}<0;\ \frac{\partial q_{h1}^{*}}{\partial \beta}=-\frac{\theta-\rho+\delta_{f}}{5+3k_{h}}<0 \tag{4-17}$$

从式（4-17）中可以看出，地方政府对外资实施的补贴政策不利于本地企业进行投资，政府补贴程度越大，本地企业投资水平将越低。而比较政府补贴前后本地企业最优投资规模可得

$$q_{h0}^{*}-q_{h1}^{*}=\frac{\rho+\beta(\theta-\rho)+\beta\delta_{f}}{5+3k_{h}}>0 \tag{4-18}$$

可以看出，政府引资补贴使得本地企业投资规模减小，小于补贴前的本地投资规模。该结果说明，财政补贴增加了本地企业投资的成本，降低了本地企业的投资水平。

基于式（4-17）、式（4-18）所得结果，本章在此提出如下假设。

假设 4.2：对外资企业的引资补贴迫使地方政府进行税负转嫁，加剧了辖区内资源的错配，提高了本地企业投资的外部成本，降低了收益，从而抑制了本地企业的投资水平，不利于本地企业的发展。

除了以上对投资的分析外，对环境质量的考察也是本章的重点。因此，以 $E_1=\delta_f q_{f1}^{*}+\delta_h q_{h1}^{*}$ 来衡量政府补贴后该地区的污染物排放总量，将式（4-13）与式（4-14）代入其中，可得

$$E_1 = \delta_f \cdot \left\{ \frac{a + \theta + (a - \delta_f)k_h + \delta_h - 2\delta_f}{5 + 3k_h} - \frac{(2 + k_h) \cdot [(1 - \beta)(\theta - \rho) - \beta\delta_f]}{5 + 3k_h} \right\} + \delta_h \cdot \left[\frac{2a - 3\theta - 3\delta_h + \delta_f}{5 + 3k_h} + \frac{(1 - \beta)(\theta - \rho) - \beta\delta_f}{5 + 3k_h} \right] \tag{4-19}$$

式（4-19）为地方政府实施政府补贴后地区污染排放总量，并详细地说明了影响地区污染排放量的各个因素。而此处更多的是从政府补贴的角度来分析其对地区环境的影响，故而对财政补贴 β 与税收优惠 ρ 进行求导，可得

$$\frac{\partial E_1}{\partial \rho} = \frac{(1 - \beta) \cdot (\delta_f k_h + 2\delta_f - \delta_h)}{5 + 3k_h} > 0; \quad \frac{\partial E_1}{\partial \beta} = \frac{(\delta_f k_h + 2\delta_f - \delta_h) \cdot (\theta - \rho + \delta_f)}{5 + 3k_h} > 0 \tag{4-20}$$

式（4-20）说明，不管是财政补贴还是税收优惠，两者均与地区污染排放呈现出正相关关系，即政府补贴增加了地区的污染排放，并且补贴的力度越大，环境污染越严重。从政府补贴前后本地企业最优投资地区污染排放总量来看，可得

$$E_0 - E_1 = -(\delta_f k_h + 2\delta_f - \delta_h) \cdot \frac{[\rho + \beta(\theta - \rho) + \beta\delta_f]}{5 + 3k_h} \tag{4-21}$$

式中，由于 $\delta_f \geqslant \delta_h$，故 $\delta_f k_h + 2\delta_f - \delta_h > 0$，得出 $E_0 - E_1 < 0$。从中可以看出，政府引资补贴使得补贴后的地区污染排放总量要高于补贴前的排放总量，从而使得本地环境污染加剧。

基于式（4-20）、式（4-21）所得结果，本章提出如下假设。

假设 4.3：为了增加本地在引资竞争中的优势，地方政府将环境作为一种隐性补贴给予外资企业，在获得大量外资流入的同时导致环境标准的“逐底竞争”，加剧了辖区内环境质量的恶化。

第三节　研究设计与指标测算

一、模型设定

本章主要从地方政府对外资企业的补贴行为出发来探讨其对外商直接投资与本地投资的作用，并进一步考察对环境污染的影响。为了对以上分析提出的假设进行实证检验，本章首先检验政府补贴对外商直接投资的作用，故建立如下模型：

$$FDI_{it} = \alpha_0 + \alpha_1 Subsidy_{it} + \sum Control_{it} + \mu_i + \delta_t + \varepsilon_{it} \qquad (4-22)$$

模型中，FDI_{it}为 i 地区外资实际流入水平，分别以实际利用外资总额和人均实际利用外资额来衡量；$Subsidy_{it}$为 i 地区在第 t 年的政府补贴，此处以测算所得政策优惠指数来衡量地方政府对企业的政策补贴力度的大小；$Control_{it}$为一系列影响外资活动的控制变量；μ_i、δ_t 分别为地区固定效应和年份固定效应；ε_{it}为随机扰动项。模型（4-22）中的 α_1是我们关心的重点，以此来衡量政府补贴对地区外资流入水平的作用，根据理论分析可知 $\alpha_1>0$。

在考察了引资补贴对外商直接投资影响后，本章还关注地方政府补贴对本地投资的影响，以检验补贴行为在引进外资的同时对本地投资的挤出效应，故建立如下模型：

$$Investment_{it} = \beta_0 + \beta_1 Subsidy_{it} + \sum Control_{it} + \mu_i + \delta_t + \varepsilon_{it} \qquad (4-23)$$

模型中，$Investment_{it}$为本地区实际投资水平，分别以本地实际投资总额与本地人均实际投资额来衡量。为了进一步分析政府引资补贴对本地不同类型企业投资的异质性影响，将本地投资细分为国有企业投资、集体企业投资以及民营企业投资，并分别采用各类企业投资总额与人均投资额进行衡量，模型（4-23）中参数 β_1被用来衡量政府补贴行为对本地投资额的影响，理论分析可知预期 $\beta_1<0$，其余变量的解释说明同模型（4-22）。

除了对外商投资与本地投资的分析外，为了检验地方引资补贴行为带来的环境效益，建立如下模型：

$$Pollution_{it} = \gamma_0 + \gamma_1 Subsidy_{it} + \sum Control_{it} + \mu_i + \delta_t + \varepsilon_{it} \quad (4\text{-}24)$$

模型中，$Pollution_{it}$为地区 i 的环境污染水平，分别以工业烟尘排放量、工业废水排放量、工业废气排放量以及工业 SO_2 排放量来衡量环境污染程度，其余变量的解释说明同模型（4-22）。模型（4-24）的 γ_1是我们关心的重点，以此来评估政府引资补贴对辖区内环境污染的影响，预期 $\gamma_1>0$。

二、指标测算

本章主要从地方政府引资补贴行为的角度出发来考察其对辖区内外资流入的作用，同时也考虑该补贴行为对本地投资的挤出效应，并由此给地区环境带来的影响。因此，在变量的选取方面，不仅考虑影响外资的因素，还考虑影响本地投资以及环境的相关因素，具体如下。

（1）被解释变量。针对以上分析提出的基本假设，因变量选择主要分为三类：外商投资，主要以地区实际利用外资总额以及人均实际利用外资额来衡量地区整体的 FDI 流入水平①；本地投资，选择地区实际投资总额以及人均实际投资总额来衡量本地的投资水平，而在进一步深化对本地投资的影响中，将本地投资又进一步划分为国有企业投资、集体企业投资以及民营企业投资，分别选取各企业类型投资额以及人均企业投资作为衡量；环境方面，为了说明改革开放以来中国长期的环境污染水平变化以及与相关研究进行比较分析，采取大部分文献中使用的环境污染衡量指标，以工业烟尘排放量、工业废水排放量、工业废气排放量以及工业 SO_2 排放量来衡量环境污染程度。

（2）核心解释变量。本章主要基于地方政府的引资补贴行为展开分析，故而如何对政府的引资补贴行为进行衡量，是本章面临的主要问题。为了对地方政府补贴行为进行综合衡量，此处主要参考已有文献（孙俊，2002；李宗卉、鲁明泓，2004；祝树金、付晓燕，2008）的做法，并根据中国引资的

① 考虑到原始数据以美元计价，故而以平均汇率调整为人民币计价，并使用资产价格投资指数予以平减，最终得到地区外商实际投资总额和地区人均外商实际投资额，并最终以其对数形式作为衡量指标。

历史路径，通过经济特区、沿海开放城市、开放区等形式来进行招商引资，不同区域的划分将赋予政府更多的经济优惠权力和政策优势，为此，本章对各区域进行赋值。其中，经济特区与浦东、滨海和两江新区赋值为5，国家级经济技术开发区赋值为4，沿海开放城市、沿江开放城市、内陆省会城市赋值为3，沿海经济开放区（市）赋值为2，以及沿海经济开放区（县）、边界开放市县赋值为1，具体赋值形式见表4-1。通过赋值并在省份层面进行累计叠加，最终得到各地区政策优惠指数。

表 4-1　政策优惠指数的构建

地区	赋值
经济特区与浦东、滨海和两江新区	5
国家级经济技术开发区	4
沿海开放城市、沿江开放城市、内陆省会城市	3
沿海经济开放区（市）	2
沿海经济开放区（县）、边界开放市县	1
未开发区域	0

通过表4-1中的赋值构造，本节计算得到各省份层面的政策优惠指数，很明显，省份内拥有的经济特区、开放城市越多，说明该地区的政策优惠程度越大；反之，则越小。为了进一步展现各省份政策优惠指数在区域间的分布情况，本章根据以上计算所得的政策优惠指数绘制图4-1。从图4-1中可以看出，优惠指数在东、中、西部地区之间的分布具有明显差异性，在1984年之前，区域之间优惠指数的差异并不明显；从1984年起，各地区税收优惠指数开始分离，并且东部地区以较快的速度增加；1994—2008年三大区域保持着平衡；2008年后又出现了新一轮的增长。但无论增长如何变化，优惠指数在三大区域之间的增长分布始终保持着东部较高、中部次之、西部最低的发展趋势。

（3）控制变量。此处主要是从影响投资与环境的角度出发选择控制变量，考虑到经济发展程度、劳动力禀赋、劳动力成本、产业结构是影响企业投资和区位选择的重要因素，故而以地区生产总值取对数、就业总人数占地区总人口的比例、地区工资水平取对数以及社会总投资与就业总人数的比值予以衡量。同时，地区的对外开放程度、工业化水平以及人口集聚（Head & Mayer，2004）也是企业投资考虑的因素，故而分别选取进出口总额占地区生产总值的比例、第二产业产值占地区生产总值的比例以及城镇总人口与地区总人口的比值来分别衡量对外开放程度、工业化水平和城市化水平。此外，本章还分别以政府财政预算内支出占地区生产总值的比例来衡量政府规模，以普通高校学生总数占地区总人口的比例来衡量地区的人力资本积累程度，考虑到粗放式的能源消耗模式是造成环境污染的主要因素，本章在此以地区的人均能源消费量取对数来衡量能源消耗程度。

具体变量的解释说明见表 4-2。

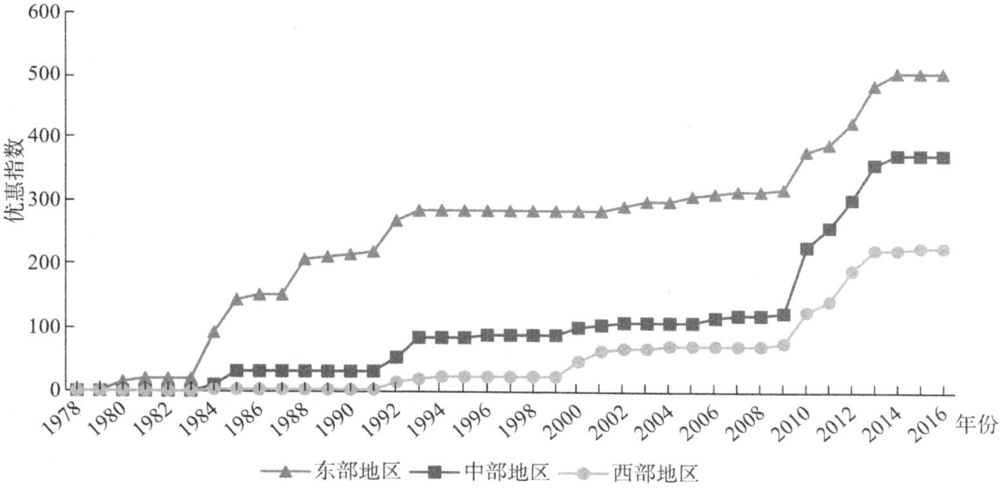

图 4-1　1978—2016 年政策优惠指数在不同地区间的分布

表 4-2　主要变量的解释说明

变量	变量含义	计算方法
fdi	外商直接投资额	地区外商实际投资总额取对数
perfdi	人均外商直接投资额	地区人均外商实际投资总额取对数
investment	本地投资总额	地区实际投资总额取对数
perinvestment	人均本地投资额	地区人均实际投资总额取对数
dust	工业烟尘排放量	人均工业烟尘排放量取对数

续表

变量	变量含义	计算方法
water	工业废水排放量	人均工业废水排放量取对数
gas	工业废气排放量	人均工业废气排放量取对数
so_2	工业 SO_2 排放量	人均工业 SO_2 排放量取对数
subsidy	引资补贴	政策优惠指数
labor	劳动力禀赋	（就业总人数/地区总人口）×100
wage	劳动力成本	地区工资水平取对数
education	人力资本积累程度	（普通高校学生总数/地区总人口）×100
gdp	经济发展程度	地区生产总值取对数
government	政府规模	（政府财政预算内支出/地区生产总值）×100
industry	工业化水平	（第二产业产值/地区生产总值）×100
structure	产业结构	（社会总投资/就业总人数）×100
open	对外开放程度	（进出口总额/地区生产总值）×100
urban	城市化水平	（城镇总人口/地区总人口）×100
energy	能源消耗程度	人均能源消费量取对数

三、数据来源

由于本章主要是从地方政府的引资补贴行为出发考察其对外商投资与本地投资的作用，以及由此给辖区内环境带来的影响，考虑到外资流入中国的历史轨迹，本章试图以改革开放到2016年的长期发展经验来对本书考虑的内容进行充分论证。因此，本章主要选取的样本考察期为1984—2016年，通过长期历史轨迹跟踪正确估计政府补贴行为对经济产生的影响。

本章以中国31个省份为研究对象。之所以选择省份面板数据，主要是因为政策优惠指数的测算是以省份为单位，这决定了本章的主要分析在省级层面展开。而本章选取的宏观经济指标来自两部分，2009年以前的相关指标均来自《新中国60年统计资料汇编》，而2009年以后的经济指标均来自2009—2016年《中国统计年鉴》。除此之外，工业废水排放量、工业废气排放量、工业烟尘排放量以及工业 SO_2 排放量来自历年的《中国环境统计年鉴》；政策优惠指数测算中各地区经济特区、沿海开放城市、开放区等名单均来自百度百科和各地区政府官方网站，作者手动搜寻与整理。具体变量的描述性统计结果见表 4-3。

表 4-3 主要变量的描述性统计

变量	样本量	均值	标准差	最小值	最大值
fdi	922	12. 2461	2. 7508	3. 8843	18. 4576
perfdi	922	4. 1661	2. 6825	-4. 0336	10. 5003
investment	885	14. 8574	1. 3664	11. 578	18. 1169
perinvestment	885	6. 7793	1. 2139	4. 4452	9. 5435
dust	938	-5. 0708	0. 7989	-8. 0787	-1. 9006
water	944	2. 7774	0. 6005	0. 1364	4. 9561
gas	943	0. 3759	0. 9623	-3. 1714	3. 2499
so_2	938	-4. 4368	0. 7719	-8. 0064	-1. 7596
subsidy	1200	13. 7270	19. 7134	0. 0000	138. 0000
labor	1200	95. 6288	447. 9076	19. 5597	820. 0000
wage	1100	8. 6360	1. 4462	6. 2403	11. 6208
education	1100	0. 7536	0. 8822	0. 0000	5. 4982
gdp	1200	7. 1209	1. 9200	1. 8946	11. 1956
government	1200	17. 8386	13. 5622	4. 9171	134. 5941
industry	1100	23. 4216	11. 6211	0. 0000	166. 5381
structure	1200	0. 0139	0. 0227	0. 0001	0. 2522
open	1200	19. 8267	36. 9248	0. 0000	371. 6824
urban	991	39. 9672	19. 5584	0. 2673	90. 8403
energy	951	8. 3957	0. 9819	5. 0676	10. 5121

第四节 引资补贴对投资与环境污染的影响

一、主要实证结果

本章试图从地方政府吸引外资的行为出发考察引资补贴对外资投资与本地投资的作用。首先对模型（4-22）进行回归，以此来考察引资补贴对外资直接投资的影响，具体结果见表 4-4。其中，第（1）~（3）列主要考察引资补贴对 FDI 的影响，而第（4）~（6）列则主要是对人均 FDI 的影响。可以看出，无论以 FDI 还是以人均 FDI 衡量地区外资投资水平，政府补贴对其均具有促进作用，并且该作用在 1%的置信水平上显著。该结果充分说明，地方政府在引进外资方面采取的补贴政策能够有效地促进外资的大量流入，从而拉动本地的经济增长。此外，本地的工业化程度、政府支出规模与开放程度对外资的流入均有显著的促进作用。

表 4-4 引资补贴对外商直接投资的影响

变量	*fdi*			*perfdi*		
	(1)	(2)	(3)	(4)	(5)	(6)
subsidy	0.0153*** (0.0027)	0.0142*** (0.0026)	0.0136*** (0.0029)	0.0173*** (0.0027)	0.0161*** (0.0027)	0.0149*** (0.0029)
labor		-0.0024 (0.0048)	-0.0038 (0.0056)		0.0042 (0.0047)	0.0041 (0.0055)
wage		0.6679** (0.2620)	0.6144** (0.3116)		0.6955** (0.2698)	0.7390** (0.3133)
education		-0.0720* (0.0395)	-0.0652* (0.0390)		-0.0829** (0.0406)	-0.0757* (0.0407)
gdp			0.3959 (0.2615)			0.2534 (0.2680)
industry			0.0074** (0.0034)			0.0099*** (0.0035)
government			0.0275*** (0.0082)			0.0319*** (0.0082)
structure			-3.3536 (2.0862)			-2.7344 (2.1298)
open			0.0025** (0.0011)			0.0025** (0.0012)
省份固定效应	Yes	Yes	Yes	Yes	Yes	Yes
年份固定效应	Yes	Yes	Yes	Yes	Yes	Yes
N	922	921	917	922	921	917
F	32.9556	11.9019	8.3976	39.6925	13.2341	9.6752

续表

变量	fdi			perfdi		
	(1)	(2)	(3)	(4)	(5)	(6)
R^2_a	0.0285	0.0389	0.0708	0.0356	0.0459	0.0834

注：1. 括号内的数值为稳健标准误。

2. *、**、*** 分别表示在 10%、5%和 1%的置信水平上显著。

表 4-4 中的回归结果说明引资补贴显著地促进了地区整体的外资流入水平，但考虑到中国引资的实际情况以及对不同类型外资的需求，地方政府对不同外资实施差异化的补贴，故而在考察地区整体外资影响后，引资补贴是否又会对不同类型外资产生差异化的影响？为了对此进行有力证明，本章依据统计年鉴中外资来源的划分方式，将地区整体的 FDI 进一步划分为港澳台资与非港澳台资，以此来考察引资补贴对不同类型外资的作用，具体回归结果见表 4-5。其中，第（1）~（3）列主要考察引资补贴对港澳台资投资活动的作用，而第（4）~（6）列主要考察引资补贴对非港澳台资投资的影响。从表 4-5 可以看出，尽管引资补贴对港澳台资流入也具有正向作用，但该作用并不显著，与之相反，引资补贴对非港澳台资流入具有显著的促进作用。该结论说明，引资补贴虽然显著促进了地区整体的外资流入，但对不同类型的外资流入具有明显的异质性，对外资的促进作用显著而对港澳台资并不明显。当然，之所以产生这样差异化的作用，一方面是因为地方政府对不同类型外资的差别化待遇；另一方面是因为不同资本的投资动机存在差异，港澳台资企业由于存在母国情缘，可能会更多地从情感的角度来内地投资，而非港澳台投资企业更多地从经济利益角度来考察是否进行投资，这种原始动机的不同导致政府补贴行为出现差异化效果。

表 4-5　引资补贴对不同类型外资的影响

变量	港澳台资			非港澳台资		
	(1)	(2)	(3)	(4)	(5)	(6)
subsidy	0.0031 (0.0027)	0.0010 (0.0026)	0.0022 (0.0026)	0.0082*** (0.0031)	0.0080*** (0.0031)	0.0095*** (0.0026)

续表

变量	港澳台资			非港澳台资		
	(1)	(2)	(3)	(4)	(5)	(6)
labor	-0.0085	-0.0027	0.0004	0.0095*	0.0144***	0.0168***
	(0.0056)	(0.0060)	(0.0060)	(0.0050)	(0.0041)	(0.0047)
wage	1.7364***	1.2693***	1.0754***	1.4594***	0.7584**	0.7047**
	(0.3067)	(0.2691)	(0.2763)	(0.3325)	(0.3226)	(0.3326)
education	-0.0008	-0.0054	-0.0002	-0.0736*	-0.1197***	-0.1098***
	(0.0401)	(0.0389)	(0.0360)	(0.0446)	(0.0394)	(0.0343)
gdp		1.3718***	1.2685***		1.2697***	1.2105***
		(0.3094)	(0.3463)		(0.2928)	(0.2853)
industry		0.0103**	0.0091*		0.0086***	0.0073**
		(0.0043)	(0.0047)		(0.0026)	(0.0032)
government			0.0127			0.0195
			(0.0099)			(0.0178)
structure			2.5032			2.0543
			(2.8236)			(2.7879)
open			-0.0036**			0.0003
			(0.0015)			(0.0014)
省份固定效应	Yes	Yes	Yes	Yes	Yes	Yes
年份固定效应	Yes	Yes	Yes	Yes	Yes	Yes
N	602	597	597	603	600	600
F	9.9574	12.1753	9.4861	8.4608	19.0226	13.5562
R^2_a	0.0579	0.1256	0.1420	0.0592	0.1186	0.1317

注：1. 括号内的数值为稳健标准误。

2. *、**、*** 分别表示在 10%、5%和 1%的置信水平上显著。

尽管引资补贴对不同类型外商直接投资具有差异化的作用，但不可否认的是，引资补贴能够显著提高地区整体的外商投资水平，这也成为地方政府偏好采用吸引外资的有效手段。然而，外资的大量流入必然会影响本地资本的投资，究竟对其具有什么样的影响？这将是本章要考察的另一个主要问题，为此，本章分别选取本地实际投资总额与本地人均实际投资额来衡量本地投资，对模型（4-23）进行回归，具体结果见表 4-6。可以看出，无论以何种指标来衡量本地投资，在控制其他因素的影响下，政府引资补贴均妨碍了本地企业的投资，并且该阻碍作用在5%的置信水平上显著。该结论有力证明了地方政府在以各种补贴形式吸引外资的同时，导致过多的资源流向外资企业，从而对本地企业的投资产生抑制效应。

表 4-6 引资补贴对本地投资的影响

变量	*investment*			*perinvestment*		
	(1)	(2)	(3)	(4)	(5)	(6)
subsidy	-0.0113** (0.0054)	-0.0134** (0.0052)	-0.0129** (0.0059)	-0.0107* (0.0056)	-0.0128** (0.0053)	-0.0130** (0.0060)
labor		0.0143*** (0.0043)	0.0142*** (0.0044)		0.0170*** (0.0047)	0.0153*** (0.0047)
wage		0.8677*** (0.1340)	0.7158*** (0.1734)		0.9031*** (0.1470)	0.8862*** (0.1882)
education		-0.1225*** (0.0333)	-0.0991*** (0.0358)		-0.1321*** (0.0358)	-0.1065*** (0.0392)
gdp			0.5105*** (0.1307)			0.3620** (0.1438)
industry			0.0091*** (0.0032)			0.0102*** (0.0035)
government			0.0148*** (0.0051)			0.0146*** (0.0055)
structure			-4.8916** (2.3031)			-6.1157** (2.6176)
open			-0.0018 (0.0013)			-0.0012 (0.0014)
省份固定效应	Yes	Yes	Yes	Yes	Yes	Yes
年份固定效应	Yes	Yes	Yes	Yes	Yes	Yes
N	885	884	880	885	884	880
F	4.4020	13.5786	16.9316	3.7045	13.1656	12.5098
R^2_a	0.0502	0.1282	0.2109	0.0388	0.1178	0.1885

注：1. 括号内的数值为稳健标准误。

2. *、**、*** 分别表示在10%、5%和1%的置信水平上显著。

表 4-6 的回归结果说明，引资补贴显著抑制了本地企业的投资，而本地企业一般由国有企业、集体企业以及民营企业①构成，政府补贴对本地投资的影响是否在不同企业之间存在异质性？基于此，此处将对本地企业进行细化考察，分别检验引资补贴对国有企业、集体企业以及民营企业的影响。引资补贴对国有企业和集体企业投资的影响见表 4-7。由表 4-7 可以看出，补贴并没有对国有企业和集体企业的投资产生显著影响。

表 4-7　引资补贴对国有企业与集体企业投资的影响

变量	国有企业			集体企业		
	(1)	(2)	(3)	(4)	(5)	(6)
subsidy	-0.0012 (0.0016)	0.0004 (0.0012)	0.0001 (0.0012)	0.0042 (0.0031)	0.0035 (0.0033)	0.0028 (0.0033)
labor	0.0068* (0.0041)	0.0119*** (0.0032)	0.0157*** (0.0033)	0.0139** (0.0062)	0.0128** (0.0061)	0.0203*** (0.0064)
wage	0.9803*** (0.1444)	0.4402*** (0.1338)	0.3208** (0.1339)	0.6197** (0.2955)	-0.1241 (0.3392)	-0.2954 (0.3407)
education	-0.0277 (0.0260)	-0.0275 (0.0210)	-0.0346* (0.0189)	-0.0907 (0.0733)	-0.1247* (0.0658)	-0.1392** (0.0645)
gdp		1.1094*** (0.1360)	0.9058*** (0.1455)		1.8848*** (0.3165)	1.4610*** (0.3277)
industry		0.0075*** (0.0019)	0.0055** (0.0024)		-0.0009 (0.0039)	-0.0053 (0.0036)
government		0.0287*** (0.0034)	0.0276*** (0.0034)		-0.0364*** (0.0084)	-0.0374*** (0.0085)
structure			4.0388*** (1.4142)			8.5641*** (2.6916)
open			-0.0031*** (0.0010)			-0.0044*** (0.0014)
省份固定效应	Yes	Yes	Yes	Yes	Yes	Yes
年份固定效应	Yes	Yes	Yes	Yes	Yes	Yes

① 考虑到数据指标的可获取性，本章在此选取的民营企业主要是指私营企业。

续表

变量	国有企业			集体企业		
	(1)	(2)	(3)	(4)	(5)	(6)
N	634	630	630	634	630	630
F	12.5788	32.6860	28.9769	3.0056	10.1402	10.6973
R^2_a	0.0905	0.3503	0.4009	0.0195	0.1280	0.1585

注：1. 括号内的数值为稳健标准误。

2. *、**、*** 分别表示在 10%、5%和 1%的置信水平上显著。

引资补贴对民营企业投资的影响见表 4-8。可以看出，引资补贴显著抑制了民营企业的投资，如第（6）列所示，在控制其他因素不变的条件下，引资补贴力度每提高 1%，民营企业的投资将下降 0.32%。因此，对比表 4-7 和表 4-8 的回归结果表明，尽管政府对外资企业的补贴将显著抑制本地企业的投资，但由于本地企业的属性差异，引资补贴对其作用效果也有所不同，具体来说，引资补贴对国有企业与集体企业的投资并不会产生显著影响，而仅仅阻碍民营企业的投资。这表明引资补贴所带来资源错配的后果将更多地由民营企业所承担，使民营企业在受到外部限制的条件下出现投资下滑。

表 4-8　引资补贴对民营企业投资的影响

变量	民营企业					
	(1)	(2)	(3)	(4)	(5)	(6)
subsidy	-0.0059**	-0.0076***	-0.0088***	-0.0079***	-0.0083***	-0.0032*
	(0.0023)	(0.0020)	(0.0021)	(0.0022)	(0.0021)	(0.0018)
labor		0.0363***	0.0391***	0.0390***	0.0419***	0.0453***
		(0.0104)	(0.0102)	(0.0099)	(0.0111)	(0.0100)
industry		0.0160***	0.0187***	0.0175***	0.0154***	0.0157***
		(0.0041)	(0.0043)	(0.0040)	(0.0041)	(0.0037)
wage			1.3214***	1.0404***	1.0401***	0.6313*
			(0.3448)	(0.3877)	(0.3876)	(0.3474)
education			-0.0984**	-0.0952**	-0.1020**	-0.0677*
			(0.0453)	(0.0435)	(0.0447)	(0.0368)

续表

变量	民营企业					
	(1)	(2)	(3)	(4)	(5)	(6)
gdp				0.5060 * (0.3065)	0.3244 (0.2553)	0.4176 * (0.2256)
structure					3.7805 (2.8020)	3.5199 (2.8004)
government						0.0502 *** (0.0053)
open						-0.0058 *** (0.0021)
省份固定效应	Yes	Yes	Yes	Yes	Yes	Yes
年份固定效应	Yes	Yes	Yes	Yes	Yes	Yes
N	647	600	600	600	600	600
F	6.2731	9.2857	8.1541	6.6256	5.7585	25.3819
R^2_ a	0.0078	0.1067	0.1549	0.1623	0.1671	0.3154

注：1. 括号内的数值为稳健标准误。

2. *、**、*** 分别表示在 10%、5%和 1%的置信水平上显著。

以上分析表明，尽管引资补贴显著地抑制了本地企业的投资，但不可否认的是，地方政府对外资企业的政策补贴有效地促进了外资的大量流入。正因如此，地方政府为了引进外资而赋予外资企业更多政策优惠，同时，将外资企业对环境的污染视为一种隐性补贴，将此作为吸引外资的潜在手段。基于此，本章将在考察地方政府引资补贴对外资及本地企业投资影响后，试图进一步分析政府引资补贴对环境污染的影响，具体回归结果见表 4-9。

表 4-9　引资补贴对环境污染的影响

变量	*dust*		*water*		*gas*		so_2	
	(1)	(2)	(3)	(4)	(5)	(6)	(7)	(8)
subsidy	0.0075 *** (0.0028)	0.0080 *** (0.0024)	0.0115 *** (0.0023)	0.0069 *** (0.0016)	0.0068 *** (0.0020)	0.0067 *** (0.0016)	0.0049 * (0.0025)	0.0054 *** (0.0020)
gdp		0.0250 (0.2424)		0.8992 *** (0.1695)		0.9578 *** (0.1879)		0.6628 *** (0.1788)

续表

变量	dust		water		gas		so_2	
	(1)	(2)	(3)	(4)	(5)	(6)	(7)	(8)
gdp^2		-0.0357***		-0.0348***		-0.0497***		-0.0430***
		(0.0095)		(0.0059)		(0.0079)		(0.0061)
energy		0.4718***		0.4847***		0.7417***		0.4587***
		(0.1250)		(0.0778)		(0.0730)		(0.0887)
industry		0.0012		0.0091***		0.0105***		0.0069*
		(0.0037)		(0.0034)		(0.0030)		(0.0038)
structure		0.5933		-2.7369		-3.6067**		-0.0543
		(2.1347)		(1.6877)		(1.5755)		(1.9715)
urban		-0.0016		-0.0016		0.0018*		-0.0018
		(0.0017)		(0.0010)		(0.0009)		(0.0011)
government		0.0089*		-0.0078**		-0.0030		0.0142***
		(0.0050)		(0.0035)		(0.0033)		(0.0043)
open		-0.0008		0.0027***		0.0031***		0.0045***
		(0.0010)		(0.0006)		(0.0008)		(0.0008)
省份固定效应	Yes	Yes	Yes	Yes	Yes	Yes	Yes	Yes
年份固定效应	Yes	Yes	Yes	Yes	Yes	Yes	Yes	Yes
N	938	747	944	747	943	747	938	747
F	7.3537	7.5739	25.9919	33.7144	11.4733	54.1743	3.6945	16.7559
R^2_a	0.0093	0.1166	0.0436	0.3401	0.0151	0.5244	0.0067	0.3142

注：1. 括号内的数值为稳健标准误。

2. *、**、*** 分别表示在 10%、5%和 1%的置信水平上显著。

为了更加全面地衡量环境污染，本章在此分别选取工业“三废”及 SO_2 排放量作为环境污染的代理变量，从表 4-9 中可以看出，无论以何种指标来衡量环境污染，地方政府对外资的补贴将显著提升各种污染物的排放量，即引资补贴加剧了环境污染。该结论充分说明，地方政府为了引进外资，不仅使用了显性的经济优惠政策，而且将环境作为其招商引资的隐性补贴，这也正是地方政府在积极吸引外资过程中造成环境日益恶化的根本原因。

二、滞后效应检验

尽管以上实证结果已经说明地方政府以税收优惠、政策倾斜等引资补贴的方式吸引更多外资来本地区投资建厂，在带来外资流入的同时，也挤出了本地的企业投资，并对环境污染产生了显著的正向影响。但是在事实上，引资补贴不仅对当前企业投资产生影响，而且可能存在明显的时滞性，原因在于补贴行为对企业的战略决策、资金运转、建设规划以及要素投入等因素的影响需要一定的周期，而时间周期的存在使得引资补贴对企业投资的影响产生滞后效应，进而对环境质量的影响存在时滞性。鉴于此，为了对补贴行为的滞后效应予以刻画并检验其对企业投资与环境的作用，本章将分别使用引资补贴变量的滞后一阶项和滞后二阶项作为滞后变量来考察滞后效应是否存在，具体回归结果见表 4-10 和表 4-11。

其中，表 4-10 主要考察引资补贴对外商直接投资与本地企业投资影响的滞后效应。从表 4-10 中可以看出，无论是一阶滞后项还是二阶滞后项，其对外资企业投资均具有促进作用，并且该作用在 1%的置信水平上显著。从系数的大小可以看出，滞后效应存在递增的趋势；而引资补贴对本地企业投资影响仍然显著为负，并且该阻碍作用呈现出递减趋势。表 4-11 主要分析补贴对环境污染影响产生的滞后效应。可以看出，引资补贴对地区各类污染物排放的增加均具有显著的滞后效应，并且该效应的作用强度越来越小。综合表 4-10 与表 4-11 中的结果，可以得出滞后效应的分析与本章所得结论完全一致，并进一步对政府补贴行为予以完善。尽管政府补贴行为对外资与环境污染依旧具有显著的促进作用，但该作用在长期中呈现出差异化的发展路径，其中补贴对外资的促进作用越来越大，对污染物的排放的增加作用越来越小；而对本地企业投资发展的阻碍作用呈现出递减趋势。

表 4-10 引资补贴对投资影响的滞后效应

变量	*fdi*		*perfdi*		*investment*		*perinvestment*	
	(1)	(2)	(3)	(4)	(5)	(6)	(7)	(8)
L1. subsidy	0.0132 ***		0.0144 ***		-0.0147 **		-0.0147 **	
	(0.0032)		(0.0032)		(0.0060)		(0.0060)	
L2. subsidy		0.0135 ***		0.0144 ***		-0.0133 ***		-0.0131 **
		(0.0037)		(0.0038)		(0.0051)		(0.0052)
labor	-0.0028	-0.0021	0.0053	0.0060	0.0136 ***	0.0135 ***	0.0147 ***	0.0146 ***
	(0.0056)	(0.0056)	(0.0055)	(0.0055)	(0.0043)	(0.0042)	(0.0046)	(0.0046)
wage	0.6196 **	0.6222 **	0.7450 **	0.7529 **	0.7499 ***	0.7352 ***	0.9187 ***	0.9023 ***
	(0.3121)	(0.3094)	(0.3139)	(0.3114)	(0.1771)	(0.1663)	(0.1922)	(0.1818)
education	-0.0678 *	-0.0704 *	-0.0785 *	-0.0819 **	-0.1000 ***	-0.0933 ***	-0.1073 ***	-0.1004 ***
	(0.0397)	(0.0399)	(0.0414)	(0.0417)	(0.0357)	(0.0338)	(0.0390)	(0.0370)
gdp	0.3517	0.2935	0.2050	0.1405	0.5369 ***	0.5983 ***	0.3891 ***	0.4507 ***
	(0.2656)	(0.2667)	(0.2730)	(0.2750)	(0.1246)	(0.1171)	(0.1386)	(0.1317)
industry	0.0079 **	0.0083 **	0.0105 ***	0.0110 ***	0.0096 ***	0.0088 ***	0.0106 ***	0.0098 ***
	(0.0034)	(0.0034)	(0.0036)	(0.0036)	(0.0032)	(0.0030)	(0.0035)	(0.0033)
government	0.0265 ***	0.0256 ***	0.0308 ***	0.0297 ***	0.0153 ***	0.0172 ***	0.0151 ***	0.0171 ***
	(0.0082)	(0.0082)	(0.0082)	(0.0082)	(0.0048)	(0.0050)	(0.0053)	(0.0054)
structure	-3.2810	-3.2346	-2.6540	-2.5822	-4.8848 **	-4.7374 **	-6.1098 **	-5.9650 **
	(2.1590)	(2.2207)	(2.2120)	(2.2861)	(2.2955)	(2.3283)	(2.6108)	(2.6447)
open	0.0025 **	0.0025 **	0.0026 **	0.0025 **	-0.0016	-0.0018	-0.0011	-0.0012
	(0.0011)	(0.0012)	(0.0012)	(0.0012)	(0.0012)	(0.0012)	(0.0014)	(0.0013)
省份固定效应	Yes	Yes	Yes	Yes	Yes	Yes	Yes	Yes
年份固定效应	Yes	Yes	Yes	Yes	Yes	Yes	Yes	Yes
N	917	917	917	917	880	880	880	880
F	7.1634	5.9300	8.1954	6.7137	17.0230	17.4653	12.5956	13.0220
R^2_ a	0.9507	0.9507	0.9471	0.9471	0.9574	0.9567	0.9350	0.9340

注：1. 括号内的数值为稳健标准误。

2. *、**、*** 分别表示在 10%、5%和 1%的置信水平上显著。

表 4-11　引资补贴对环境污染影响的滞后效应

变量	*dust*		*water*		*gas*		so_2	
	(1)	(2)	(3)	(4)	(5)	(6)	(7)	(8)
L1. subsidy	0.0072***		0.0060***		0.0073***		0.0052**	
	(0.0026)		(0.0017)		(0.0016)		(0.0021)	
L2. subsidy		0.0050*		0.0051***		0.0069***		0.0045**
		(0.0027)		(0.0017)		(0.0016)		(0.0020)
gdp	−0.0287	−0.1145	0.8486***	0.8039***	0.9560***	0.9188***	0.6366***	0.6021***
	(0.2424)	(0.2429)	(0.1710)	(0.1718)	(0.1868)	(0.1860)	(0.1792)	(0.1779)
gdp^2	−0.0341***	−0.0310***	−0.0333***	−0.0321***	−0.0504***	−0.0499***	−0.0424***	−0.0416***
	(0.0097)	(0.0100)	(0.0060)	(0.0062)	(0.0079)	(0.0080)	(0.0062)	(0.0063)
energy	0.4745***	0.4753***	0.4873***	0.4865***	0.7425***	0.7406***	0.4602***	0.4593***
	(0.1262)	(0.1278)	(0.0790)	(0.0800)	(0.0733)	(0.0741)	(0.0896)	(0.0904)
industry	0.0015	0.0022	0.0094***	0.0098***	0.0105***	0.0108***	0.0071*	0.0074*
	(0.0038)	(0.0039)	(0.0035)	(0.0036)	(0.0031)	(0.0032)	(0.0039)	(0.0039)
structure	0.6038	0.7902	−2.7130	−2.6544	−3.7287**	−3.7205**	−0.0775	−0.0417
	(2.1732)	(2.2153)	(1.7414)	(1.7832)	(1.5995)	(1.6444)	(2.0009)	(2.0280)
urban	−0.0016	−0.0015	−0.0015	−0.0015	0.0018*	0.0018*	−0.0018	−0.0018
	(0.0017)	(0.0017)	(0.0010)	(0.0010)	(0.0010)	(0.0010)	(0.0011)	(0.0011)
government	0.0085*	0.0083	−0.0082**	−0.0086**	−0.0036	−0.0042	0.0139***	0.0135***
	(0.0050)	(0.0051)	(0.0035)	(0.0035)	(0.0033)	(0.0034)	(0.0043)	(0.0044)
open	−0.0008	−0.0008	0.0027***	0.0027***	0.0031***	0.0031***	0.0045***	0.0045***
	(0.0010)	(0.0010)	(0.0006)	(0.0006)	(0.0008)	(0.0008)	(0.0008)	(0.0008)
省份固定效应	Yes	Yes	Yes	Yes	Yes	Yes	Yes	Yes
年份固定效应	Yes	Yes	Yes	Yes	Yes	Yes	Yes	Yes
N	747	747	747	747	747	747	747	747
F	7.1079	6.6473	31.7194	29.4306	54.4338	53.4482	16.7737	16.6973
R^2_a	0.7477	0.7460	0.7924	0.7908	0.9434	0.9429	0.8085	0.8078

注：1. 括号内的数值为稳健标准误。

2. *、**、*** 分别表示在 10%、5%和 1%的置信水平上显著。

三、稳健性检验

通过以上分析可知，地方政府对外资的政策补贴在有效促进外资大量流入的同时，一方面抑制了本地企业的发展，尤其是对民营企业投资的阻碍作用更明显；另一方面政府对外资的补贴虽然产生了显著的经济效益，但造成了环境效益的损失。当然，对于上述实证结论的可靠性还需进一步完善，为此，本章在这一部分通过政策剔除、子样本回归以及指标替换的方法进行详细的稳健性检验，具体结果见表 4-12～表 4-15。

（1）政策剔除。鉴于本章的考察期主要是 1984—2014 年这一历史阶段，本章试图从长期的经济发展轨迹来研究地方政府外资补贴带来的经济效益和环境效益，而较长的考察期内国内外宏观环境变化的冲击势必会影响中国的经济发展，影响政府对外资企业补贴的实际效果，从而影响本章估计的结果。基于此，本章选取这一历史阶段中两件极其重要并且对经济发展产生深远影响的历史事件，即 1994 年中国进行的税费改革和 2001 年中国加入世界贸易组织（WTO），分别剔除相应年份，通过剔除污染样本的方式来保证上述结果的可靠性，具体如表 4-12 所示。表 4-12 中第（1）～（4）列主要考察剔除中国加入 WTO 后的年份，而第（5）～（8）列则主要是将 1994 年分税制改革以前的样本予以剔除的结果，从结果可以看出，政策的剔除并没有改变引资补贴对外资显著的拉动作用以及对本地企业的抑制作用，这也说明了本章估计结果并不受其余政策的干扰，具有良好的稳健性。

（2）子样本回归。中国的引资现实、外资流入国内的路径以及严重的区域发展不平衡，这些因素不仅会影响外资的流入，而且对本地企业发展具有不可忽略的作用。更重要的是，外资的流入路径以及严重的区位选择将直接作用于地方政府行为，该行为的变化将会直接影响政府对外资的补贴力度，以及引资补贴产生的效果。因此，为了降低该因素的外部影响，此处将采用子样本回归的方式予以检验，本书将区域发展差距最大的东部地区与西部地区剔除，具体结果见表 4-13。其中，第（1）～（4）列为剔除东部地区样本后的结果，而第（5）～（8）列为剔除西部地区样本后的结果。结果显示，

表 4-12　稳健性检验：政策剔除

变量	1978—2002 年				1994—2014 年			
	fdi	*perfdi*	*investment*	*perinvestment*	*fdi*	*perfdi*	*investment*	*perinvestment*
	(1)	(2)	(3)	(4)	(5)	(6)	(7)	(8)
subsidy	0.0241***	0.0256***	-0.0057***	-0.0042*	0.0040*	0.0053**	-0.0128*	-0.0129*
	(0.0087)	(0.0087)	(0.0021)	(0.0022)	(0.0024)	(0.0023)	(0.0077)	(0.0078)
labor	0.0245	0.0289*	0.0096**	0.0138***	-0.0187***	-0.0116***	0.0133**	0.0130*
	(0.0157)	(0.0159)	(0.0039)	(0.0041)	(0.0042)	(0.0039)	(0.0066)	(0.0070)
wage	-0.6717	-0.6391	0.1656	0.1923	0.7252***	0.9545***	1.0674***	1.2691***
	(0.5980)	(0.6036)	(0.1371)	(0.1388)	(0.2782)	(0.2753)	(0.2392)	(0.2643)
education	1.8076***	1.9257***	-0.5773***	-0.4596***	-0.0483	-0.0558*	-0.0621	-0.0657
	(0.4573)	(0.4638)	(0.1303)	(0.1326)	(0.0312)	(0.0317)	(0.0440)	(0.0473)
gdp	0.7541*	0.6723*	0.4253***	0.3468***	0.3639	0.3185	0.8176***	0.7698***
	(0.3950)	(0.3979)	(0.1078)	(0.1137)	(0.2793)	(0.2813)	(0.2008)	(0.2188)
industry	0.0039	0.0026	0.0241***	0.0229***	0.0106**	0.0147***	0.0007	0.0011
	(0.0135)	(0.0136)	(0.0033)	(0.0035)	(0.0043)	(0.0040)	(0.0039)	(0.0043)
government	0.0984***	0.0998***	0.0133***	0.0149***	0.0187**	0.0239***	0.0122**	0.0115*
	(0.0226)	(0.0226)	(0.0042)	(0.0043)	(0.0093)	(0.0092)	(0.0057)	(0.0063)
structure	-70.0468***	-71.7624***	33.7313***	32.1209***	-3.5872	-3.4985	-5.4954	-7.8340**
	(21.6519)	(22.0230)	(6.1641)	(6.4733)	(2.6663)	(2.6293)	(3.6053)	(3.9662)

续表

变量	1978—2002 年				1994—2014 年			
	fdi	*perfdi*	*investment*	*perinves-tment*	*fdi*	*perfdi*	*investment*	*perinve-stment*
	(1)	(2)	(3)	(4)	(5)	(6)	(7)	(8)
open	0.0039 ** (0.0018)	0.0044 ** (0.0018)	0.0001 (0.0006)	0.0006 (0.0006)	0.0017 ** (0.0008)	0.0016 * (0.0008)	-0.0024 (0.0021)	-0.0022 (0.0024)
省份固定效应	Yes	Yes	Yes	Yes	Yes	Yes	Yes	Yes
年份固定效应	Yes	Yes	Yes	Yes	Yes	Yes	Yes	Yes
N	495	495	492	492	629	629	596	596
F	7.4761	8.0422	22.3069	17.9005	7.4901	9.0203	9.3306	8.5989
R^2_a	0.1402	0.1491	0.3426	0.3070	0.0809	0.1005	0.2209	0.2065

注：1. 括号内的数值为稳健标准误。

2. *、**、*** 分别表示在 10%、5%和 1%的置信水平上显著。

样本的剔除并不能改变原有的回归结果，证明上述因素对本章所得结果并没有显著影响。

表 4-13 稳健性检验：子样本回归（1）

变量	剔除东部地区				剔除西部地区			
	fdi	*perfdi*	*investment*	*perinvest-ment*	*fdi*	*perfdi*	*investment*	*perinvest-ment*
	(1)	(2)	(3)	(4)	(5)	(6)	(7)	(8)
subsidy	0.0227**	0.0206**	-0.0034**	-0.0055***	0.0188***	0.0196***	-0.0138*	-0.0137*
	(0.0099)	(0.0103)	(0.0016)	(0.0020)	(0.0038)	(0.0039)	(0.0077)	(0.0077)
labor	0.0124	0.0117	0.0023	0.0016	0.0015	0.0081	0.0156**	0.0167**
	(0.0186)	(0.0186)	(0.0034)	(0.0038)	(0.0067)	(0.0067)	(0.0069)	(0.0073)
wage	0.9740	1.2717*	0.6781***	0.9758***	0.7078*	0.9175**	0.5263**	0.7454***
	(0.6760)	(0.6871)	(0.1375)	(0.1629)	(0.3694)	(0.3755)	(0.2359)	(0.2582)
education	-0.1074	-0.0603	0.0909***	0.1380***	-0.1300***	-0.1369***	-0.1201***	-0.1268***
	(0.1017)	(0.1039)	(0.0226)	(0.0251)	(0.0381)	(0.0406)	(0.0421)	(0.0462)
gdp	0.3567	0.3972	0.6428***	0.6833***	0.3796	0.1833	0.5996***	0.4553***
	(0.6403)	(0.6484)	(0.1100)	(0.1290)	(0.2864)	(0.2963)	(0.1529)	(0.1704)
industry	0.0140	0.0178*	-0.0010	0.0028	-0.0090*	-0.0014	0.0118***	0.0140***
	(0.0106)	(0.0108)	(0.0023)	(0.0028)	(0.0053)	(0.0054)	(0.0044)	(0.0048)
government	0.0189	0.0201	0.0048**	0.0060**	0.0236***	0.0294***	0.0183***	0.0190***
	(0.0133)	(0.0134)	(0.0023)	(0.0029)	(0.0083)	(0.0084)	(0.0059)	(0.0064)
structure	-3.3279	-6.2030	-1.2891	-4.1642***	-2.2770	-0.4782	-4.3882	-5.6595
	(5.1350)	(5.1760)	(1.0986)	(1.3155)	(2.5590)	(2.5797)	(3.9746)	(4.4845)
open	0.0245***	0.0243***	-0.0093***	-0.0095***	0.0029***	0.0032***	-0.0014	-0.0007
	(0.0088)	(0.0090)	(0.0023)	(0.0029)	(0.0011)	(0.0012)	(0.0012)	(0.0014)
省份固定效应	Yes	Yes	Yes	Yes	Yes	Yes	Yes	Yes
年份固定效应	Yes	Yes	Yes	Yes	Yes	Yes	Yes	Yes
N	331	331	331	331	639	639	604	604
F	6.3937	6.2119	25.8962	29.0897	9.1519	9.0340	10.6383	7.9253
R^2_a	0.0802	0.0836	0.4787	0.4670	0.1041	0.1164	0.2156	0.1923

注：1. 括号内的数值为稳健标准误。

2. *、**、*** 分别表示在 10%、5%和 1%的置信水平上显著。

基于同样的考虑，并且考虑到外资流入带来的集聚效应以及技术创新会对环境产生影响，引资补贴对环境产生的影响也将受到上述因素的干扰。鉴于此，本章将在分别剔除东部地区和西部地区样本后，重新估计政府补贴对环境的影响，以减少该因素的干扰，具体结果见表 4-14。表 4-14 中第（1）~（4）列主要是剔除东部样本后的回归结果，可以看出，剔除东部发达地区的样本，引资补贴依旧促进了各种污染物的排放，除了工业废气外，其余变量的促进依旧显著，但相较于基准结果，该结果略有下降，但幅度较小。而第（5）~（8）列则主要是剔除西部地区后的回归结果，结果并未发生明显变化。综上所述，子样本回归所得结果并没有改变本章所得结论，从而证明上述结果的可靠性。

表 4-14 稳健性检验：子样本回归（2）

变量	剔除东部地区				剔除西部地区			
	dust	*water*	*gas*	so_2	*dust*	*water*	*gas*	so_2
	(1)	(2)	(3)	(4)	(5)	(6)	(7)	(8)
subsidy	0.0170***	0.0095**	0.0027	0.0151***	0.0116***	0.0046**	0.0044***	0.0030
	(0.0048)	(0.0041)	(0.0033)	(0.0031)	(0.0027)	(0.0022)	(0.0016)	(0.0022)
gdp	0.2965	1.3595***	0.6629**	0.7153***	−0.0878	0.6572***	0.6172***	0.4517**
	(0.3653)	(0.2547)	(0.2751)	(0.2471)	(0.2519)	(0.1646)	(0.1856)	(0.1780)
gdp^2	−0.0294*	−0.0535***	−0.0264**	−0.0379***	−0.0393***	−0.0344***	−0.0476***	−0.0472***
	(0.0174)	(0.0096)	(0.0116)	(0.0096)	(0.0102)	(0.0058)	(0.0075)	(0.0063)
energy	0.1673	0.2635**	0.3793***	0.1212	0.5956***	0.3893***	0.6538***	0.5806***
	(0.1760)	(0.1191)	(0.1126)	(0.1089)	(0.1402)	(0.0884)	(0.0859)	(0.0831)
industry	−0.0081	0.0199**	0.0165***	0.0037	0.0145**	0.0307***	0.0280***	0.0288***
	(0.0074)	(0.0082)	(0.0045)	(0.0058)	(0.0058)	(0.0051)	(0.0039)	(0.0044)
structure	9.9019***	3.0614	−1.2073	7.1984***	6.4022**	5.5234***	4.7699***	9.9954***
	(3.5002)	(2.7008)	(2.2833)	(2.4363)	(3.1777)	(1.5193)	(1.4225)	(1.8543)
urban	0.0011	−0.0037*	−0.0008	0.0003	−0.0045**	−0.0035***	−0.0028**	−0.0044***
	(0.0023)	(0.0019)	(0.0015)	(0.0017)	(0.0022)	(0.0012)	(0.0012)	(0.0013)
government	0.0111*	−0.0086**	−0.0093**	0.0146**	0.0094*	−0.0046	−0.0042	0.0194***
	(0.0064)	(0.0041)	(0.0046)	(0.0060)	(0.0055)	(0.0033)	(0.0034)	(0.0048)

续表

变量	剔除东部地区				剔除西部地区			
	dust	*water*	*gas*	so_2	*dust*	*water*	*gas*	so_2
	(1)	(2)	(3)	(4)	(5)	(6)	(7)	(8)
open	−0.0094*	−0.0179***	−0.0164***	−0.0075*	−0.0017*	0.0018***	0.0025***	0.0037***
	(0.0054)	(0.0055)	(0.0030)	(0.0041)	(0.0009)	(0.0005)	(0.0007)	(0.0005)
省份固定效应	Yes	Yes	Yes	Yes	Yes	Yes	Yes	Yes
年份固定效应	Yes	Yes	Yes	Yes	Yes	Yes	Yes	Yes
N	290	290	290	290	516	516	516	516
F	6.6033	16.8774	11.6443	9.1419	12.6346	43.0366	41.0342	34.7733
R^2_a	0.1867	0.3260	0.3049	0.2542	0.2463	0.4563	0.5845	0.5488

注：1. 括号内的数值为稳健标准误。

2. *、**、*** 分别表示在 10%、5%和 1%的置信水平上显著。

（3）指标替换。考虑到以工业烟尘、工业废水、工业废气以及工业 SO_2 排放量来衡量环境污染具有一定的片面性，该指标不能完全作为环境污染的代理变量，为了更加全面地衡量环境质量，本章在此分别选取各地区碳排放量①以及由卫星监测的 $PM_{2.5}$浓度年均值来衡量，具体结果如表 4-15 所示。其中，第（1）~（3）列主要考察政府补贴对碳排放的影响，而第（4）~（6）列主要是对灯光 $PM_{2.5}$的分析。从具体的回归结果可以看出，地方政府对外资企业的补贴在显著促进碳排放增长的同时也使地区 $PM_{2.5}$显著提高。该结论有效地解释了过去中国持续碳排放量增长、雾霾频繁来袭现象，同时有力地支撑了本章研究主要结论，成为引资补贴加剧环境污染的又一佐证。

① 碳排放指标是按照计算公式测算所得，即碳排放量=能源消费量×碳排放系数，具体的能源消费量分别包括煤炭、石油、天然气的消费量，最终测算公式为：碳排放=煤炭消费量×0.7329+石油消费量×0.5574+天然气能源消费量×0.4226。需要特别强调的是，此处各种能源的排放系数主要是按照 DOE、日本能源经济研究所、国家科委气候变化项目以及国家发展和改革委员会能源研究所公布的碳排放系数而测算出的平均值，将该平均值作为此处计算的排放系数。

表 4-15　稳健性检验：指标替换

变量	碳排放			灯光 $PM_{2.5}$		
	(1)	(2)	(3)	(4)	(5)	(6)
subsidy	0.0013***	0.0012**	0.0014**	0.0011*	0.0013*	0.0012*
	(0.0005)	(0.0005)	(0.0006)	(0.0006)	(0.0007)	(0.0007)
gdp	0.2000**	0.3005***	0.4539***	-0.0096	-0.0384	-0.0580
	(0.0881)	(0.0880)	(0.1213)	(0.1100)	(0.1138)	(0.1583)
gdp^2	-0.0087*	-0.0107**	-0.0226***	-0.0033	-0.0026	-0.0015
	(0.0045)	(0.0046)	(0.0068)	(0.0051)	(0.0052)	(0.0084)
energy	0.9118***	0.9075***	0.9298***	-0.1648**	-0.1724**	-0.1354**
	(0.0430)	(0.0402)	(0.0439)	(0.0700)	(0.0684)	(0.0665)
industry		0.0029***	0.0034***		-0.0017**	-0.0012
		(0.0006)	(0.0006)		(0.0008)	(0.0009)
structure		-1.6979***	-2.0387***		0.6611	0.2231
		(0.3667)	(0.3765)		(0.5120)	(0.5297)
urban			0.0005			-0.0006
			(0.0005)			(0.0009)
government			-0.0074***			-0.0007
			(0.0021)			(0.0027)
open			-0.0000			-0.0004
			(0.0002)			(0.0003)
省份固定效应	Yes	Yes	Yes	Yes	Yes	Yes
年份固定效应	Yes	Yes	Yes	Yes	Yes	Yes
N	474	474	455	416	416	402
F	206.8069	152.5480	126.0164	4.0214	3.5068	2.4694
R^2_a	0.6494	0.6663	0.6936	0.0495	0.0589	0.0582

注：1. 括号内的数值为稳健标准误。

2. *、**、*** 分别表示在 10%、5%和 1%的置信水平上显著。

第五节　引资补贴行为的收益分析

以上分析已经对本章考察的引资补贴行为产生的经济效益与环境效应进

行了充分考察，详细证明了本章提出的假设，并通过滞后效应检验来说明引资补贴行为产生长期差异化的影响。但仅仅知道政府补贴产生的后果并不能为我们进一步调整外资、治理环境提供有益帮助，也不能实现研究的初衷，弄清楚引资补贴行为产生这一影响后果背后的机制将是本章最后一个重要任务。而结合本章考察的问题，此处将主要从引资补贴对本地企业与外资企业产生的成本收益出发，来探讨其对投资产生的异质性影响。考虑到补贴行为产生的环境效应，此处将从地方政府使用补贴政策的引资行为出发阐述产生环境污染的根源。具体分析如下。

一、引资补贴行为的经济效益

引资补贴是地方政府在引资过程中经常使用的手段之一，同时也被外资企业青睐。企业之所以接受补贴，是因为补贴行为使外资企业面临的生产成本得到减免，并在宏观税负上享受着特殊待遇，正是由于这种双向优惠的补贴政策使得外资企业的生产成本降低、企业收益提高，从而吸引更多外资来本地区进行投资。而政府在不断改善外资企业生产环境的同时，也使得本地的生产资源过度流向外资企业，提高了外资企业在要素市场中的竞争力，导致本地企业在资源配置中处于劣势，并且生产成本的差异化会进一步扩大本地企业与外资企业所处产品竞争中的非对称地位，从而抑制了本地企业的投资与发展。由于以上因素的存在，政府补贴行为对外资企业与本地企业的投资产生完全差异化的影响，从而出现了增长的非平衡性困境。

从上述分析可知，引资补贴行为之所以产生差异化的经济效益，归根结底是因为补贴行为带来生产成本的不同以及由此产生收益的差异化。为了对该机制进行分析检验，本节将从企业成本和收益的角度出发来考察政府补贴的内在机制。但考虑到数据的可得性，此处分别选取企业的主营业务收入作为企业收益的代理变量，选择企业所交租金来衡量企业的生产成本。选择企业所交租金，主要是考虑到政府补贴行为主要是通过财政补贴和税收减免来实现，以租金来衡量企业成本更能体现引资补贴对外资企业与本地企业的差异化作用。回归结果见表 4-16 与表 4-17。

表 4-16 引资补贴对企业主营业务收入的影响

变量	stateincome			foreignerincome		
	(1)	(2)	(3)	(4)	(5)	(6)
subsidy	-0.0002	-0.0007	-0.0001	0.0033*	0.0064***	0.0056***
	(0.0010)	(0.0010)	(0.0012)	(0.0018)	(0.0014)	(0.0013)
gdp	0.9877***	0.9413***	0.9347***	1.0866***	0.8989***	0.8305***
	(0.0698)	(0.0856)	(0.0903)	(0.1606)	(0.1506)	(0.1568)
labor		-0.0022*	-0.0025*		0.0031	0.0058*
		(0.0011)	(0.0015)		(0.0023)	(0.0031)
wage		0.1041	0.1010		0.8288***	1.0189***
		(0.0939)	(0.1003)		(0.1620)	(0.1907)
industry			-0.0005			0.0065*
			(0.0010)			(0.0037)
government			0.0029			0.0095
			(0.0027)			(0.0070)
open			-0.0004			0.0018***
			(0.0004)			(0.0007)
省份固定效应	Yes	Yes	Yes	Yes	Yes	Yes
年份固定效应	Yes	Yes	Yes	Yes	Yes	Yes
N	527	516	512	526	516	512
F	107.6227	54.9624	36.2515	22.8855	37.9236	25.2100
R^2_a	0.2645	0.2950	0.3003	0.0700	0.1727	0.2084

注：1. 括号内的数值为稳健标准误。
2. *、*** 分别表示在 10%和 1%的置信水平上显著。

表 4-16 主要是考察引资补贴对企业收益的影响，其中，第（1）~（3）列主要分析本地企业的收益，第（4）~（6）列主要分析外资企业的收益。可以看出，引资补贴不仅没有提高还降低了本地企业的收益，尽管该作用并不显著；而对于外资企业的收益却呈现相反的结果，在考虑其他因素后，引资补贴提高了外资企业的收益，并且该提高作用在 1%的置信水平上显著。研究结论表明，政府补贴行为对本地企业与外资企业的收益产生相反的影响，在有效提高外资企业收益的同时降低了本地企业的收益。出现这种结果的原因何在？这需要对企业面临的成本进行分析，具体结果见表 4-17。结果显

示，政府补贴使得本地企业所交税金显著提高，而外资企业所交税金却显著降低。该结论说明，政府通过财政补贴、税收减免的方式来引进外资，使得外资面临的生产成本显著下降并达到地方政府预期效果；另外，可以看出，正如本章理论模型中假设的那样，地方政府为了给予外资企业财政补贴和税收减免，将提高本地企业的税金来增加政府的财政收入，故而显著提高了本地企业的税金。综合表 4-16 和表 4-17 中的结果，引资补贴行为之所以会对外资与本地企业投资产生差异化影响，主要是因为补贴对企业成本收益产生异质性作用，从而直接影响两类企业的发展。

表 4-17　引资补贴对企业税金支出的影响

变量	*statarevenue*			*foreignerrevenue*		
	(1)	(2)	(3)	(4)	(5)	(6)
subsidy	0.0046 * (0.0027)	0.0046 * (0.0027)	0.0056 ** (0.0027)	-0.0259 *** (0.0096)	-0.0251 ** (0.0098)	-0.0220 ** (0.0101)
stateproduct	0.6481 *** (0.0972)	0.6495 *** (0.1162)	0.4498 *** (0.1130)			
foreignerproduct				1.1574 *** (0.1630)	1.0530 *** (0.1689)	1.0822 *** (0.1792)
gdp		-0.0057 (0.2103)	0.3634 * (0.2030)		1.1621 * (0.6199)	1.1412 * (0.6313)
labor			-0.0061 * (0.0032)		-0.0005 (0.0066)	0.0012 (0.0069)
industry			-0.0134 *** (0.0045)			-0.0102 (0.0095)
government			0.0015 (0.0061)			-0.0015 (0.0143)
open			0.0022 *** (0.0006)			-0.0023 (0.0016)
省份固定效应	Yes	Yes	Yes	Yes	Yes	Yes
年份固定效应	Yes	Yes	Yes	Yes	Yes	Yes
N	372	372	362	363	363	362

续表

变量	*statarevenue*			*foreignerrevenue*		
	(1)	(2)	(3)	(4)	(5)	(6)
F	22.3141	14.9980	10.0679	25.7467	14.5111	9.5693
R^2_a	0.2100	0.2100	0.1754	0.2152	0.2307	0.2356

注：1. 括号内的数值为稳健标准误差。

2. *、**、*** 分别表示在10%、5%和1%的置信水平上显著。

二、引资补贴行为的环境效益

以上分析揭示了引资补贴行为影响企业投资的内在动机，而对补贴行为影响环境污染背后的机制问题，仍需要进一步讨论。为此，我们使用中国工业企业数据库中2000—2010年的外资企业①数据，并由此计算所得外资企业数量（*firmnum*）、新建外资企业数量（*newfirmnum*）、新建污染密集型外资企业数量（*newpfirmnum*）以及非污染密集型外资企业数量（*newgfirmnum*）；同时考虑到产量增长带来的排放污染，以外资企业总产值（*product*）、污染密集型外资企业总产值（*pproduct*）以及非污染密集型外资企业总产值（*gproduct*）来衡量企业产出的增长，结果见表4-18。

表4-18　引资补贴对环境效益的影响

变量	外资企业数量				外资企业产量		
	firmnum	*newfirmnum*	*newpfirmnum*	*newgfirmnum*	*product*	*pproduct*	*gproduct*
	(1)	(2)	(3)	(4)	(5)	(6)	(7)
subsidy	0.0110***	0.0255**	0.0301***	0.0234**	0.0011	0.0048	-0.0160
	(0.0035)	(0.0113)	(0.0116)	(0.0115)	(0.0106)	(0.0129)	(0.0141)
gdp	0.1654	0.8970*	1.2572**	0.2954	0.4137	-0.7440*	0.9832
	(0.1757)	(0.4770)	(0.5024)	(0.4842)	(0.4296)	(0.4359)	(0.7393)

① 由于数据限制，本章对外资企业的分析仅限于中国工业企业数据库中的中外合资经营企业、中外合作经营企业、外资（独资）企业、外商投资股份有限公司、合资经营企业（港或澳、台资）、合作经营企业（港或澳、台资）、港澳台独资企业、港澳台商投资股份有限公司。

续表

变量	外资企业数量				外资企业产量		
	firmnum	*newfirmnum*	*newpfir-mnum*	*newgfir-mnum*	*product*	*pproduct*	*gproduct*
	(1)	(2)	(3)	(4)	(5)	(6)	(7)
labor	0. 0014	0. 0009	0. 0001	0. 0056	-0. 0037	0. 0242	-0. 0028
	(0. 0039)	(0. 0099)	(0. 0082)	(0. 0108)	(0. 0095)	(0. 0252)	(0. 0194)
wage	0. 0593	-0. 2498	-0. 6493	0. 1327	0. 5244	1. 5487***	1. 2095**
	(0. 1734)	(0. 5618)	(0. 5630)	(0. 5513)	(0. 4531)	(0. 4004)	(0. 5731)
education	-0. 0264	-0. 1375	-0. 1300	-0. 1205	-0. 0643	-0. 1896*	-0. 4924***
	(0. 0458)	(0. 1885)	(0. 1641)	(0. 1888)	(0. 0989)	(0. 1032)	(0. 1771)
government	-0. 0165***	-0. 0025	-0. 0074	-0. 0157	-0. 0162	-0. 0259**	-0. 0283*
	(0. 0053)	(0. 0167)	(0. 0186)	(0. 0137)	(0. 0136)	(0. 0114)	(0. 0162)
open	0. 0000	-0. 0080***	-0. 0075**	-0. 0078***	-0. 0015	0. 0009	0. 0082***
	(0. 0008)	(0. 0029)	(0. 0031)	(0. 0030)	(0. 0024)	(0. 0018)	(0. 0030)
省份固定效应	Yes	Yes	Yes	Yes	Yes	Yes	Yes
年份固定效应	Yes	Yes	Yes	Yes	Yes	Yes	Yes
N	391	391	391	391	391	180	180
F	3. 2093	2. 8394	3. 7610	2. 1383	1. 4404	6. 8748	3. 0582
R^2_ a	0. 9893	0. 8357	0. 7971	0. 8305	0. 9713	0. 9906	0. 9881

注：1. 括号内的数值为稳健标准误。

2. *、**、*** 分别表示在 10%、5%和 1%的置信水平上显著。

表 4-18 中第（1）~（4）列主要考察政府补贴对外资企业数量的影响；第（5）~（7）列主要考察政府补贴行为对外资企业产出的影响，试图以此来说明政府补贴行为产生的环境效益变化。可以看出，无论是以何种指标衡量外资企业数量，政府补贴均显著地提高了本地外资企业的数量，包括污染密集型和非污染密集型的新建企业数量。此外，从外资企业产量分析来看，政府补贴并不能显著地促进企业产出扩大，说明补贴行为并不能通过产出增长的途径来影响环境。因此，表 4-18 中的结论表明，政府补贴行为更多是针对新建外资企业，试图以该方式扩大辖区内外资企业的数量及整体规模，同

时增加了污染密集型企业的数量，而对已有企业的产出并不产生影响。

第六节　本章小结

地方政府作为引进外资的主体，在中国对外开放过程中扮演着重要的角色，而由于早期经济发展的现实条件限制，地方政府在引资过程中更多地依靠政策优势，以政策带动外资，通过对外资的政策倾斜来吸引更多的外资企业落户本地区，增加本地的外商投资，促进地方的经济增长。正因如此，地方政府以各种优惠政策来吸引外资，其中包括土地低价出让、财政补贴以及税收减免等优惠方式，甚至环境标准的“逐底竞争”也是部分地方政府为吸引外资展开竞争产生的后果。对外资企业过多的政策倾斜将势必导致本地企业在要素分配、市场竞争中处于不利地位，对本地企业的发展产生一系列的不利影响。鉴于上述思路，本章试图在统一的框架下探讨政府补贴对外资企业与本地企业产生的异质性作用，以及由此对环境产生的影响。

通过本章的分析可知，地方政府在利用政策优势吸引外资的同时也挤出了本地企业投资，对两类企业的投资水平具有完全相反的作用，并且政府补贴行为对辖区内已有企业的投资水平并不产生显著影响，而是更多地吸引新的企业来投资建厂，其中包括污染密集型企业。因此，政府补贴在提高外商投资的同时也增加了辖区内污染密集型企业的数量，从而导致环境恶化。从本章的分析可知，地方政府在引进外资与环境治理之间面临的具体困境主要表现在以下两点：第一，地方政府利用政策优势在吸引外资的同时，增加了本地企业面临的宏观税负，从而抑制了本地企业的投资，使得外资企业与本地企业之间出现了非平衡发展，严重影响辖区内本地企业的长远发展；第二，地方政府的财政补贴并没有显著促进辖区内已有外资企业产出的增加，而仅仅增加了新建外资企业的数量，其中包括污染密集型外资企业与非污染密集型外资企业，正是由于污染外资企业数量的增加使得本地环境污染加剧，造成了引资与环境治理之间的困境。

第五章 财政压力、引资扭曲与外资数量和质量的脱钩

第一节 引言

在过去的三十年间，财政分权已成为发展中国家财税体制改革的主要趋势（Han & Kung，2015），对于世界上最大的发展中国家——中国而言，更是如此。自改革开放以来，我国财政体制改革经历了“统收统支”“财政包干”“分税制改革”三个重要历史阶段，从中央对税收的统一收支，到地方拥有税收收入的剩余索取权（residual claimant）。正因如此，从财政体制改革的角度来理解中央与地方政府之间的关系变迁变得格外重要（田彬彬、范子英，2016）。而对财政分权这一问题的研究则相当丰富，在企业宏观层面上大量学者分别研究了财政分权对诸如政府公共服务能力、经济增长、财政收入、税收竞争等方面的长期影响（Tiebout，1956；Qian & Weingast，1997；Oates，1999；乔宝云、范剑勇、冯兴元，2005；李涛、周业安，2008；尹恒、杨龙见，2014；谢贞发、范子英，2015）；在企业微观层面上，学者研究发现，财政分权激励也会对企业税负、过度投资等行为产生显著作用（曹书军、刘星、张婉君，2009；曹春方、马连福、沈小秀，2014）。

而在所有研究中，财政分权对经济增长的潜在影响始终是学者关注的重点议题（Lin & Liu，2000；云鹤、舒元，2005；Singh，2007；范子英、张军，2010；程宇丹、龚六堂，2015）。但从现有研究可以看出，研究结论之间存在较大差异、尚未统一，主要有两种代表性的观点。一种观点是财政分权有利于地方经济的增长（Feltenstein & Iwata，2005；沈坤荣、付文林，2005）。周

业安和章泉（2008）使用1986—2004年省级数据，分别以各省财政支出占中央财政支出比例等不同的指标来量化财政分权，以考察财政分权对经济增长的影响，结果表明，财政分权确实能促进地区经济增长，但在不同时期其作用有所差异。才国伟和黄亮雄（2010）以“省直管县”为准自然实验，使用DID来考察财政分权对经济增长的作用，结果表明，财政分权有利于提高政府财政支付、改善财政效率、促进县域经济增长。另一种观点与上述观点不同，部分研究者认为，财政分权会阻碍地区经济增长，原因在于财政分权使得上级城市的发展资源逐渐被下级地区抽空，从而不利于地区的经济发展，同时也会阻碍城市化进程（郑风田，2009）。这不仅仅是理论分析，实证检验也得出与之完全一致的结论。才国伟等（2011）使用1999—2008年地级市数据，分别以“强县扩权”和“省直管县”为准自然实验，考察行政分权和财政分权对经济增长的影响，结果发现，行政分权有利于城市经济增长，而财政分权却有相反的作用，会阻碍城市经济增长。与该结论类似，Li等（2016）以2003年进行的“省直管县”为准自然实验，结果也发现财政分权对人均GDP具有显著的副作用。以上研究为我们理解财政分权与经济行为之间的互动关系提供了丰富的理论洞见与实证基础。

正是财政压力的存在，地方政府的行为发生了明显变化，并最终作用于地方经济发展过程。首先，地方政府会试图以提高辖区内企业实际税率的方式来扩充税收（汤玉刚、苑程浩，2011），缓解财政压力。这一可行路径被学者进一步论证，Chen（2017）研究发现，当地方政府面临的财政压力增大时，政府会倾向于加大税收征管力度，并使辖区内制造业税收负担显著增大；马光荣和李力行（2012）以县级政府为样本对象考察财政压力对企业税收的影响，研究结果表明，财政压力的增加会使辖区内企业面临的实际税负增加，从而完善了上述观点。其次，地方政府会努力寻求扩大财政收入的方式以及发展可增加收入的产业（陈抗、Hillman、顾清扬，2002；陶然等，2009）。陈志勇和陈莉莉（2011）研究发现，当税收改革使地方政府财政收入处于劣势时，地方政府会主动鼓励房地产行业提高营业收入来扩大税收规模。Han和Kung（2015）以所得税分享比例为考察切入点，分析财政压力对地方政府行为的影响，结果表明，财政压力的增加会使地方政府发展重心转变为与土地有关的房地产业与建筑业。之所以选择这些行业，是因为发展这些行业带来的财政收入无须与上级政府分享，可以弥补财政损失。更有甚者，地方政府为了在短期内实现财政收入的增加，会主动通过改善辖区内基础设施条件（张军等，2007）、工业用地低价出让（曹广忠、袁飞、陶然，2007）以及税收优惠（付文林、耿强，2011）等方式吸引工业企业来本地投资，从而增加税收收入。在财政压力得以缓解的同时，工业企业的过度进入必然导致辖区内污染排放增加、环境恶化加剧（席鹏辉、梁若冰、谢贞发，2017）。

以上研究表明，为摆脱财政压力带来的窘境，地方政府会倾向于选择提高企业税率、扶持相关产业以及扩大辖区内工业的产出规模等方式来缓解财政压力。那么，作为发展地方经济强大的助推力，外资是否也会在财政压力的作用下受到地方政府的青睐呢？地方政府是否也愿意以政策优惠条件来吸引更多外资来本地投资，以此解决财政收入不足的问题呢？这种财政压力造成的引资扭曲是否会带来外资数量和质量的脱钩呢？而外资的流入是否又会像工业企业的进入那般，在解决财政问题的同时带来环境问题呢？对上述一系列问题的回答，需要我们从财政压力的视角考察地方政府引资行为的变化，并且该行为的变化对外资以及环境产生的影响，将是本章研究的主要任务。

第二节　外资数量和质量的脱钩现状

本节以中国1983—2017年的引资数据来说明FDI数量与质量①之间脱钩的发展现状，具体数据描述见图5-1。从图5-1可以看出，FDI数量和质量的发展曲线总体上呈现“剪刀差”，FDI数量的增长始终高于FDI质量的发展，并且两者之间的差距逐渐扩大。具体而言，在1992年之前，FDI流入的数量与质量保持着高度一致，说明数量和质量之间并没有出现明显的脱钩。而在1992年之后，随着财政体制改革的深入、外资增速的加快，FDI数量与质量

① 考虑到数据获取的因素，此处采用平均外资规模来衡量各年份流入中国的外资质量，尽管该指标简单易行，但在后续的实证分析中将在省级层面进行综合测算。

之间逐渐出现脱钩，尽管在增长过程中部分年份也出现了数量的下滑，但总体呈现出递增趋势，且在增长的过程中两者之间的差距越来越大。图 5-1 说明，财政改革的深化虽使 FDI 数量规模扩大，但 FDI 质量提升缓慢，从而导致两者之间出现“剪刀差”型的脱钩。而对 FDI 数量和质量脱钩背后政府行为的考察，将是本章后续要分析的主要内容，同时考察该行为变化给环境污染带来的影响。

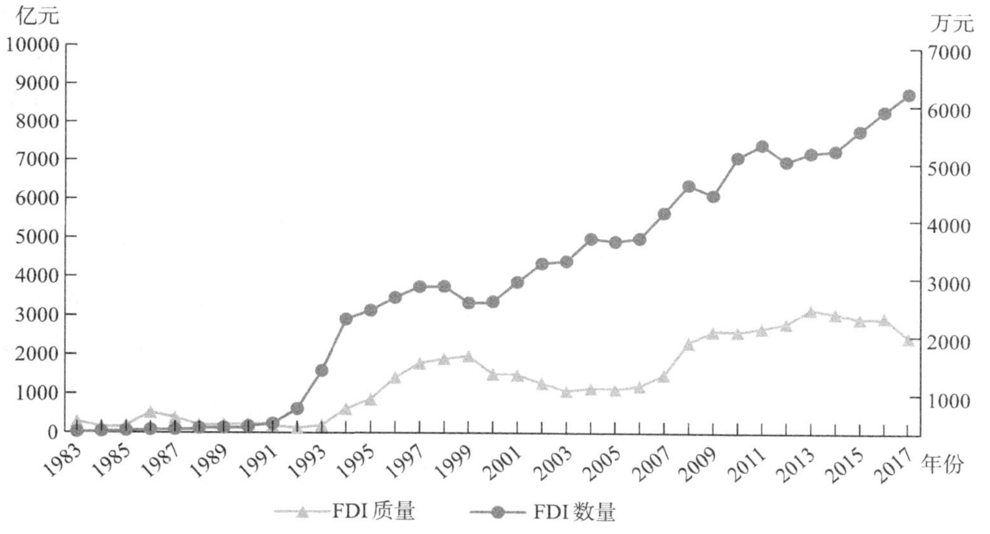

图 5-1 1983—2017 年 FDI 数量和质量的脱钩情况

资料来源：历年《中国统计年鉴》。

第三节 理论分析与假设提出

鉴于本章主要是从财政压力的角度来考察环境治理与引资行为之间的困境，而财政压力的存在主要是政府面临的事权与财权之间的不匹配，而这种不匹配现象会使地方政府陷入财政窘境。政府为了摆脱当前面临的财政窘境，将努力以引进外资为核心策略来提高财政收入。

当然，摆脱财政窘境的根本方法还在于增加税收来源，其中包括提高地方税率和扩大税基，而提高税率无疑会增加外资企业来本地投资的成本，降低地方政府在引资竞争中的优势，故而提高税率的方式不为政府采纳，扩大税基便成为地方政府提高财政收入的主要手段，以此方式实现税收增加。面对辖区内的企业，地方政府将采取两种主要策略来实现产出的增加：一是已有企业规模的扩张，政府通过税收优惠、财政补贴等方式来不断鼓励辖区内已有外资企业扩大生产规模，实现地区产出增加的同时也扩大税基；二是增加外资企业数量，扩大产出规模，地方政府也可以通过引资的方式吸引更多企业来本地区落户，以新建企业数量的增加来整体扩大辖区内外资企业产出规模。对于地方政府而言，以上两种方式均能实现税收增加，摆脱财政窘境，但从两者提高财政收入的幅度来看，存在明显差异。从本质上来说，已有企业规模的扩张与企业数量的扩大均在政府政策优惠的促进下实现，但同一政策带来的效果不同。相较于企业数量扩大而言，地方政府鼓励已有外资企业进行规模扩张存在局限性，一则市场竞争下企业产量的选择将更多地受市场供需条件限制，并且企业的最优生产由企业家在理性条件下决策，政府的干预对已有企业的生产决策影响较小；二则已有企业产出在最优化生产的条件下受到政府干预，即便扩大产出，也会由于产出的“边际产出递减规律”存在，使产出的增加受限。正是由于存在以上局限性，地方政府更倾向于选择以吸引新外资企业落户本地区的方式来实现产出提高，从而扩大本地税基、增加税收。这种以外资企业数量增加来替代规模扩张实现产出增加、税收提高的方式，势必会降低辖区内外资的质量，最终出现外资数量和质量在发展过程中的脱钩。基于以上分析，本章提出第一个假设。

假设 5.1：财政压力迫使地方政府以增加外资企业数量，而非以扩大现有外资企业产出规模的方式来实现税收增长，引资策略的改变将提高辖区内外资企业的数量、降低外资质量，并导致外资数量和质量的脱钩。

财政压力的存在使地方政府努力吸引外资，以外资企业数量的增加来替代已有企业规模的扩张，从而实现产出的增加和税基的增长。而在此过程中，地方政府面临的主要问题在于如何在短时间内提高外资企业的数量，实现辖区内外资规模的扩大。为此，一方面，地方政府会主动采取降低环境标准、软化环境规制，提高本地政府在引资过程中的竞争力，为更多外资企业的流入奠定良好的外部环境，其中包括污染密集型的外资企业；另一方面，地方政府财政压力的存在，势必造成其在有限财力限制下做出理性决策，并且在经济考核的条件下更倾向于优先发展地方经济，从而降低环境治理的财政支出，最终导致环境污染加剧。基于此，本章在此提出第二个假设。

假设 5.2：为缓解财政压力，地方政府选择以外资企业数量扩张的方式来实现税收的增加，该引资策略的选择将导致环境标准的降低，为污染密集型外资企业的破坏性流入提供机会，最终加剧辖区内的环境污染。

第四节　研究设计与指标测算

一、模型设定

本章主要从地方政府财政压力的角度出发，探讨流入辖区内外资的数量与质量之间的脱钩现象，探究该现象背后的政府行为以及由此给环境带来的影响。因此，本章将主要围绕外资与环境进行分析，并实证检验。

针对地方政府引资过程中出现的外资数量与质量脱钩，首先检验政府财政压力对外资数量的影响，故建立模型如下：

$$FDI_{it} = \varphi_0 + \varphi_1 Finpressure_{it} + \sum Control_{it} + \mu_i + \delta_t + \varepsilon_{it} \qquad (5-1)$$

模型中，FDI_{it}为 i 地区外资的数量，分别以实际利用外资总额和辖区内拥有的外资企业数量来衡量，该指标越大说明辖区内外资数量越多；$Finpressure_{it}$为 i 地区地方政府在第 t 年面临的财政压力；$Control_{it}$为一系列影响外资活动的控制变量；μ_i、δ_t 分别为地区固定效应和年份固定效应；ε_{it}为随机扰动项。模型中的 φ_1是我们关心的重点，以此来衡量财政压力对外资数量的影响，根据理论分析可知 $\varphi_1>0$。

在考察了政府财政压力对外资数量的影响后，本章将分析财政压力对本地外资质量的影响，故建立模型如下：

$$FDISCALE_{it} = \vartheta_0 + \vartheta_1 Finpressure_{it} + \sum Control_{it} + \mu_i + \delta_t + \varepsilon_{it} \qquad (5-2)$$

模型中，$FDISCALE_{it}$为 i 地区外资的质量，而考虑到该指标的不易衡量、难以获取，本章分别以地市级外资的平均规模以及省级层面的综合指数来衡量，在数据可获得的条件下尽可能全面地对外资质量进行度量；ϑ_1用来衡量财政压力对外资质量的作用大小，依据上述理论分析可知$\vartheta_1<0$；其余变量的解释说明同模型（5-1）。

通过对外资数量与质量脱钩背后的政府行为进行分析，说明政府行为将导致环境污染的恶化，为了对这一理论假设进行实证检验，本章建立财政压力与环境之间的模型，具体如下所示：

$$Pollution_{it} = \rho_0 + \rho_1 Finpressure_{it} + \sum Control_{it} + \mu_i + \delta_t + \varepsilon_{it} \quad (5-3)$$

模型中，$Pollution_{it}$为地区 i 的环境污染水平，本章以地市级灯光 $PM_{2.5}$为衡量环境污染的综合指标，当然稳健性检验部分还使用了省级层面的工业废气排放量来衡量环境污染程度，其余变量的解释说明同模型（5-1）。模型中的ρ_1是我们关心的重点，以此来衡量财政压力对辖区内环境污染的影响，预期$\rho_1>0$。

当然，以上分析仅考察了财政压力的当期作用，事实上，由于地方政府采取应对策略的延迟以及企业行为反应的时滞，财政压力并不一定对外资与环境产生当期影响，故而在后续的实证检验过程中，我们不仅考虑财政压力的当期影响，也在模型中考虑滞后效应的存在，并具体以滞后一阶和滞后二阶作为重点。

二、指标测算

本章主要基于财政压力的视角来分析地方政府引资行为的改变对地区不同类型外资企业的分布以及对外资数量与质量的影响，并考察政府引资行为变化对环境质量的影响。基于本章的考察目标，我们在指标的选取方面不仅考虑外资的质量和数量，同时也选取环境指标以及一系列影响外资与环境的因素，具体如下所示。

1. 被解释变量

针对本章分析的外资质量与数量之间脱钩的问题，本章在此分别选取地区外商实际投资总额取对数和地区外资企业总数量来衡量外资数量的变化，该指标数值的增大意味着地区内外资数量的增加。而考虑到外资质量的难以量化，在此分别对该指标做如下处理。

首先，由于本章分析的主体是在地级市层面进行的，故而在地级市层面上选取外资平均规模这一指标对FDI质量进行衡量，单个项目的外资规模越大说明FDI质量越高，反之则越低。

其次，由于外资平均规模仅仅是反映FDI质量的某一方面，并不能全面地衡量地区内FDI质量的高低，因此，结合数据的可获取性，此处参考已有研究（邹建华、韩永辉，2013；白俊红、吕晓红，2015；韩永辉、邹建华，2015；白俊红、吕晓红，2017）的做法，通过外资平均规模、技术水平、出口能力、管理水平以及盈利能力的综合测算来最终反映FDI质量，而鉴于数据的可获取性，上述各指标均在省份层面进行测算，具体计算方式如下：

外资平均规模 = 地区实际利用外资总额 / 项目数

技术水平 = (FDI工业行业产值 /FDI工业从业人数)/

(规模以上工业行业产值 / 规模以上工业从业人数)

出口能力 = FDI行业出口额 / 地区出口总额

盈利能力 = FDI工业行业的成本费用利润率 / 规模以上工业行业的成本费用利润率

管理水平 = 资产贡献率 / 规模以上工业行业的资产贡献率

通过对上述五个指标的计算得出FDI质量不同方面的衡量标准，为了对其进行全面衡量，此处又使用主成分分析法将以上五个指标进行综合，并最终得出一个能够在省级层面上进行全面衡量FDI质量的综合指数。通过地市级层面的单指标测量与省级层面综合指标的测算对比，说明本章所得结果的稳健性，纠正单一指标对FDI质量测量的片面性。

除了FDI数量与质量的考察外，环境污染也是考核的重点，而考虑到环境指标的综合衡量，此处依据哥伦比亚大学社会经济数据和应用中心公布的年度世界$PM_{2.5}$密度图，并利用ArcGIS软件对其进行处理并与地级市行政区域进行匹配，最终获得地区平均灯光$PM_{2.5}$、地区最大灯光$PM_{2.5}$以及地区最小灯光$PM_{2.5}$，试图以此来全面地衡量地区环境污染水平。当然，为了与相关文献保持一致，本章还选取了省级层面的工业废气排放量作为环境污染的另一种测度。

2. 核心解释变量

本章主要从地方政府面临的财政压力视角展开一系列分析，故而对财政压力的测算至关重要。鉴于此，本章在此以地方政府财政支出与地方政府财政收入的差额占地方政府财政收入的比例来衡量地方政府面临的财政压力，该指标数值越大，说明地方政府面临的财政压力越大；反之，则说明财政压力程度较弱。

除了分析财政压力对 FDI 数量与质量以及环境的影响外，我们还对研究结论的机制进行探讨，因此需要在新建外资企业数量的基础上进一步扩展新建污染密集型外资企业数量，并考虑到地级市现有外资企业产出总值，以此衡量地方政府引资行为的变化；同时，为了进一步证明引资行为的变化将会缓解地方政府面临的财政压力，本章试图以外资企业增值税、污染密集型外资企业增值税、外资企业所得税以及污染密集型外资企业所得税来说明外资流入对地方政府税收的影响。事实上，上述各指标均难以在宏观年鉴等官方公布数据中获取，为了对此进行补充，本章将主要基于中国工业企业数据库中的外资企业数据，并将其增值税、企业产出、应交所得税等指标在地市级层面上进行加总，最终获取以上各类指标。

3. 控制变量

此处主要是从影响投资与环境的角度出发来选择控制变量，考虑到经济发展程度、劳动力禀赋、劳动力成本、产业结构是影响企业投资和区位选择的重要因素，故而以地区生产总值取对数、地区人口总数取对数、地区工资水平取对数以及社会总投资与就业总人数比值来进行衡量。同时，地区工业化程度以及人力资本积累程度也是企业考虑的因素，故而分别选取第二产业产值占地区生产总值的比例以及普通高校学生总数取对数来衡量地区的工业化程度以及人力资本积累程度。另外，还需考虑地区消费市场潜力，并以 1−城乡居民储蓄年末余额/地区生产总值来衡量。此外，由于粗放式的能源消耗模式是造成环境污染的主要因素，因此以地区电力消耗总量取对数来衡量能源消耗。

具体变量的解释说明见表 5-1。

表 5-1　主要变量的解释说明

变量	变量含义	计算方法
fdi	外资数量	地区外商实际投资总额取对数
firmnum		地区外资企业总数量
fdiscale	外资质量	地区外资平均规模
newfirmnum	新建外资企业数量	地区新建外资企业数量
newpfirmnum		地区新建污染密集型外资企业数量
firmscale	企业规模	地区现有外资企业生产总值
meanpm	环境污染	地区平均灯光 $PM_{2.5}$
maxpm		地区最大灯光 $PM_{2.5}$
minpm		地区最小灯光 $PM_{2.5}$
finpressure	地方财政压力	（地方政府财政支出-地方政府财政收入）/地方政府财政收入
vat	地方政府税收	外资企业增值税
pollutionvat		污染密集型外资企业增值税
tax		外资企业所得税
pollutiontax		污染密集型外资企业所得税
gdp	经济发展程度	地区生产总值取对数
structure	产业结构	社会总投资/就业总人数
labor	劳动力禀赋	地区人口总数取对数
wage	劳动力成本	地区工资水平取对数
education	人力资本积累程度	普通高校学生总数取对数
consume	消费市场潜力	1-城乡居民储蓄年末余额/地区生产总值
industry	工业化程度	第二产业产值/地区生产总值
energy	能源消耗	电力消耗总量取对数

三、数据来源

本章主要考察地方政府财政压力对 FDI 数量与质量以及环境的影响，其中最难衡量的便是 FDI 质量，对此的测算本章在保证样本量要求的基础上，更多地倾向于地市级外资平均规模，此外，还从省级层面进行测算，但主体测算还是以地级市样本作为分析基础，具体使用的数据分为以下两类。

一是本章在分析外资与环境的过程中，尽管整体的分析是以地市级数据为样本，但是为了完善和进一步证明所得结论的稳健性，还从省级层面出发对已有假设进行重新检验，故而首先选取2004—2013年地市级样本数据进行考察，该层面宏观指标均来自历年《中国城市统计年鉴》，而省级层面的数据均来自2004—2013年《中国统计年鉴》，其中省级层面的工业废气排放量来自历年的《中国环境统计年鉴》，上述数据构成了本章分析的数据基础。

二是为了对分析所得结论做进一步讨论，详细说明财政压力下地方政府引资行为变化以及该变化带来的经济效应、环境效应以及税收效应，本章还选取了各地区新建外资企业数量、新建污染密集型外资企业数量以及地区现有外资企业生产总值等指标来说明地方政府引资行为的变化。但由于这一系列指标并不能直接从宏观层面获取，故而本章采用2004—2010年中国工业企业数据库中的外资企业数据①，并在地级市层面对各类微观企业数据进行加总，以此方式进行间接测量。需要说明的是，本章使用的灯光 $PM_{2.5}$ 原始数据均来自哥伦比亚大学社会经济数据和应用中心。具体变量的描述性统计结果见表5-2。

表5-2　主要变量的描述性统计

变量	样本量	均值	标准差	最小值	最大值
fdi	5662	10.2407	1.9878	2.0379	15.3938
firmnum	4275	3.6278	1.7778	0.0000	9.0712
fdiscale	4133	0.6881	1.1798	0.0017	11.7877
newfirmnum	4275	0.8732	1.0355	0.0000	5.6131
newpfirmnum	4275	0.4542	0.7085	0.0000	4.0073
firmscale	3993	15.1928	2.3577	6.0845	22.4393
meanpm	5339	33.5377	15.9548	2.0000	91.0000

① 由于数据限制，本章对外资企业的分析仅限于中国工业企业数据库中的中外合资经营企业、中外合作经营企业、外资（独资）企业、外商投资股份有限公司、合资经营企业（港或澳、台资）、合作经营企业（港或澳、台资）、港澳台独资企业、港澳台商投资股份有限公司。

续表

变量	样本量	均值	标准差	最小值	最大值
maxpm	5339	47.9270	17.2838	9.0000	113.0000
minpm	5339	25.6445	14.7240	0.0000	82.0000
finpressure	5984	1.2686	1.6873	-1.0000	38.0308
vat	4227	11.8003	2.3317	0.6931	18.1406
pollutionvat	4040	10.9856	2.3398	0.0000	17.6193
tax	3989	10.1430	2.7579	0.0000	17.3545
pollutiontax	3575	9.3186	2.7003	0.0000	16.6950
gdp	5969	15.3036	1.2745	10.5614	19.3419
structure	5714	9.3498	11.7811	0.0004	114.4867
labor	5976	5.7415	0.7904	2.0782	8.1242
wage	4726	9.9196	0.6953	2.2834	12.6780
education	4743	11.5419	1.5599	-0.9943	15.9622
consume	5958	0.4269	0.3020	-6.7511	1.0000
industry	5960	1.2012	0.6340	0.0700	17.6470
energy	5902	12.3176	1.2957	7.7178	16.4621

第五节 财政压力对外资与环境污染的影响

一、主要实证结果

针对地方政府引资过程中出现的外资数量与质量间的脱钩问题，本章试图从财政压力的角度对其进行解释。首先，通过对外资数量的考察来说明地方政府行为驱动下外资流入不断增加的现实，故而对模型（5-1）进行回归，具体结果见表 5-3。由于外资数量不仅仅是外商投资总额，还包括外资企业的数量，表 5-3 中第（1）~（3）列主要分析财政压力对辖区内外资企业数量的作用，而第（4）~（6）列考察财政压力对地区外商投资总额的影响，通过不同指标的衡量来更全面地说明外资数量的变化。可以看出，财政压力对当期辖区内的外资企业数量具有显著的促进作用，而对 FDI 的促进作用并不显著，说明财政压力使地方政府努力吸引更多外资企业来本地区投资建厂，但当期并没有带来明显的投资增加，可能是企业办理落户手续与实际投资之间的时间周期导致的。其次，从财政压力的滞后项可以看出，地方政府在财政压力的迫使下不仅会带动地区外资企业数量的显著增加，而且会使辖区内流入的 FDI 显著提高。因此，表 5-3 中的结果说明地方政府为应对财政压力努力增加辖区内的外资企业数量与 FDI 流入，以此来推动 FDI 数量的增加。

表 5-3 财政压力对外资数量的影响

变量	*firmnum*			*fdi*		
	(1)	(2)	(3)	(4)	(5)	(6)
finpressure	0.0184**			0.0278		
	(0.0072)			(0.0245)		
L1.finpressure		0.0216***			0.0583***	
		(0.0083)			(0.0201)	
L2.finpressure			0.0278**			0.0421**
			(0.0110)			(0.0182)
gdp	0.5843***	0.5805***	0.6119***	0.9145***	0.8880***	0.8722***
	(0.1029)	(0.1004)	(0.0961)	(0.2773)	(0.2713)	(0.2593)
structure	0.0020	0.0021	0.0019	0.0066	0.0067	0.0070
	(0.0022)	(0.0021)	(0.0020)	(0.0044)	(0.0044)	(0.0045)
labor	-0.3766**	-0.3525**	-0.3494**	-0.8468**	-0.7987**	-0.7724**
	(0.1789)	(0.1746)	(0.1725)	(0.3398)	(0.3341)	(0.3320)
wage	0.0365	0.0321	0.0299	0.4880**	0.4787**	0.4788**
	(0.0369)	(0.0368)	(0.0368)	(0.1910)	(0.1877)	(0.1876)
education	0.0320	0.0361	0.0432	0.0352	0.0243	0.0127
	(0.0277)	(0.0274)	(0.0284)	(0.0736)	(0.0712)	(0.0682)
consume	-0.0520	-0.0485	-0.0502	-0.1369	-0.0931	-0.0820
	(0.0684)	(0.0654)	(0.0657)	(0.1508)	(0.1299)	(0.1216)
industry	0.2161***	0.2130***	0.2108***	-0.0405	-0.0156	-0.0210
	(0.0461)	(0.0453)	(0.0444)	(0.1088)	(0.1084)	(0.1085)
城市固定效应	Yes	Yes	Yes	Yes	Yes	Yes
年份固定效应	Yes	Yes	Yes	Yes	Yes	Yes

续表

变量	firmnum			fdi		
	(1)	(2)	(3)	(4)	(5)	(6)
_cons	−4.1557** (1.8416)	−4.2110** (1.7740)	−4.7203*** (1.7166)	−3.7951 (4.0987)	−3.4961 (4.0400)	−3.2883 (3.9181)
N	3787	3750	3700	3745	3702	3649
F	133.7774	136.1358	133.0102	27.6190	27.5863	26.6772
R^2_a	0.6611	0.6623	0.6637	0.3911	0.3859	0.3774

注：1. 括号内的数值为稳健标准误。

2. **、*** 分别表示在 5%和 1%的置信水平上显著。

表 5-3 中的结果已表明地方财政压力显著提高了辖区内 FDI 的数量，无论是对外资企业数量还是地区整体的 FDI 而言，该结果得到了很好的验证与支持，那么财政压力的存在对外资质量的影响如何呢？为了对这一问题进行实证回答，本章在此对模型（5-2）进行回归，用于考察财政压力对外资质量的影响，具体结果见表 5-4。表 5-4 中的外资质量主要是基于地市级数据测算出的平均外资规模，可以看出，无论是以当期还是滞后期的财政压力指标来衡量地方政府面临的财政压力程度，其对外资质量均具有抑制作用，并且该作用在 5%的置信水平上显著。具体而言，从表 5-4 中第（2）列评估效果可以看出，在控制其他变量的条件下，地方政府面临的财政压力增加 1%将使辖区内外资质量显著下降 6.93%。综合表 5-3 和表 5-4 中的回归结果，充分说明在财政压力驱动下地方政府为了满足财政支出的需求，通过降低外资质量的标准而更多地追求外资数量的增加，以短期外资数量的快速增长来实现财政收益的最大化。正是地方政府在财政压力下引资方式的改变导致外资数量与质量间的脱钩。

表 5-4 财政压力对外资质量的影响

变量	fdiscale					
	(1)	(2)	(3)	(4)	(5)	(6)
finpressure	−0.0701** (0.0335)	−0.0693** (0.0320)				
L1.finpressure			−0.0799** (0.0367)	−0.0735** (0.0327)		

续表

变量	fdiscale					
	(1)	(2)	(3)	(4)	(5)	(6)
L2. finpressure					-0.0569**	-0.0620**
					(0.0271)	(0.0284)
gdp		-0.8090***		-0.8193***		-0.8543***
		(0.1712)		(0.1699)		(0.1758)
structure		0.0020		0.0024		0.0028
		(0.0034)		(0.0032)		(0.0031)
labor		0.6698***		0.6419***		0.5804***
		(0.2247)		(0.2113)		(0.2059)
wage		0.0112		0.0254		0.0203
		(0.0447)		(0.0452)		(0.0480)
education		0.0124		0.0105		-0.0107
		(0.0474)		(0.0435)		(0.0403)
consume		0.0150		0.0096		0.0212
		(0.0805)		(0.0772)		(0.0762)
industry		0.1369		0.1294		0.1211
		(0.0913)		(0.0893)		(0.0883)
城市固定效应	Yes	Yes	Yes	Yes	Yes	Yes
年份固定效应	Yes	Yes	Yes	Yes	Yes	Yes
_cons	1.0837***	8.7251***	1.0463***	8.9001***	0.9968***	9.9821***
	(0.0619)	(2.5943)	(0.0603)	(2.4569)	(0.0601)	(2.4562)
N	3693	3667	3660	3634	3611	3586
F	11.7769	9.0824	11.6447	9.4138	11.1915	9.3769
R^2_a	0.1443	0.1610	0.1464	0.1619	0.1401	0.1624

注：1. 括号内的数值为稳健标准误。

2. **、*** 分别表示在 5%和 1%的置信水平上显著。

地方政府面临的财政压力引起引资行为的变化，侧重于外资数量的增加而忽略外资质量的提高，单方面外资数量的扩张将引起环境质量的恶化，不利于改善政府辖区内环境质量。为了对该假设进行实证检验，本章在此对模型（5-3）进行回归，具体结果见表 5-5。其中，表 5-5 中第（1）列和第

(2) 列主要是以地区平均灯光 $PM_{2.5}$ 作为环境污染的度量指标，第 (3) ~ (4) 列是以地区最大灯光 $PM_{2.5}$ 作为环境污染的度量指标，第 (5) ~ (6) 列是以地区最小灯光 $PM_{2.5}$ 作为环境污染的度量指标。从回归结果可以看出，政府财政压力加剧了辖区内环境质量的恶化，显著增加了污染物排放；而从财政压力的滞后效应来看，其对污染排放的促进作用更强。从控制变量来看，经济发展程度与污染物排放量呈正显著关系，并且其二次项呈负显著关系，这一结果说明经济发展程度与环境污染之间存在着倒“U”形关系。表 5-5 中的结论证明了财政压力引起地方政府引资行为的改变不仅造成外资数量与质量的脱钩，而且造成辖区内污染加剧、环境质量恶化。

表 5-5 财政压力对环境污染的影响

变量	*meanpm*		*maxpm*		*minpm*	
	(1)	(2)	(3)	(4)	(5)	(6)
finpressure	0.1707** (0.0858)		0.2646** (0.1057)		0.1324* (0.0705)	
L.finpressure		0.2113** (0.0872)		0.2476** (0.1095)		0.1734*** (0.0636)
gdp	6.9627* (3.6488)	6.4672* (3.6430)	5.1372 (5.0970)	4.2467 (5.0905)	7.7191** (3.0738)	7.3496** (3.0625)
gdp^2	−0.2951** (0.1241)	−0.2802** (0.1244)	−0.2688 (0.1746)	−0.2465 (0.1750)	−0.2683** (0.1045)	−0.2566** (0.1045)
structure	−0.0050 (0.0127)	−0.0053 (0.0127)	−0.0022 (0.0164)	−0.0023 (0.0165)	−0.0082 (0.0099)	−0.0085 (0.0099)
labor	−5.6705 (4.0252)	−5.7093 (4.0297)	−10.5177** (4.9583)	−10.4148** (4.9432)	−4.2096 (2.8821)	−4.2592 (2.8923)
consume	1.4334 (1.3544)	1.4171 (1.3541)	2.4785 (1.8278)	2.5796 (1.8582)	0.2791 (1.0591)	0.2514 (1.0636)
energy	0.0460 (0.2925)	0.0721 (0.2936)	0.1541 (0.3579)	0.1809 (0.3582)	−0.0396 (0.2235)	−0.0177 (0.2240)
industry	−0.2035 (0.1955)	−0.2074 (0.1973)	−0.1570 (0.1937)	−0.1648 (0.1974)	−0.2663 (0.1867)	−0.2691 (0.1881)

续表

变量	meanpm		maxpm		minpm	
	(1)	(2)	(3)	(4)	(5)	(6)
城市固定效应	Yes	Yes	Yes	Yes	Yes	Yes
年份固定效应	Yes	Yes	Yes	Yes	Yes	Yes
_ cons	36.2539 (43.4837)	40.1853 (43.6965)	99.6054* (57.4997)	107.1259* (57.7209)	1.9304 (33.7472)	4.8075 (33.8055)
N	2459	2459	2459	2459	2459	2459
F	50.1012	50.3462	55.3519	56.3048	29.3646	29.5122
R^2_ a	0.2369	0.2374	0.2183	0.2180	0.1945	0.1951

注：1. 括号内的数值为稳健标准误。

2. *、**、*** 分别表示在 10%、5%和 1%的置信水平上显著。

二、稳健性检验

以上实证结果对本章提出的假设 5.1 与假设 5.2 进行了详细检验，并且所得结论与本章的基本出发点完全一致，实证检验不仅为理论分析提供了进一步的支撑，也对现有的经济现象进行了事实检验。但是，上述检验的有效性还需要进一步论证，因此本节在此分别采用数据更换、指标更替与控制宏观因素的方式来对上述研究结论进行稳健性检验。

（1）数据更换。考虑到本章的分析主要是基于地市级样本，而该样本下外资质量的测算仅有的是外资的平均规模，事实上，辖区内外资的平均规模仅仅反映外资质量的某一方面，并不能全面地对地区外资质量进行衡量，而考虑到外资质量是本章关注的核心因素，该指标的选取对全章的分析至关重要。鉴于此，为了改进地市级外资质量测算的不足，本章将在此使用省级面板数据测算更加全面的外资质量指标（*fdiquality*），对上述实证结果进行重新回归，通过对比地市级与省级面板数据分析结果，进一步说明本章所得结果的稳健性。具体主要分析财政压力对外资质量与环境污染的影响，结果见表 5-6和表 5-7。

表 5-6　稳健性检验：外资质量数据更换

变量	*fdiquality*				*fdiscale*			
	(1)	(2)	(3)	(4)	(5)	(6)	(7)	(8)
finpressure	-0.2637**		-0.2100**		-0.0108**		-0.0079	
	(0.1179)		(0.0846)		(0.0052)		(0.0051)	
L1.finpressure		-0.2406*	-0.0815	-0.3367***		-0.0104*	-0.0044	-0.0096**
		(0.1341)	(0.1087)	(0.0614)		(0.0059)	(0.0061)	(0.0041)
L2.finpressure				0.3307				-0.0026
				(0.2517)				(0.0129)
gdp	-0.2868	-0.1946	-0.2947	-0.1911	0.0177	0.0210	0.0173	0.0210
	(1.3479)	(1.3202)	(1.3457)	(1.3480)	(0.0651)	(0.0648)	(0.0652)	(0.0648)
industry	0.0137	0.0153*	0.0144	0.0110	-0.0006	-0.0005	-0.0006	-0.0005
	(0.0090)	(0.0090)	(0.0090)	(0.0093)	(0.0005)	(0.0005)	(0.0005)	(0.0005)
structure	-0.0668	-0.0742	-0.0690	-0.0506	0.0137**	0.0134**	0.0136**	0.0132**
	(0.0768)	(0.0773)	(0.0768)	(0.0765)	(0.0064)	(0.0063)	(0.0063)	(0.0060)
wage	0.5359	0.4311	0.5270	0.4883	-0.0165	-0.0206	-0.0170	-0.0210
	(0.6401)	(0.6276)	(0.6355)	(0.6307)	(0.0340)	(0.0331)	(0.0337)	(0.0323)
labor	1.2716*	1.3002*	1.2712*	1.2658*	0.0892*	0.0902**	0.0891*	0.0905**
	(0.6655)	(0.6537)	(0.6668)	(0.6425)	(0.0453)	(0.0441)	(0.0451)	(0.0440)
education	-0.0887	-0.0667	-0.0894	-0.0718	-0.0033	-0.0025	-0.0034	-0.0025
	(0.0942)	(0.0924)	(0.0942)	(0.0924)	(0.0036)	(0.0036)	(0.0037)	(0.0036)
省份固定效应	Yes	Yes	Yes	Yes	Yes	Yes	Yes	Yes
年份固定效应	Yes	Yes	Yes	Yes	Yes	Yes	Yes	Yes
_cons	-12.9967	-13.1453	-12.8245	-13.5896	-0.6566	-0.6595	-0.6474	-0.6561
	(11.4391)	(11.3442)	(11.4681)	(11.6655)	(0.8126)	(0.8076)	(0.8132)	(0.8060)
N	274	274	274	274	274	274	274	274
F	3.5048	2.8745	3.2857	13.1753	57.7351	59.6400	55.9933	55.4265
R^2_a	0.0138	0.0046	0.0113	0.0138	0.7800	0.7796	0.7793	0.7787

注：1. 括号内的数值为稳健标准误。

2. *、**、*** 分别表示在 10%、5%和 1%的置信水平上显著。

表 5-6 主要是考察地方政府财政压力对辖区内外资质量的影响，表中分

别使用省级综合指标测算的指数与外资规模来衡量外资质量，其中，第（1）~（4）列是针对综合指标进行分析的结果，而第（5）~（8）列主要是分析财政压力对外资平均规模的影响。可以看出，财政压力对综合指数与外资平均规模均具有显著的抑制作用，与地市级数据分析所得结论完全吻合。此外，考虑到地市级层面上使用灯光 $PM_{2.5}$ 衡量环境污染具有片面性，为了更加全面地度量，并且与现有文献中使用的环境污染指标保持一致，本章在此使用工业废气排放总量（*gas*）与人均工业废气排放量（*pergas*）度量地区环境污染水平，具体结果见表 5-7。表 5-7 中第（1）~（4）列是对地区整体工业废气排放总量的分析，而第（5）~（8）列主要是考察财政分权对人均工业废气排放量的作用。从回归结果可以看出，尽管当期财政压力对地区污染排放并没有产生显著影响，但是财政压力的滞后项显著地提高了地区工业废气的排放量，加剧了辖区内的环境污染。综合表 5-6 和表 5-7 中的回归结果，可以说明数据的更换并没有改变上述得出的主要结论，从而证明上述结果的稳健性。

表 5-7　稳健性检验：环境指标更换

变量	*gas*				*pergas*			
	(1)	(2)	(3)	(4)	(5)	(6)	(7)	(8)
finpressure	0.0029	−0.0771		−0.0459	0.0560	−0.0627		−0.0144
	(0.0686)	(0.0625)		(0.0558)	(0.0959)	(0.0715)		(0.0715)
L1.finpressure		0.1490*		0.0596		0.2209**		0.0828
		(0.0804)		(0.0780)		(0.1058)		(0.0820)
L2.finpressure			0.1542**	0.1275*			0.2404**	0.1972*
			(0.0705)	(0.0738)			(0.1055)	(0.0965)
gdp	1.4082***	1.3198***	1.3138***	1.3042***	1.5045***	1.3733***	1.3910***	1.3492***
	(0.3441)	(0.3485)	(0.3599)	(0.3612)	(0.3668)	(0.3789)	(0.3892)	(0.3943)
gdp^2	−0.0427**	−0.0326	−0.0272	−0.0270	−0.0259	−0.0109	−0.0060	−0.0023
	(0.0192)	(0.0194)	(0.0166)	(0.0190)	(0.0248)	(0.0264)	(0.0231)	(0.0268)
structure	−0.0649***	−0.0636**	−0.0611**	−0.0617**	−0.0807**	−0.0787**	−0.0763**	−0.0757**
	(0.0231)	(0.0233)	(0.0238)	(0.0241)	(0.0352)	(0.0356)	(0.0357)	(0.0367)

续表

变量	*gas*				*pergas*			
	(1)	(2)	(3)	(4)	(5)	(6)	(7)	(8)
labor	-0. 1680 (0. 2230)	-0. 0985 (0. 2322)	-0. 0233 (0. 2412)	-0. 0242 (0. 2386)	-0. 5010 (0. 2971)	-0. 3980 (0. 3071)	-0. 2885 (0. 3223)	-0. 2830 (0. 3217)
energy	0. 7523* (0. 3881)	0. 6967* (0. 3870)	0. 6420 (0. 3832)	0. 6397 (0. 3857)	0. 9093** (0. 4409)	0. 8269* (0. 4355)	0. 7405* (0. 4290)	0. 7387* (0. 4312)
省份固定效应	Yes	Yes	Yes	Yes	Yes	Yes	Yes	Yes
年份固定效应	Yes	Yes	Yes	Yes	Yes	Yes	Yes	Yes
_ cons	-5. 3059* (2. 8725)	-5. 4103* (2. 7755)	-5. 9244** (2. 6956)	-5. 8182** (2. 6853)	-14. 3795*** (4. 0606)	-14. 5343*** (3. 9029)	-15. 1975*** (3. 6852)	-15. 1651*** (3. 7503)
N	270	270	270	270	270	270	270	270
F	159. 1918	152. 3636	158. 5759	146. 1709	75. 7219	69. 2002	69. 9381	59. 4108
R^2_ a	0. 8024	0. 8045	0. 8069	0. 8057	0. 7400	0. 7456	0. 7509	0. 7497

注：1. 括号内的数值为稳健标准误。

2. *、**、*** 分别表示在 10%、5%和 1%的置信水平上显著。

（2）指标更替。除了对因变量选择重新测度外，本章以地方政府财政收入和财政支出的差额与地方政府财政收入的比值来衡量财政压力程度，该指标作为本章核心解释变量的有效性值得怀疑，尽管其选择参考了大部分文献使用的指标，但不可否认的是，多方面的衡量将有利于对财政压力进行全面的衡量，进而充实本章研究所得结论，因此，此处以地方政府财政收入与财政支出的比值（*finpressure*1）作为财政压力的度量标准，对上文分析所得结论重新进行回归，以检验其稳健性，具体结果见表 5-8 和表 5-9。

表 5-8 稳健性检验：自变量更替对外资的影响

变量	firmnum			fdi			fdiscale		
	(1)	(2)	(3)	(4)	(5)	(6)	(7)	(8)	(9)
*finpressure*1	0.0184**			0.0278			−0.0693**		
	(0.0072)			(0.0245)			(0.0320)		
*L*1.*finpressure*1		0.0216***			0.0583***			−0.0735**	
		(0.0083)			(0.0201)			(0.0327)	
*L*2.*finpressure*1			0.0278**			0.0421**			−0.0620**
			(0.0110)			(0.0182)			(0.0284)
gdp	0.5843***	0.5805***	0.6119***	0.9145***	0.8880***	0.8722***	−0.8090***	−0.8193***	−0.8543***
	(0.1029)	(0.1004)	(0.0961)	(0.2773)	(0.2713)	(0.2593)	(0.1712)	(0.1699)	(0.1758)
structure	0.0020	0.0021	0.0019	0.0066	0.0067	0.0070	0.0020	0.0024	0.0028
	(0.0022)	(0.0021)	(0.0020)	(0.0044)	(0.0044)	(0.0045)	(0.0034)	(0.0032)	(0.0031)
labor	−0.3766**	−0.3525**	−0.3494**	−0.8468**	−0.7987**	−0.7724**	0.6698***	0.6419***	0.5804***
	(0.1789)	(0.1746)	(0.1725)	(0.3398)	(0.3341)	(0.3320)	(0.2247)	(0.2113)	(0.2059)
wage	0.0365	0.0321	0.0299	0.4880**	0.4787**	0.4788**	0.0112	0.0254	0.0203
	(0.0369)	(0.0368)	(0.0368)	(0.1910)	(0.1877)	(0.1876)	(0.0447)	(0.0452)	(0.0480)
education	0.0320	0.0361	0.0432	0.0352	0.0243	0.0127	0.0124	0.0105	−0.0107
	(0.0277)	(0.0274)	(0.0284)	(0.0736)	(0.0712)	(0.0682)	(0.0474)	(0.0435)	(0.0403)
consume	−0.0520	−0.0485	−0.0502	−0.1369	−0.0931	−0.0820	0.0150	0.0096	0.0212
	(0.0684)	(0.0654)	(0.0657)	(0.1508)	(0.1299)	(0.1216)	(0.0805)	(0.0772)	(0.0762)

续表

变量	*firmnum*			*fdi*			*fdiscale*		
	(1)	(2)	(3)	(4)	(5)	(6)	(7)	(8)	(9)
industry	0. 2161 ***	0. 2130 ***	0. 2108 ***	−0. 0405	−0. 0156	−0. 0210	0. 1369	0. 1294	0. 1211
	(0. 0461)	(0. 0453)	(0. 0444)	(0. 1088)	(0. 1084)	(0. 1085)	(0. 0913)	(0. 0893)	(0. 0883)
城市 固定效应	Yes	Yes	Yes	Yes	Yes	Yes	Yes	Yes	Yes
年份 固定效应	Yes	Yes	Yes	Yes	Yes	Yes	Yes	Yes	Yes
_ cons	−4. 1742 **	−4. 2326 **	−4. 7482 ***	−3. 8228	−3. 5544	−3. 3305	8. 7945 ***	8. 9736 ***	10. 0441 ***
	(1. 8411)	(1. 7740)	(1. 7171)	(4. 0991)	(4. 0396)	(3. 9177)	(2. 5924)	(2. 4554)	(2. 4545)
N	3787	3750	3700	3745	3702	3649	3667	3634	3586
F	133. 7774	136. 1358	133. 0102	27. 6190	27. 5863	26. 6772	9. 0824	9. 4138	9. 3769
R^2_ a	0. 6611	0. 6623	0. 6637	0. 3911	0. 3859	0. 3774	0. 1610	0. 1619	0. 1624

注：1. 括号内的数值为稳健标准误。

2. **、*** 分别表示在 5%和 1%的置信水平上显著。

表 5-8 主要是财政压力对外资数量与质量脱钩的实证检验，而表 5-9 则是在新测算指标下对财政压力与地区环境污染之间的关系重新进行检验。从表 5-8、表 5-9 中回归的结果可以看出，核心指标的更换并没有改变原有分析所得结论，从而说明了上述结果的稳健性。

表 5-9　稳健性检验：自变量更替对环境污染的影响

变量	*meanpm*		*maxpm*		*minpm*	
	(1)	(2)	(3)	(4)	(5)	(6)
*finpressure*1	0. 1707 **		0. 2646 **		0. 1324 *	
	(0. 0858)		(0. 1057)		(0. 0705)	
*L*1. *finpressure*1		0. 2113 **		0. 2476 **		0. 1734 ***
		(0. 0872)		(0. 1095)		(0. 0636)
gdp	6. 9627 *	6. 4672 *	5. 1372	4. 2467	7. 7191 **	7. 3496 **
	(3. 6488)	(3. 6430)	(5. 0970)	(5. 0905)	(3. 0738)	(3. 0625)
gdp^2	−0. 2951 **	−0. 2802 **	−0. 2688	−0. 2465	−0. 2683 **	−0. 2566 **
	(0. 1241)	(0. 1244)	(0. 1746)	(0. 1750)	(0. 1045)	(0. 1045)
structure	−0. 0050	−0. 0053	−0. 0022	−0. 0023	−0. 0082	−0. 0085
	(0. 0127)	(0. 0127)	(0. 0164)	(0. 0165)	(0. 0099)	(0. 0099)
labor	−5. 6705	−5. 7093	−10. 5177 **	−10. 4148 **	−4. 2096	−4. 2592
	(4. 0252)	(4. 0297)	(4. 9583)	(4. 9432)	(2. 8821)	(2. 8923)
consume	1. 4334	1. 4171	2. 4785	2. 5796	0. 2791	0. 2514
	(1. 3544)	(1. 3541)	(1. 8278)	(1. 8582)	(1. 0591)	(1. 0636)
energy	0. 0460	0. 0721	0. 1541	0. 1809	−0. 0396	−0. 0177
	(0. 2925)	(0. 2936)	(0. 3579)	(0. 3582)	(0. 2235)	(0. 2240)
industry	−0. 2035	−0. 2074	−0. 1570	−0. 1648	−0. 2663	−0. 2691
	(0. 1955)	(0. 1973)	(0. 1937)	(0. 1974)	(0. 1867)	(0. 1881)
城市固定效应	Yes	Yes	Yes	Yes	Yes	Yes
年份固定效应	Yes	Yes	Yes	Yes	Yes	Yes
_ cons	36. 0831	39. 9741	99. 3407 *	106. 8783 *	1. 7980	4. 6341
	(43. 4870)	(43. 6997)	(57. 5031)	(57. 7262)	(33. 7521)	(33. 8083)
N	2459	2459	2459	2459	2459	2459
F	50. 1012	50. 3462	55. 3519	56. 3048	29. 3646	29. 5122

续表

变量	*meanpm*		*maxpm*		*minpm*	
	(1)	(2)	(3)	(4)	(5)	(6)
R^2_ a	0.2369	0.2374	0.2183	0.2180	0.1945	0.1951

注：1. 括号内的数值为稳健标准误。

2. *、**、*** 分别表示在 10%、5%和 1%的置信水平上显著。

（3）控制宏观因素。以上数据更换与核心指标更替已对本章所得结论进行了充分的论证，证明了本章所得结果的稳健性。但考虑到本章使用模型中可能存在重要宏观因素的遗漏问题，而遗漏变量将提高本章所评估结果的偏误，对分析结果的准确性具有重要的影响。为了排除这一潜在影响因素，本章在此选取三个与外资流入有密切关联的因素并将其纳入模型进行考察，分别以本地固定资产投资总额占 GDP 的比例（*investment*）来衡量本地的投资水平、以本地应纳税收总额占 GDP 的比例（*taxrate*）来衡量本地的税负高低、以本地金融机构贷款总额占 GDP 的比例（*financial*）来衡量本地金融的发展程度，通过对这三种主要相关因素的考察来剔除宏观层面因素的干扰，具体结果见表 5-10。

表 5-10 中，第（1）~（6）列主要考察宏观因素对外资数量的影响，第（7）~（9）列主要分析宏观因素对外资质量的作用。结果显示，宏观因素的进一步有效控制并没有改变财政压力对外资数量与质量的作用，说明了本章结果的稳健性。而从选择的宏观因素可以看出，本地企业的投资有利于提高外资的数量，却显著降低了外资质量，这一结论的解释可能在于本地投资与外资进入更多表现为一种数量上的配套投资，而从质量上来看，两者之间存在挤出效应。此外，本地税赋的提高将对外资流入该辖区具有显著的阻碍作用，降低了外资数量的增长。

表 5-10　稳健性检验：宏观因素的考察

变量	*firmnum*			*fdi*			*fdiscale*		
	(1)	(2)	(3)	(4)	(5)	(6)	(7)	(8)	(9)
L2. finpressure	0. 0221 **	0. 0280 **	0. 0234 *	0. 0224	0. 0422 **	0. 0383 **	−0. 0566 **	−0. 0622 **	−0. 0158
	(0. 0092)	(0. 0110)	(0. 0121)	(0. 0154)	(0. 0182)	(0. 0182)	(0. 0260)	(0. 0284)	(0. 0124)
investment	0. 0039 ***			0. 0142 ***			−0. 0040 **		
	(0. 0010)			(0. 0023)			(0. 0018)		
taxrate		−0. 0201 ***			−0. 0045			0. 0074	
		(0. 0052)			(0. 0147)			(0. 0084)	
financial			−0. 0437			−0. 1078			0. 0932
			(0. 0456)			(0. 0991)			(0. 0617)
gdp	0. 7202 ***	0. 6103 ***	0. 7943 ***	1. 2461 ***	0. 8731 ***	0. 7858 ***	−0. 9624 ***	−0. 8551 ***	−0. 8815 ***
	(0. 0955)	(0. 0973)	(0. 0946)	(0. 2444)	(0. 2594)	(0. 2287)	(0. 1928)	(0. 1762)	(0. 1915)
structure	−0. 0037	0. 0016	0. 0003	−0. 0128 **	0. 0069	0. 0080 *	0. 0084 **	0. 0029	0. 0030
	(0. 0023)	(0. 0019)	(0. 0020)	(0. 0055)	(0. 0045)	(0. 0041)	(0. 0036)	(0. 0031)	(0. 0027)
labor	−0. 3477 **	−0. 3443 **	−0. 3508 *	−0. 7698 **	−0. 7710 **	−0. 6580	0. 5816 ***	0. 5782 ***	0. 4961 *
	(0. 1707)	(0. 1699)	(0. 2026)	(0. 3356)	(0. 3302)	(0. 4695)	(0. 2074)	(0. 2049)	(0. 2568)
wage	0. 0161	0. 0353	0. 0455	0. 4262 **	0. 4802 **	0. 3734 **	0. 0354	0. 0180	0. 0031
	(0. 0333)	(0. 0385)	(0. 0397)	(0. 1677)	(0. 1881)	(0. 1513)	(0. 0457)	(0. 0487)	(0. 0434)
education	0. 0415	0. 0467	0. 0051	0. 0056	0. 0138	−0. 0511	−0. 0083	−0. 0123	−0. 0318
	(0. 0266)	(0. 0287)	(0. 0304)	(0. 0575)	(0. 0685)	(0. 0765)	(0. 0409)	(0. 0407)	(0. 0482)

续表

变量	*firmnum*			*fdi*			*fdiscale*		
	(1)	(2)	(3)	(4)	(5)	(6)	(7)	(8)	(9)
consume	−0.0477	−0.0647	−0.0618	−0.0873	−0.0849	−0.0642	0.0242	0.0258	0.0950
	(0.0607)	(0.0736)	(0.0750)	(0.1133)	(0.1219)	(0.1384)	(0.0744)	(0.0767)	(0.0847)
industry	0.1997***	0.2684***	0.1983***	−0.0654	−0.0083	−0.0710	0.1338	0.1003	0.0359
	(0.0440)	(0.0473)	(0.0413)	(0.1030)	(0.1113)	(0.1065)	(0.0884)	(0.0946)	(0.0553)
城市固定效应	Yes	Yes	Yes	Yes	Yes	Yes	Yes	Yes	Yes
年份固定效应	Yes	Yes	Yes	Yes	Yes	Yes	Yes	Yes	Yes
_cons	−6.2491***	−4.7700***	−7.1730***	−8.5002**	−3.3239	−0.7398	11.4743***	10.0294***	11.3601***
	(1.7057)	(1.7382)	(1.7066)	(3.7096)	(3.9159)	(3.9689)	(2.6370)	(2.4553)	(2.8502)
N	3700	3700	2992	3649	3649	2950	3586	3586	2897
F	131.3806	127.5514	128.9659	26.9754	25.5482	19.3193	9.4078	9.2055	9.0032
R^2_a	0.6670	0.6662	0.6333	0.3979	0.3773	0.3073	0.1658	0.1626	0.1624

注：1. 括号内的数值为稳健标准误。

2. *、**、*** 分别表示在 10%、5%和 1%的置信水平上显著。

3. 模型中加入 *finpressure*、*L.finpressure* 时，回归结果中的系数与显著性并未发生变化，故在此处仅以 *L2.finpressure* 的结果呈现。

第六节　引资扭曲行为的效应分析

通过本章以上的理论分析与实证检验可以明确得出这样的结论：地方政府面临的财政压力将使辖区内的外资数量在不断提高的同时，外资的质量出现显著的下滑，从而导致外资数量与质量之间的脱钩。同时，从环境效益的角度来看，财政压力也会导致环境污染排放加剧，最终出现地区外资脱钩与环境质量持续恶化并存的经济现象。这是从地方财政压力角度出发探析外资与环境之间关系所得结论，为了对以上结论进行强化，我们需要对所得结论进行必要的机制检验和说明。对于这一部分的分析，本章将在本节回答三个问题：为什么财政压力的存在将使地区外资数量与质量之间出现脱钩？为什么财政压力的存在将加剧地区的环境污染排放？地方政府针对财政压力做出的引资行为的变化能否摆脱财政窘境？

一、引资扭曲行为的经济效应

首先，针对第一个需要回答的问题，即“为什么财政压力的存在将使地区外资数量与质量之间出现脱钩”。要对这一问题进行全面回答，需要弄清楚外资的进入给地方政府带来了什么。显然，外资流入除了带动地区经济快速增长、提高经济绩效、增加地方政府官员的晋升概率外，还能增加地方政府财政收入。在财政压力的背景下，地方政府将努力扩大辖区内外资投资的规模，实现更多的产出，进而获得更多的财政收入。因此，地方政府增加外商投资总量是实现财政收入的主要途径，并且该过程中采取的方式主要有以下两种：①鼓励现有外资企业增加产出与扩大规模、不断提高本地已有外资企业的产出，以产量的增加带动外资规模的扩张；②吸引更多外资企业来本地区投资建厂、不断提高本地外资的企业数量，以数量的增加带动外资规模的扩张。究竟地方政府会采取哪种方式来实现外资规模的扩大以满足财政支出的需要，取决于两种方式对财政收入的贡献程度。为了从政府的现实引资行为出发对以上两种方法进行检验，本章在此分别选取地区新建外资企业数量

（*newfirmnum*）与已有外资企业产出（*firmproduct*）来衡量地方政府的引资行为，如果财政压力显著增加了地区新建外资企业数量，而对已有外资企业产出没有影响，则说明地方政府选择引进外资企业数量而非提高企业产出的方式来缓解财政压力；反之，则采取提高已有外资企业产出的方式增加财政收入。具体检验结果见表5-11。

表5-11中，第（1）~（3）列主要考察财政压力对本地区新建外资企业数量的影响，第（4）~（6）列是分析财政压力对本地已有外资企业产出的作用。从表5-11中第（3）列可以看出，财政压力在5%的置信水平上显著促进了地区新建外资企业数量的增加，并从回归系数大小可以看出，财政压力程度每提高1%，地方政府努力使辖区内外资企业数量增加2.52%。而对于已有外资企业产出的分析则说明，无论是以财政压力的当期项还是滞后项来衡量地方政府的财政压力程度，该指标都没有对已有外资企业的产出产生显著影响。该实证结论充分说明，财政压力背景下，地方政府更多地选择增加新建外资企业数量的方式来扩大外资规模、扩大税基，实现财政税收的增长。也就是说，地方政府通过选择吸引更多外资企业，提高本地外资企业的数量带动外资规模的扩张，实现财政税收的提高。正因如此，地方政府引资战略的改变，使得外资数量的优先发展与外资产出的长期停滞出现矛盾并导致外资数量与质量间的脱钩，这正是上文分析所得结果的内在机制。

表5-11　财政压力背景下引资行为的经济效应检验

变量	*newfirmnum*			*firmproduct*		
	(1)	(2)	(3)	(4)	(5)	(6)
finpressure	-0.0109 (0.0078)			0.0224 (0.0157)		
L1.finpressure		-0.0027 (0.0089)			0.0207 (0.0225)	
L2.finpressure			0.0252** (0.0121)			0.0357 (0.0287)
gdp	0.3461** (0.1376)	0.3426** (0.1394)	0.4111*** (0.1265)	1.1821*** (0.2224)	1.1731*** (0.2208)	1.1952*** (0.2192)

续表

变量	newfirmnum			firmproduct		
	(1)	(2)	(3)	(4)	(5)	(6)
structure	0.0067**	0.0074***	0.0077***	0.0056	0.0055	0.0058
	(0.0026)	(0.0025)	(0.0023)	(0.0042)	(0.0039)	(0.0038)
labor	0.0404	0.0528	0.0435	−0.8689***	−0.8403***	−0.8277***
	(0.2412)	(0.2468)	(0.2517)	(0.3063)	(0.3007)	(0.2997)
wage	0.0346	0.0378	0.0348	0.1093	0.1052	0.1085
	(0.0364)	(0.0363)	(0.0368)	(0.0703)	(0.0701)	(0.0732)
education	−0.0034	0.0016	0.0018	0.0551	0.0644	0.0700
	(0.0303)	(0.0308)	(0.0302)	(0.0538)	(0.0560)	(0.0582)
consume	−0.1203*	−0.1169	−0.1236*	−0.0965	−0.0992	−0.0988
	(0.0729)	(0.0726)	(0.0739)	(0.1126)	(0.1128)	(0.1114)
industry	0.1473**	0.1431**	0.1421**	0.3867***	0.3805***	0.3630***
	(0.0675)	(0.0673)	(0.0674)	(0.0918)	(0.0893)	(0.0872)
城市固定效应	Yes	Yes	Yes	Yes	Yes	Yes
年份固定效应	Yes	Yes	Yes	Yes	Yes	Yes
_cons	−5.1425**	−5.2505**	−6.1931***	−0.2847	−0.3373	−0.7786
	(2.0436)	(2.0629)	(1.9022)	(3.2314)	(3.1629)	(3.1263)
N	3787	3750	3700	3507	3471	3420
F	35.2495	35.2306	35.7314	175.8063	179.4967	181.7882
R^2_a	0.2492	0.2492	0.2536	0.7707	0.7726	0.7735

注：1. 括号内的数值为稳健标准误。

2. *、**、*** 分别表示在 10%、5%和 1%的置信水平上显著。

二、引资扭曲行为的环境效应

在对第一个问题进行详细解答之后，需要对地区污染的原因进行探究，并给出合理的解释，即需要回答“为什么财政压力的存在将加剧地区的环境污染排放”。对于该问题的解答，我们将延续本章分析所得结论与表 5-11 中所得结果，对其进行深入挖掘。既然财政压力背景下地方政府选择增加辖区内外资企业数量，以数量来带动整体外资规模的扩张，摆脱财政压力的窘境，那么地方政府是否会选择以降低环境门槛、软化环境规制的方式来吸引更多外资企业来本地区落户，以牺牲环境为代价换取经济利益？若是如此，则地方政府的这一行为改变势必会增加辖区内污染密集型外资企业的数量，使辖区内清洁型外资企业与污染型外资企业数量失衡，进而导致地区内污染物排放增加、环境质量下降。为了对以上理论假设进行检验，本节主要选择地区新建污染密集型外资企业的数量①（*newpfirmnum*）来说明辖区内污染密集型企业数量的变化。当然，为了进一步说明环境规制的降低是地方政府选择引进外资的唯一方式，此处还选取了新建污染密集型外资企业数量占新建外资企业数量的比例（*newpfirmnumrate*）进行衡量，结果见表 5-12。

表 5-12　财政压力背景下引资行为的环境效应检验

变量	*newpfirmnum*			*newpfirmnumrate*		
	(1)	(2)	(3)	(4)	(5)	(6)
finpressure	-0.0082 (0.0054)			0.0017 (0.0030)		
L1.finpressure		-0.0028 (0.0076)			-0.0004 (0.0034)	
L2.finpressure			0.0187** (0.0086)			-0.0039 (0.0041)
gdp	0.1895* (0.1087)	0.1926* (0.1120)	0.2411** (0.1027)	-0.0820** (0.0367)	-0.0795** (0.0364)	-0.0912** (0.0367)
structure	0.0058*** (0.0018)	0.0060*** (0.0018)	0.0060*** (0.0017)	-0.0000 (0.0009)	-0.0003 (0.0008)	-0.0005 (0.0008)
labor	0.1300 (0.1983)	0.1429 (0.2015)	0.1347 (0.2044)	0.0287 (0.0722)	0.0283 (0.0732)	0.0280 (0.0747)
wage	0.0051 (0.0272)	0.0069 (0.0271)	0.0053 (0.0277)	-0.0190 (0.0124)	-0.0200 (0.0125)	-0.0190 (0.0126)

① 此处主要依据外资企业所属行业来划分污染型企业，具体包括金属制品业，非金属矿物制品业，黑色金属矿采选业，黑色金属冶炼及压延加工业，有色金属冶炼及压延加工业，有色金属矿采选业，燃气生产和供应业，木材加工及木、竹、藤、棕、草制品业，化学纤维制造业，化学原料及化学制品制造业，其他制造业，煤炭开采和洗选业，造纸及纸制品业，橡胶和塑料制品业，石油加工、炼焦及核燃料加工业，电力、热力生产和供应业；其余行业为清洁型行业。

续表

变量	*newpfirmnum*			*newpfirmnumrate*		
	(1)	(2)	(3)	(4)	(5)	(6)
education	−0.0150 (0.0203)	−0.0112 (0.0203)	−0.0104 (0.0195)	−0.0084 (0.0130)	−0.0088 (0.0131)	−0.0089 (0.0135)
consume	−0.1348** (0.0605)	−0.1376** (0.0626)	−0.1442** (0.0649)	−0.0008 (0.0170)	−0.0041 (0.0172)	−0.0038 (0.0170)
industry	0.1271** (0.0532)	0.1252** (0.0533)	0.1293** (0.0540)	−0.0077 (0.0184)	−0.0060 (0.0183)	−0.0030 (0.0184)
城市固定效应	Yes	Yes	Yes	Yes	Yes	Yes
年份固定效应	Yes	Yes	Yes	Yes	Yes	Yes
_cons	−3.2217** (1.6007)	−3.4024** (1.6370)	−4.0795*** (1.5215)	2.1323*** (0.5827)	2.1082*** (0.5759)	2.2718*** (0.5831)
N	3787	3750	3700	3787	3750	3700
F	23.7841	23.6947	24.2062	21.4917	21.5377	21.8582
R^2_a	0.1747	0.1746	0.1782	0.1218	0.1210	0.1224

注：1. 括号内的数值为稳健标准误。
2. *、**、*** 分别表示在 10%、5%和 1%的置信水平上显著。

对于表 5-12 中的回归结果来说，第（1）~（3）列主要考察财政压力对本地区新建污染密集型外资企业数量变化的影响，第（4）~（6）列是分析财政压力对污染密集型外资企业数量占新建外资企业数量比例的作用。从具体的回归结果可以看出，财政压力仅在滞后两阶项对新建污染密集型企业数量有促进作用，并且该作用在 5%的置信水平上显著，评估效果说明财政压力程度每提高 1%，地方政府努力使辖区内外资企业数量增加 1.87%，其他指标均未受到显著影响。因此，表 5-12 中第（1）~（3）列的结果说明，地方政府在引进新建外资企业的同时，也通过降低环境标准来吸引污染密集型外资企业进入。第（4）~（6）列说明，地方政府并非仅通过降低环境标准这种方式来增加外资企业数量、扩大税基。总体来说，地方政府在财政压力的作用下，为了吸引更多的外资企业扩大生产规模增加财政收入，也会采取降低环境标准、软化环境规制的方式来引进环境污染密集型企业，从而加剧本地区的污染排放、恶化环境质量。

三、引资扭曲行为的税收效应

地方政府改变引资方式是否实现了财政收入的增加、缓解了财政压力。为了对这一逻辑出发点进行实证检验，本章在此选取外资企业增值税（*vat*）、污染密集型外资企业增值税（*pollutionvat*）、外资企业所得税（*tax*）以及污染密集型外资企业所得税（*pollutiontax*）来衡量地方政府的税收增加程度，并以新建外资企业数量（*newfirmnum*）与新建污染密集型外资企业数量（*newpfirmnum*）作为解释变量，说明引资策略的改变是否实现了政府税收的增加，具体结果见表5-13。其中，第（1）~（4）列主要是对增值税的考察，第（5）~（8）列主要是对所得税的分析。从回归结果能够看出，无论是将哪种税收收入作为政府收入的度量指标，外资企业数量的增加均在1%的置信水平上显著提高了政府的税收收入，改善了财政状况；而从企业数量对税收的提升作用大小可以看出，新建污染密集型外资企业数量的增加对税收收入的贡献程度要远远高于新建外资企业数量增加的贡献程度，这一结果恰好是对地方政府为何会选择降低环境标准、软化环境规制来引进污染密集型外资企业进行了强有力的解释。总之，表5-13中的回归结果解释了地方政府选择实施差异化引资战略的税收效果，进一步夯实了本章分析的逻辑基础。

表5-13 财政压力背景下引资行为的税收效应检验

变量	*vat*		*pollutionvat*		*tax*		*pollutiontax*	
	(1)	(2)	(3)	(4)	(5)	(6)	(7)	(8)
newfirmnum	0.0735*** (0.0220)		0.0908*** (0.0274)		0.2001*** (0.0314)		0.1424*** (0.0366)	
newpfirmnum		0.0852*** (0.0244)		0.1135*** (0.0304)		0.2189*** (0.0352)		0.1852*** (0.0407)
gdp	1.1750*** (0.2504)	1.1842*** (0.2505)	1.2228*** (0.3007)	1.2344*** (0.3000)	1.4202*** (0.2586)	1.4543*** (0.2588)	1.4299*** (0.3045)	1.4495*** (0.3034)
structure	−0.0020 (0.0041)	−0.0021 (0.0042)	−0.0005 (0.0049)	−0.0006 (0.0049)	−0.0055 (0.0050)	−0.0053 (0.0050)	−0.0087 (0.0059)	−0.0089 (0.0059)

续表

变量	vat		pollutionvat		tax		pollutiontax	
	(1)	(2)	(3)	(4)	(5)	(6)	(7)	(8)
labor	−0.5432*	−0.5513*	−0.9975**	−1.0099**	−0.8455**	−0.8661**	−0.3546	−0.3792
	(0.3178)	(0.3162)	(0.3989)	(0.3972)	(0.4045)	(0.4046)	(0.5285)	(0.5282)
wage	0.0673	0.0695	0.0485	0.0509	−0.0046	0.0005	−0.0224	−0.0187
	(0.0664)	(0.0664)	(0.0902)	(0.0903)	(0.1520)	(0.1523)	(0.1356)	(0.1366)
education	0.1125*	0.1135*	0.1625*	0.1638*	0.1277	0.1298	0.2087	0.2098
	(0.0612)	(0.0618)	(0.0885)	(0.0894)	(0.0950)	(0.0974)	(0.1421)	(0.1438)
consume	−0.1379	−0.1350	−0.2006	−0.1953	0.0235	0.0316	−0.0248	−0.0123
	(0.1437)	(0.1438)	(0.1787)	(0.1782)	(0.1307)	(0.1308)	(0.1324)	(0.1323)
industry	0.3425***	0.3427***	0.2913**	0.2903**	0.5923***	0.5952***	0.8418***	0.8391***
	(0.1062)	(0.1060)	(0.1331)	(0.1328)	(0.1333)	(0.1334)	(0.1425)	(0.1425)
城市固定效应	Yes	Yes	Yes	Yes	Yes	Yes	Yes	Yes
年份固定效应	Yes	Yes	Yes	Yes	Yes	Yes	Yes	Yes
_cons	−5.5301	−5.6338	−4.7129	−4.8306	−9.3284**	−9.7344**	−13.9251***	−14.0864***
	(3.6738)	(3.6719)	(4.4255)	(4.4181)	(4.0121)	(4.0000)	(4.5666)	(4.5495)
N	3750	3750	3587	3587	3560	3560	3229	3229
F	105.7504	104.8084	83.9956	83.1656	107.8192	106.8983	106.7806	106.9199
R^2_a	0.6510	0.6508	0.5789	0.5789	0.5997	0.5985	0.5330	0.5332

注：1. 括号内的数值为稳健标准误。
2. *、**、*** 分别表示在 10%、5%和 1%的置信水平上显著。

第七节　本章小结

FDI 作为国际资本流动的主要方式，不仅为中国经济的快速崛起做出了贡献，而且调动了地方政府发展辖区内经济的积极性。FDI 的流入也给地方政府带来了可观的财政收入，正因如此，FDI 始终为地方政府所青睐。为了在短期内实现财政收入的增加，地方政府优先选择增加外资企业数量的方式来实现规模的扩张，而非依托现有外资企业产出规模的扩大来扩张外资规模，最终出现了辖区内外资数量与质量的脱钩。进一步考虑到污染密集型外资企业和非污染密集型外资企业对政府财政收入的贡献程度有所差异，部分地方政府会策略性地选择降低环境标准、软化环境规制来吸引污染密集型外资企业，从而加剧辖区内环境污染。

通过以上分析可知，策略性选择将使地方政府在引资与环境治理过程中存在困境。首先，地方政府为应对财政压力，采取积极主动的引资方式来解决财政问题，而考虑到外资企业数量的增加与已有产出规模的扩张对财政的作用，地方政府优先选择数量的增加，使得辖区内出现了外资企业数量的不断增加与外资产出规模停滞不前的矛盾，最终导致外资数量与质量之间的脱钩。其次，在引资过程中，考虑到污染密集型外资企业和非污染密集型外资企业在提高政府财政收入方面的贡献有所差异，地方政府会倾向于降低环境门槛、弱化环境规制来吸引污染密集型外资企业进入，增加辖区内污染密集型企业的数量，从而加剧了地区的污染排放与环境质量的恶化。于是地方政府在引资与环境治理中面临两难抉择，这势必会影响地方环境的治理与外资企业的发展。

第六章　晋升激励、引资偏好与外资产业结构失衡

第一节　引言

作为经济发展过程中重要的参与者，地方政府对中国经济的崛起具有不可忽视的作用。地方政府更直接地对辖区内的经济发展进行管理，并制定、调整相应政策，拥有发展经济的自主权，而地方政府官员的行为是影响地方政府干预经济决策的重要因素。

由于官员的行为动机会直接体现在地方经济的发展过程中，所以自 20 世纪 80 年代以来，随着官员晋升考核体制逐渐由“政治绩效”转变为“经济绩效”，由地方经济增长带来的官员仕途晋升这一理论逻辑不仅在晋升考核中得以显现，也为大量文献证明（周黎安，2007；杨瑞龙、王元、聂辉华，2013；罗党论、佘国满，2015）。同时，有研究表明，官员的政治目的和所受晋升体制的激励会使其干预与影响地方经济增长（张军、高远，2007）。其中，作为中国宏观经济增长的重要引擎，投资尤其是国有企业投资成为官员选择干预地方经济、提高经济绩效的首选。大量的文献表明，地方国有企业由于政府的干预而具有过度投资行为（程仲鸣、夏新平、余明桂，2008；唐雪松、周晓苏、马如静，2010）。

当官员基于自身政治目的考虑而激励地区经济增长时，首要选择必然是促进地区的投资增长（北京大学中国经济研究中心宏观组，2004），而地方国有企业则成为官员的不二选择。对于官员来说，选择地方国有企业作为“委托投资代表”是十分有利的，这种做法不仅可以提高税收基准、增加预算外

收入，也会补充政府财政支出，双管齐下，提高财政绩效与经济绩效（曹春方、马连福、沈小秀，2014）。因此，国有企业所受政府管控更为严格，故而地方国有企业存在过度投资以及大量重复性建设的现象（周黎安，2004）。这种投资的非自主性与非独立性将为政府官员的“投资饥渴”（investment hunger）买单。长此以往，在政府官员与地方国有企业这种投资关联中，国有企业高管将会意识到国有企业的不受控性虽然会给自身带来无效率生产与损失，但同时会带来充足的投资资本，因此即使企业在生产非自身比较优势的产品时，也不必担心资金链断裂的问题，即会给国有企业领导带来预算软约束性预期（刘瑞明、白永秀，2007）。在国有企业政策性负担与预算软约束的激励下，国有企业必然会出现产能过剩与效率损失的问题（吴延兵，2012）。干春晖等（2015）研究发现，在官员任期内的重要晋升时刻，当地国有企业的扩大投资激励会加强，而产能利用率则会下降。在官员任期前几年的非重要晋升时期，官员对于地方国有企业投资关注度的激励较弱，产能利用率则相对较高。其研究表明，官员任期与国有企业产能利用率存在“U”形关系，同样具有一定的政治周期性。同时，由于预算软约束作用，政府对国有企业进行补贴（樊纲，2001），在政企关联的生产关系下，国有企业存在一定的道德风险（刘瑞明、石磊，2010），国有企业为获得政府补贴会增加其效率损失的激励与冲动。

虽然官员仕途晋升的激励作用对地方经济增长有重要贡献，但不可否认的是，部分仕途晋升也带来企业过度投资与效率损失的问题。徐现祥和王贤彬（2010）、王贤彬和徐现祥（2010）、罗党论等（2015）研究发现，大量证据表明政府官员的晋升与促进地方经济增长有直接关联，官员基于“政治人”利益，为了最大化自身晋升机会，会突出所辖地域的政绩即经济绩效，大力促进当地经济增长。可是，这种促进模式并非完全有利于地区经济发展。张军和高远（2007）、王贤彬和徐现祥（2008）研究发现，省级官员的任期与其当地的经济发展呈倒“U”形关系，当官员在任期内认为自己有望得到进一步晋升时，其具有提高经济绩效的自身激励，而一旦超过晋升时限，感到晋升无望时，这种自身激励就会降低，同时也会降低当地的经济增速。Pan 和

Tian（2017）从政治关联的角度来审视企业投资，并以反腐作为侧面度量，结果发现，相关联官员落马使得国有企业投资效率有所改善，从而说明政企关系的存在将有损国有企业效率。刘瑞明和白永秀（2007）认为，政治经济周期假设更能解释中国经济的波动性增长，地方政府官员出于自身的政治控制权收益考虑，在任期内的特定时间从事特定的经济活动，以求扩大自身的政治利益，同时也会对经济波动造成周期性影响。

现有文献指出，地方政府官员在仕途晋升激励与财政压力（曹春方、马连福、沈小秀，2014）下会努力发展辖区内经济，试图以经济绩效的最大化来获取在仕途晋升中的竞争优势。尽管在财政分权的背景下，政府官员对国有企业的控制力度加大，以求扩大投资来实现地区生产总值的增长，并在任期内提高所辖地区的经济增长以求得仕途晋升，但是事实上，地方政府为了在短期内实现辖区内经济的高速增长，并不完全通过对国有企业投资行为进行干预来实现经济效益。扩大当地国有企业的投资成为促进地区经济增长、提高绩效的最好方法。但是，由于中国地方发展的现实条件约束，本地企业在进行扩大再生产过程中往往能力有限，并不能较好地满足政府官员的晋升需求与财政需要。鉴于此，地方政府逐渐将晋升激励下的竞争过渡到争夺外商的引资竞争，试图以外资的流入带动地方经济的发展、改善辖区内的经济绩效，事实也证明了这一做法是极其有效的。正因如此，地方政府为了辖区内的经济增长与官员的晋升而努力吸引外资，为引进外资展开一系列的竞争，其中，环境规制的软化也是地方官员进行竞争的方式之一。因此，分析地方政府行为就不能不对官员的仕途晋升激励展开讨论，这一角度的分析将对我们考察外资与环境之间的困境提供有益的帮助，这是本章的主要任务。

第二节 外资产业结构的失衡现状

本章在本节将以现实数据描述 1992—2016 年 FDI 在三次产业间的分布情况，具体见图 6-1。可以看出，长期以来，流入中国的外资总体上呈现出第二产业远远高于第一产业、第三产业的特征，而在不同的年份，该现象有着明显变化。2013 年之前，流入中国的外资在第二产业最多，并且远高于第一产业、第三产业，而随着经济步入新常态后，由于产能过剩、结构转型等问题的现实压力，结构调整使引资行为逐渐发生变化，最终出现第三产业 FDI 逐渐增加，并高于第二产业，实现外资在产业间的合理分布和转型。那么，对于长期以来第二产业内外资流入曾远远高于其他产业这一现象该如何进行经济解释？本章将主要从地方政府官员仕途晋升的角度来对其进行合理化论证，并对由此产生的环境污染问题做出诠释。

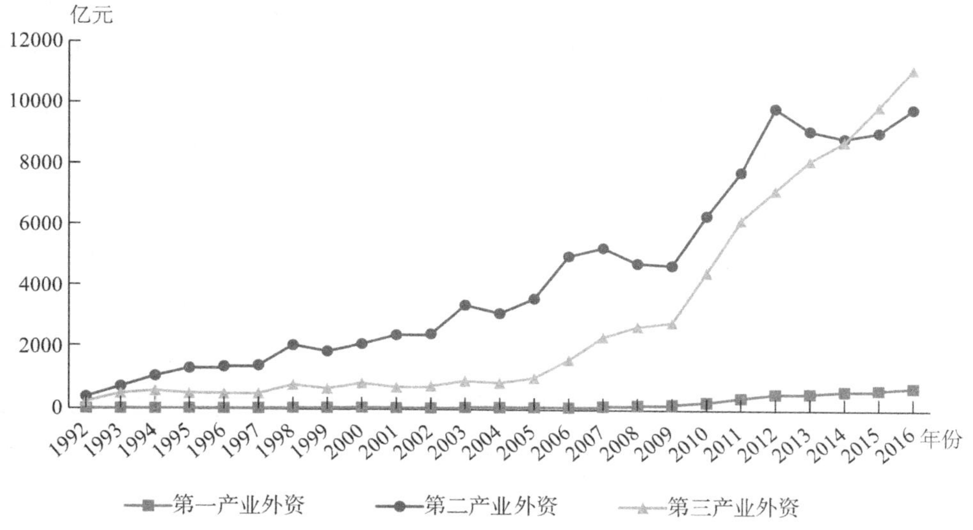

图 6-1 1992—2016 年外资在三次产业间的分布情况

资料来源：历年《中国统计年鉴》。

第三节 理论分析与假设提出

作为管理地方经济的主体，地方政府官员不仅要考虑发展经济、改善民生以及提高社会福利等公共利益，作为地方政府的“代理人”，政府官员还要考虑个人利益，在公共利益和个人利益之间进行权衡，做出理性的选择，以实现公共利益的最大化与个人利益的最优化，而政府官员行为的转变将不得不涉及官员晋升考核机制问题。长期以来，地方政府官员的晋升考核侧重于经济绩效而忽略环境绩效目标，这一晋升考核内容将导致地方政府官员主要围绕着核心的经济目标进行竞争。鉴于此，地方政府为了弥补经济发展过程中的缺陷而依赖于引进外资，以外资的流入来拉动辖区内的经济增长，实现财政收入的大幅提升，增加公共支出以及提高地区的整体就业水平，实现本地公共福利的最大化。很明显，通过外资引进的方式可以实现政府官员考核的多项目标。因此，官员的仕途晋升激励势必导致辖区内外资流入的整体规模不断扩大，投资水平逐渐提升。

但事实上，在上述所有的考核内容中，经济目标考核在过去相当长的发展历程中占据着绝对优势，其重要性远远超过其他考核指标，正因如此，地方政府官员侧重于首先发展辖区内的经济，在满足公共利益的同时提高晋升的概率。当然，地方政府官员除了从公共福利的角度来选择外，仕途晋升也将是其重点考察的对象，并考虑到官员任期的限制，如何在有限的任期内实现辖区经济的快速增长并高于竞争地区的经济绩效，是地方政府官员在上任之初考虑的主要内容。基于此，地方政府在吸引外商投资过程中更偏好于引进以工业为主的第二产业的外资，该类外资具有投资规模大、见效快、产出强、税赋贡献程度大等特征，正是由于这些特征的存在为地方政府官员所青睐，地方政府可以以第二产业外资的流入来实现辖区内经济产出在短期内快速提高、财政收入增加以及解决地区就业等问题。

以上分析有力地说明了地方政府官员为了仕途晋升而努力吸引外资来提高晋升的概率。但由于不同产业间外资流入对经济增长的促进作用有所差异，加之官员任期的存在，地方政府官员偏好选择短期投资规模大、见效快、税赋收入高的第二产业外资，以此实现官员晋升考核的多项目标。基于以上分析，本章在此提出第一个假设，具体如下。

假设 6.1：晋升激励的存在将促进地方政府以引进外资来提高地区经济增长，而为了实现短期内绩效考核，地方政府官员偏好吸引第二产业外资，最终导致辖区内外资规模增长与外资产业结构失衡。

正如以上分析，地方政府官员为了在仕途晋升中保持竞争优势，获得最终优胜权，在经济目标与环境目标考核的非对称条件下，在理性抉择中更偏好于以外资来拉动辖区内的经济发展，尤其是第二产业的外资流入，而忽略或者减缓对环境质量的改善，从而加剧了辖区内的环境污染。因此，环境污染加剧的原因有以下三个方面。一是在官员晋升考核的过程中，经济目标考核所占权重及其地位均要远远高于环境目标的考核，在理性选择的基础上，地方政府优先发展地方经济，以牺牲环境质量来换取经济利益最大化，保持在“晋升锦标赛”中的竞争优势。其中，一方面会降低本地的环境标准，以吸引更多外资来本地投资建厂，其中包括污染密集型外资企业的破坏性流入；另一方面以环境补贴的方式对外资企业进行生产成本的补贴，提高外资企业在本地投资生产的优势。无论如何，地方政府的引资偏好最终会降低地方政府改善环境质量的积极性，同时，辖区内大量的第二产业外资流入会加剧本地区的污染排放，恶化环境质量。二是财政体制改革带来的财政压力也将极大地限制地方政府官员进行环境治理的动机，将仅有的财政资源更多地用于与经济发展相关的配套设施产业，摆脱财政窘境。三是在环境治理的过程中会出现政企合谋，这一合谋关系的建立将造成环境执法监管的漏洞以及环境治理过程中的片面性，极大地削弱环境规制的强度及其效果，忽视和纵容辖区内企业的污染排放行为，导致环境治理的效果降低或者完全失效，最终使得辖区内的环境污染加剧。综合以上分析，本章在此提出第二个假设，具体内容如下。

假设 6.2：在经济目标和环境目标的非对称晋升机制考核下，地方政府官员在理性抉择下，优先选择以牺牲环境质量为代价换取外资流入的方式来发展地方经济，从而加剧了辖区内环境质量的恶化。

第四节　研究设计与数据介绍

一、模型设定

为了对以上假设进行实证检验，此处建立计量模型如下所示：

$$FDI_{it} = \alpha_0 + \alpha_1 Promotion_{it} + \sum Control_{it} + \mu_i + \delta_t + \varepsilon_{it} \tag{6-1}$$

模型中，FDI_{it}为各地区外资实际流入水平，分别以实际利用外资总额和人均利用外资额来衡量，而在进行产业间分析时，以不同产业之间外资流入额来衡量；$Promotion_{it}$为 i 省份的政府官员在第 t 年是否得到晋升，晋升取值为 1，反之则为零；$Control_{it}$为一系列影响外资活动的控制变量；μ_i、δ_t 分别为省份固定效应和年份固定效应；ε_{it}为随机扰动项。模型中的 α_1 是我们关心的重点，以此来衡量仕途晋升对地区外资流入的作用。

同时，考虑到仕途晋升的特殊性，本章从引资区位优势、政府的引资经验以及地区引资政策的稳定性出发，对外资影响的异质性做出进一步分析。

首先，文章分析的核心重点在于外资，因此我们关心的问题便是同样的政策是否会随着实施对象的不同而使政策效果存在差异，为了对此进行检验，我们建立如下模型：

$$FDI_{it} = \beta_0 + \beta_1 Promotion_{it} \times advantage_i + \sum Control_{it} + \mu_i + \delta_t + \varepsilon_{it} \quad (6-2)$$

模型中，$advantage_i$为省份 i 在引资过程中所处的区位优势。很明显，区位优势可以让地方政府官员使用更多资源来引进外资，官员晋升在引进外资过程中发挥更大的作用；反之，如果该地区在引资中不具有区位优势，即使地方政府官员很努力，其对外资的促进作用也不明显。为了对此进行量化说明，本章结合外资进入中国的现实情况，主要是从东部沿海地区逐渐流入中西部地区，根据该历史路径，我们根据地理位置对考察样本进行划分，具体分为东部地区（*east*）、中部地区（*middle*）和西部地区（*west*）。其中，β_1是此处关心的重点，用来评估仕途晋升在引资区位优势作用下对外资流入的影响。

其次，由于本章从仕途晋升的角度对外资进行考察，那么官员的引资经验是否会在引资中发挥作用？为了对此进行实证检验，建立如下模型：

$$FDI_{it} = \partial_0 + \partial_1 Promotion_{it} \times experience_i + \sum Control_{it} + \mu_i + \delta_t + \varepsilon_{it} \quad (6-3)$$

模型中，$experience_i$为省份 i 政府官员的引资经验。为此，我们根据官员的工作时间进行划分，工作时间越长，表明官员在实际工作中的时间越长，积累的发展经验越多，其中包括引进外资的经验；反之，工作时间越短的政府官员，在经验方面多有不足，可能不利于其开展引资工作。因此，依据上任时的工作时间将地区分为三类：高引资经验（*power*3）、中引资经验（*power*2）以及低引资经验（*power*1）。[①] ∂_1用来衡量仕途晋升在引资经验作用下对外资流入的影响。

此外，地方政府更多是利用政策优势吸引外资企业来辖区内投资建厂，那么政策的稳定性是一个不能忽略的因素。政策的稳定性有利于企业减少不确定性、稳定预期收益，对外商企业投资具有促进作用，对此构建如下模型：

$$FDI_{it} = \varphi_0 + \varphi_1 Promotion_{it} \times steady_i + \sum Control_{it} + \mu_i + \delta_t + \varepsilon_{it} \tag{6-4}$$

模型中，$steady_i$为省份 i 的政策稳定性程度。为了对此进行衡量，本章根据官员的任期长短对样本进行划分，较长的任期将有利于政策的长期稳定执行，而频繁的政府官员变更将不利于政策的稳定性，增加了企业投资的不确定性。因此，我们依据官员任期的长短进一步将样本细分为三类：高政策稳定性（*steady*3）、中政策稳定性（*steady*2）、低政策稳定性（*steady*1）。[②] φ_1用来衡量仕途晋升在引资政策稳定性的作用下对外资流入的影响。

为了检验地方政府官员晋升激励对辖区内环境污染的影响，本章建立如下模型：

$$Pollution_{it} = \emptyset_0 + \emptyset_1 Promotion_{it} + \sum Control_{it} + \mu_i + \delta_t + \varepsilon_{it} \tag{6-5}$$

模型中，$Pollution_{it}$为省份 i 的环境污染水平，本章以官员辖区内环境污染事故的发生次数来量化，其余变量的解释说明同模型（6-1）。模型中的$\emptyset_1$是本章关心的重点，用来衡量地方政府官员仕途晋升对辖区内环境污染的影响。

---

① 依据官员上任的年龄大小来划分引资经验：上任时年龄大于 60 岁的官员拥有高引资经验、55~60岁的官员拥有中引资经验、55 岁以下的官员拥有低引资经验。

② 依据政府官员任期长短划分政策稳定性：官员任期大于 6 年为高政策稳定性、任期在 3~6 年为中政策稳定性、任期小于 3 年为低政策稳定性。

二、指标选取

本章主要考察晋升激励对辖区内外资以及环境的影响，并在其中考虑到政府官员引资偏好的作用，因此，变量选取不仅要考虑影响外资的因素，还要考虑影响环境的相关因素，具体如下。

（1）被解释变量。针对以上分析提出的基本假设，本章主要评估晋升激励对辖区内外资与环境的影响，故而因变量的选取主要以地区外商直接投资总额取对数以及人均外商直接投资总额取对数来衡量地区整体的 FDI 流入水平①，同时考虑到政府引资的偏好因素，又分别选取三次产业内外商直接投资额和人均外商直接投资额来衡量流入该地区的外资在三次产业之间的分布。针对环境因素，本章在此以地区环境污染次数取对数作为环境污染水平的代理变量。

（2）核心解释变量。本章选取官员晋升激励作为解释变量，该变量为哑变量，即如果官员在该辖区任期结束后得到了仕途升迁，则取值为 1，反之则为零。②

（3）控制变量。本章控制变量主要是从影响外资与环境的因素出发，本地的经济发展水平、基础设施建设（Glickman & Woodward，1988）是外资企业是否选择进行投资的必要考虑因素，故而以地区生产总值取对数以及地区交通设施取对数来予以衡量。而地区拥有的工业化程度、产业结构、劳动力禀赋（Head & Mayer，2004）均是影响 FDI 流入的关键因素，故而分别以第二产业产值占地区生产总值的比例、社会总投资与就业总人数的比值以及就业总人数取对数来衡量。此外，还分别以普通高校学生总数取对数、政府财政预算内支出占地区生产总值的比例、地区贷款总额占地区生产总值的比例来衡量人力资本水平、政府规模以及金融发展程度。同时，以地区电力消耗总量取对数来衡量能源消耗程度。

---

① 考虑到原始数据以美元计价，故以平均汇率调整为人民币计价，并使用资产价格投资指数予以平减，最终得到地区外商实际投资总额和地区人均外商实际投资额，以其对数形式作为衡量指标。

② 取值为零主要包括政府官员的平调、退休以及离职等情况。

具体变量的解释说明见表 6-1。

表 6-1　主要变量的解释说明

变量	变量含义	计算方法
fdi	外商直接投资额	地区外商直接投资总额取对数
perfdi	人均外商直接投资额	地区人均外商直接投资总额取对数
fristfdi	第一产业外商直接投资额	第一产业外商直接投资额取对数
fristperfdi	第一产业人均外商直接投资额	第一产业人均外商直接投资额取对数
secondfdi	第二产业外商直接投资额	第二产业外商直接投资额取对数
secondperfdi	第二产业人均外商直接投资额	第二产业人均外商直接投资额取对数
thridfdi	第三产业外商直接投资额	第三产业外商直接投资额取对数
thridperfdi	第三产业人均外商直接投资额	第三产业人均外商直接投资额取对数
times	环境污染水平	地区环境污染次数取对数
promotion	晋升激励	晋升取值为 1，反之为零
gdp	经济发展水平	地区生产总值取对数
investment	投资水平	（固定资产投资额/地区生产总值）×100
labor	劳动力禀赋	就业总人数取对数
financial	金融发展程度	（地区贷款总额/地区生产总值）×100
consume	消费潜力	（地区储蓄总额/地区生产总值）×100
government	政府规模	（政府财政预算内支出/地区生产总值）×100
industry	工业化程度	（第二产业产值/地区生产总值）×100
traffic	基础设施建设	地区交通设施取对数
education	人力资本水平	普通高校学生总数取对数
structure	产业结构	（社会总投资/就业总人数）×100
electricity	能源消耗程度	地区电力消耗总量取对数

三、数据来源

本章使用的数据主要是地区宏观经济数据和省级政府官员个体数据，具体来源与处理如下。

首先，本章从省级层面着手，以中国21个省份为研究对象①，分别选取1993—2016年的面板数据。需要说明的是，本章使用的外资数据并不是来自《中国统计年鉴》，原因在于本章分析不再只停留在省份整体的分析，而是深入对各省份内部三次产业间外资的考察，由于《中国统计年鉴》并没有提供该数据，我们在历年各省份年鉴中手动查找流入各行业的外资总额，依据省份年鉴内的产业划分标准予以加总，得到三次产业的外资流入数据②，并最终加总获得该省份得到的外资总额。除此之外，所有宏观数据均来自《中国统计年鉴》，环境污染事故发生的次数来自《中国环境统计年鉴》。正是因变量数据的不易获取，导致本章的研究对象仅局限于省份层面。

其次，产业间外资数据的来源决定了本章将以省级政府作为考察对象，而针对省级官员晋升的微观个体数据主要来自笔者手动搜集，构建了1993—2016年省级官员个体数据库，该原始数据分别来自百度百科、人民网以及地方政府官员志等，其中包括官员的年龄、性别、学历、专业、工作年龄等指标。需要强调的是，该数据库还提供了官员在任期结束后的去向，据此来判断官员晋升与否。具体变量的描述性统计见表6-2。

表6-2　主要变量的描述性统计

变量	样本量	均值	标准差	最小值	最大值
fdi	350	13.5756	1.6808	9.4578	17.3682
perfdi	339	5.3595	1.8653	1.2624	9.1985
fristfdi	337	9.4021	2.0175	1.9035	14.1521
fristperfdi	326	1.1912	2.1879	-6.9760	4.9688

① 由于本章主要考察三次产业之间的外资流入，而这一原始数据需要在不同省份的历年统计年鉴中查询，查询结果显示山西、陕西、上海、四川、天津、西藏、新疆、云南、浙江、重庆的统计年鉴中并没有给出不同产业的外资流入数据，因此本章的分析不包括以上10个省份。

② 依据各省份年鉴中的统计方式进行划分，其中，第二产业主要包括采矿业，制造业，电力、燃气以及水的生产和供应业，建筑业，纺织业；第三产业主要包括交通运输、仓储和邮政业，信息传输、计算机服务和软件业，批发和零售业，住宿和餐饮业，金融业，房地产业，租赁和商务服务业，科学研究、技术服务和地质勘查业，水利、环境和公共设施管理业，居民服务和其他服务业，教育，卫生、社会保障和社会福利业，文化、教育和娱乐业。

续表

变量	样本量	均值	标准差	最小值	最大值
secondfdi	350	13.0621	1.7448	8.5969	16.5765
secondperfdi	339	4.8478	1.8902	-0.0199	8.8857
thridfdi	350	12.3066	1.8413	6.3928	16.794
thridperfdi	339	4.0802	2.0628	-2.4014	8.4979
times	429	2.6150	1.8090	0.0000	6.1549
promotion	604	0.4702	0.4995	0.0000	1.0000
gdp	604	7.6892	1.2447	3.6125	10.2641
investment	604	88.7881	43.6821	27.1314	242.3341
labor	604	58.5179	39.6363	36.3630	619.0082
financial	433	142.546	73.2940	0.0103	364.7145
consume	433	-78.5619	111.0760	-668.4367	99.9927
government	604	32.9094	29.0462	6.4925	274.1732
industry	585	23.9461	9.9194	0.0000	54.4668
traffic	583	7.6094	0.7802	5.3658	9.3009
education	588	3.1752	1.2080	-0.3711	5.1416
structure	418	0.0088	0.0080	0.0010	0.0435
electricity	404	6.0097	1.0071	-3.7504	8.1298

第五节　晋升激励对外资与环境污染的影响

一、主要实证结果

本章首先对模型（6-1）进行回归，具体结果见表6-3。其中，表6-3中第（1）~（3）列主要分析晋升激励对地区整体外资流入的影响，第（4）~（6）列主要考察晋升激励对辖区内人均外资流入的作用。

表 6-3　晋升激励对地区外资流入的影响

变量	*fdi*			*perfdi*		
	(1)	(2)	(3)	(4)	(5)	(6)
promotion	0. 2166 ** (0. 0903)	0. 1946 ** (0. 0900)	0. 2008 ** (0. 0821)	0. 2358 ** (0. 0921)	0. 2126 ** (0. 0917)	0. 2043 ** (0. 0833)
gdp		0. 5377 (0. 3489)	−0. 2352 (0. 4951)		0. 5375 (0. 3564)	−0. 3187 (0. 5010)
government		−0. 0028 (0. 0073)	−0. 0091 (0. 0123)		−0. 0013 (0. 0075)	−0. 0087 (0. 0125)
investment			−0. 0017 (0. 0030)			−0. 0011 (0. 0030)
labor			−0. 0069 (0. 0180)			−0. 0088 (0. 0181)
financial			0. 0038 * (0. 0019)			0. 0040 ** (0. 0020)
consume			0. 0046 ** (0. 0020)			0. 0051 ** (0. 0020)
industry			−0. 0477 *** (0. 0171)			−0. 0498 *** (0. 0174)
traffic			0. 3978 ** (0. 1876)			0. 3990 ** (0. 1900)
education			0. 2417 (0. 3282)			0. 2889 (0. 3345)
省份固定效应	Yes	Yes	Yes	Yes	Yes	Yes
年份固定效应	Yes	Yes	Yes	Yes	Yes	Yes
N	338	338	233	338	338	233
F	5. 7470	2. 9022	2. 5564	6. 5541	2. 9733	2. 7434
R^2_ a	0. 8620	0. 8620	0. 9417	0. 8845	0. 8844	0. 9521

注：1. 括号内的数值为稳健标准误。

2. * 、** 、*** 分别表示在 10%、5%和 1%的置信水平上显著。

从回归结果可以看出，地方政府官员的晋升激励促进了地区外资的流入，并且该促进作用在 5%的置信水平上显著。从控制变量可以看出，地区的消费市场潜力、金融发展程度以及交通基础设施对外来资本落户本地区均具有显著的促进作用，有利于外商直接投资额的提高，该结论从侧面证明了地方政府通过公共设施的改善吸引更多外资来本辖区投资建厂的有效性。

表 6-3 中的结果充分说明，在晋升激励背景下，地方政府选择以引进外资的方式实现辖区内经济的增长、财政收支的改善以及公共福利的提高。地方政府官员将经济发展的动力聚焦于外资，试图以引进外资的方式来实现辖区内经济的发展，但由于任期限制，如何在短期内利用外资来实现辖区内经济效益与个人效用的最优化，是地方政府面临的紧迫问题。从上文分析可知，地方政府将结合本地工业化基础，更多地从不同产业的外资对经济发展产生的差异化效果出发，实施策略性的引资政策，理性选择对经济增长拉动作用最强的第二产业外资，因此考察晋升激励对辖区内三次产业间外资流入的影响，具体结果见表 6-4。从回归结果可以看出，无论是对于产业间整体外资流入还是人均外资流入而言，仕途晋升都有利于促进外资的流入，但仅仅是对第二产业的外资流入具有显著的提升作用。该结论说明，地方政府在引进外资、发展经济的过程中，偏好于将吸引第二产业的外资作为重点。

表 6-4　晋升激励对地区三次产业间外资流入的影响

变量	*fristfdi*	*secondfdi*	*thridfdi*	*fristperfdi*	*secondperfdi*	*thridperfdi*
	(1)	(2)	(3)	(4)	(5)	(6)
promotion	0.3094	0.2091**	0.1927	0.3127	0.2127**	0.1963
	(0.2084)	(0.0906)	(0.1292)	(0.2086)	(0.0914)	(0.1304)
gdp	0.4917	0.0770	−0.8337	0.4553	−0.0065	−0.9171
	(1.8763)	(0.6234)	(0.8980)	(1.8733)	(0.6317)	(0.8929)
investment	0.0004	−0.0033	0.0022	0.0008	−0.0027	0.0028
	(0.0066)	(0.0032)	(0.0038)	(0.0066)	(0.0032)	(0.0038)
labor	−0.0241	0.0102	−0.0318	−0.0260	0.0083	−0.0336
	(0.0461)	(0.0192)	(0.0252)	(0.0462)	(0.0192)	(0.0254)
financial	0.0063	0.0057***	0.0018	0.0066	0.0059***	0.0021
	(0.0047)	(0.0021)	(0.0037)	(0.0048)	(0.0021)	(0.0037)

续表

变量	*fristfdi*	*secondfdi*	*thridfdi*	*fristperfdi*	*secondperfdi*	*thridperfdi*
	(1)	(2)	(3)	(4)	(5)	(6)
consume	0.0039	0.0068***	0.0007	0.0042	0.0073***	0.0011
	(0.0055)	(0.0021)	(0.0032)	(0.0055)	(0.0022)	(0.0032)
government	−0.0193	0.0074	−0.0240	−0.0191	0.0078	−0.0236
	(0.0259)	(0.0128)	(0.0178)	(0.0259)	(0.0128)	(0.0181)
industry	−0.0259	−0.0580***	−0.0024	−0.0284	−0.0600***	−0.0045
	(0.0381)	(0.0178)	(0.0291)	(0.0381)	(0.0181)	(0.0293)
traffic	0.6543	0.4266*	0.7959	0.6586	0.4278*	0.7971
	(0.6233)	(0.2184)	(0.5344)	(0.6236)	(0.2172)	(0.5393)
education	−0.3101	0.2365	−0.1557	−0.2819	0.2837	−0.1085
	(1.0989)	(0.3617)	(0.6475)	(1.0986)	(0.3645)	(0.6534)
省份固定效应	Yes	Yes	Yes	Yes	Yes	Yes
年份固定效应	Yes	Yes	Yes	Yes	Yes	Yes
N	223	233	233	223	233	233
F	0.6470	3.3661	1.0965	0.6995	3.5492	1.2516
R^2_a	0.6753	0.9291	0.8525	0.7306	0.9388	0.8843

注：1. 括号内的数值为稳健标准误。

2. *、**、*** 分别表示在 10%、5%和 1%的置信水平上显著。

从表 6-3 和表 6-4 可以看出，地方政府官员为了仕途晋升将引资作为发展辖区内经济的重点，而由于地区经济基础以及短期的任期限制，将吸引外资的重点落在第二产业。基于地方政府特有的引资偏好模式，会加剧辖区内第二产业产能过剩，而第二产业的发展会对环境质量的恶化具有明显作用。为了对这一假设进行验证，本章以地区环境污染事故次数来衡量环境污染水平，检验仕途晋升对环境污染的影响，对模型（6-5）进行回归，具体结果见表 6-5。从表 6-5 可以看出，地方官员的晋升显著提升了辖区内环境污染事故发生的次数。该结论说明，地区环境的污染更多地来自地方官员的仕途晋升，这一结论的解释有以下两个方面：一方面，政府以牺牲环境质量为代价努力吸引第二产业的外来资本，以此实现地区经济效益与个人仕途利益；另一方面，政府为了地方经济的发展、凸显政绩而更多地容忍或者忽视企业对环境的污染。

表 6-5 晋升激励对环境污染的影响

变量	*times*				
	(1)	(2)	(3)	(4)	(5)
promotion	0.2447 *	0.3007 **	0.3010 **	0.3150 **	0.3109 **
	(0.1466)	(0.1520)	(0.1518)	(0.1538)	(0.1558)
gdp	-3.9393 ***	-4.2447 ***	-4.2464 ***	-4.6331 ***	-4.4744 ***
	(1.0661)	(1.2038)	(1.2028)	(1.1976)	(1.6305)
investment		-0.0115 *	-0.0115 *	-0.0060	-0.0070
		(0.0059)	(0.0060)	(0.0059)	(0.0066)
industry		0.0080	0.0079	-0.0039	-0.0083
		(0.0261)	(0.0263)	(0.0265)	(0.0272)
labor			0.0018	0.0041	0.0040
			(0.0315)	(0.0320)	(0.0328)
government				-0.0517 **	-0.0554 **
				(0.0226)	(0.0231)
structure					-5.4565
					(36.6286)
electricity					0.1501 **
					(0.0627)
省份固定效应	Yes	Yes	Yes	Yes	Yes
年份固定效应	Yes	Yes	Yes	Yes	Yes
N	376	363	363	363	362
F	7.1668	4.2546	3.4789	3.6803	3.4766
R^2_ a	0.5610	0.5415	0.5400	0.5441	0.5447

注：1. 括号内的数值为稳健标准误。

2. *、**、*** 分别表示在 10%、5%和 1%的置信水平上显著。

二、异质性分析

以上分析详细检验了本章在理论分析部分中提出的假设，从而证实了晋升激励在招商引资与环境治理中发挥的作用，简单地将环境污染的恶化归因于外资并不能很好地揭示两者之间的内在本质，而本章的分析为研究外资与环境提供了一种可行的现实解释。当然，晋升激励对外资是否还存在着异质性的作用，需要对政府官员的引资行为进行细化考察，因此本章将分别从引资区位优势、政府官员的引资经验以及引资政策的稳定性出发，探讨地方政府官员仕途晋升对外资影响的异质性，分别对模型（6-2）、模型（6-3）以及模型（6-4）进行回归，具体结果见表6-6至表6-8。

首先，考虑到外资进入国内市场的历史路径以及中国对外开放的区位差异等现实，更多的外资是从沿海东部地区逐渐向中西部内陆地区过渡。为了说明引资区位差异在仕途晋升对外资流入影响中的作用，本章将考察样本进一步划分为东部地区（*east*）、中部地区（*middile*）和西部地区（*west*），以此说明各地区在引资方面表现出的区位优势，并对模型（6-2）进行回归，具体结果见表6-6。从表6-6可以看出，相较于中部地区，东部地区政府官员在仕途晋升激励下对外资的促进作用更大，高于中部地区晋升激励对外资的促进作用；而西部地区晋升激励对该辖区内外资流入具有阻碍作用，并且该作用在5%的置信水平上显著。对该结果的潜在解释可能在于西部地区在外资竞争中处于相对劣势，通过以外资促进地区经济发展的方式进行晋升竞争并不占据优势。正因如此，西部地区地方政府将摒弃外资促进经济增长的方式，而是将更多的资源与政策优惠投入其他方面，从而挤占市场，使得辖区内外商直接投资额减少、不利于地方政府引进外资。总体来说，仕途晋升对外资流入的促进作用在引资区位优势上呈现出递增趋势，即在引资区位优势较强的地方，该地区仕途晋升对外资的促进作用更大；反之，在优势较弱的区位，晋升激励对外资的促进作用更弱。

表6-6　引资区位优势下晋升激励对外资流入的影响

变量	*fdi*			*perfdi*		
	(1)	(2)	(3)	(4)	(5)	(6)
promotion×east	0.4773*** (0.1506)			0.5016*** (0.1529)		
promotion×middle		0.4242** (0.2103)			0.4355** (0.2133)	

续表

变量	*fdi*			*perfdi*		
	(1)	(2)	(3)	(4)	(5)	(6)
promotion×west			−0.3558**			−0.3792**
			(0.1461)			(0.1479)
promotion	0.0949	0.1108	0.3846***	0.0931	0.1120	0.4003***
	(0.0951)	(0.0913)	(0.0984)	(0.0965)	(0.0925)	(0.0993)
gdp	−0.2615	−0.2223	−0.1080	−0.3463	−0.3054	−0.1831
	(0.4859)	(0.4901)	(0.4939)	(0.4912)	(0.4946)	(0.4978)
investment	−0.0018	−0.0009	−0.0017	−0.0012	−0.0003	−0.0011
	(0.0029)	(0.0030)	(0.0030)	(0.0029)	(0.0030)	(0.0030)
labor	0.0060	−0.0100	0.0000	0.0048	−0.0120	−0.0014
	(0.0177)	(0.0179)	(0.0170)	(0.0177)	(0.0179)	(0.0170)
financial	0.0033*	0.0041**	0.0036*	0.0035*	0.0043**	0.0038*
	(0.0019)	(0.0020)	(0.0019)	(0.0019)	(0.0020)	(0.0020)
consume	0.0046**	0.0050**	0.0049**	0.0051**	0.0055***	0.0053***
	(0.0020)	(0.0020)	(0.0020)	(0.0020)	(0.0020)	(0.0020)
government	−0.0115	−0.0113	−0.0107	−0.0112	−0.0109	−0.0104
	(0.0123)	(0.0114)	(0.0114)	(0.0126)	(0.0115)	(0.0115)
industry	−0.0395**	−0.0559***	−0.0463***	−0.0412**	−0.0582***	−0.0483***
	(0.0170)	(0.0175)	(0.0164)	(0.0173)	(0.0177)	(0.0167)
traffic	0.2378	0.4872**	0.3511*	0.2309	0.4907**	0.3492*
	(0.1834)	(0.2007)	(0.1825)	(0.1841)	(0.2037)	(0.1842)
education	0.1795	0.2384	0.2520	0.2235	0.2856	0.2999
	(0.3145)	(0.3322)	(0.3218)	(0.3192)	(0.3387)	(0.3273)
省份固定效应	Yes	Yes	Yes	Yes	Yes	Yes
年份固定效应	Yes	Yes	Yes	Yes	Yes	Yes
N	233	233	233	233	233	233
F	4.0623	2.5308	2.9283	4.2463	2.6825	3.1628
R^2_a	0.9437	0.9427	0.9432	0.9540	0.9530	0.9536

注：1. 括号内的数值为稳健标准误。

2. *、**、*** 分别表示在 10%、5%和 1%的置信水平上显著。

其次，地方政府的引资经验是一个不能忽略的因素，具有丰富引资经验的地方政府官员无论是在引资政策的制定、实施还是策略选择上，对外资流入的作用都较大。为了对此进行实证检验，首先要解决如何对地方政府官员的引资经验进行度量划分，而本章以地方政府官员的工作时间为划分标准，将其分为高引资经验（*power*3）、中引资经验（*power*2）以及低引资经验（*power*1），工作时间较长的地方官员在工作中积累了大量丰富的经验，其中包括引资经验，因此以工作经验进行衡量并划分引资经验的强弱能够很好地说明本章要考察的内容，对模型（6-3）进行回归，结果见表 6-7。表 6-7 中第（1）~（3）列主要分析引资经验对地区整体外资流入的影响，第（4）~（6）列主要考察引资经验对人均外资流入的影响。结果说明，无论是从外商直接投资总额还是人均外商直接投资总额的角度出发，政府官员的引资经验都会进一步提升晋升激励对外资流入的促进作用，即在引资经验越丰富的官员辖区内，晋升激励对外资流入的促进作用越大；反之，晋升激励对外资流入的促进作用越小。

表 6-7　引资经验下晋升激励对外资流入的影响

变量	*fdi*			*perfdi*		
	(1)	(2)	(3)	(4)	(5)	(6)
promotion×*power*1	0.0007 (0.1987)			0.0118 (0.1981)		
promotion×*power*2		0.3794** (0.1524)			0.3673** (0.1532)	
promotion×*power*3			0.8557*** (0.2777)			0.8943*** (0.2922)
*power*1	-0.1415 (0.1581)			-0.1565 (0.1564)		
*power*2		-0.1219 (0.1045)			-0.1087 (0.1054)	
*power*3			-0.3854* (0.2061)			-0.3901* (0.2068)
promotion	0.2761*** (0.0998)	0.0733 (0.1042)	0.1677** (0.0828)	0.2794*** (0.1022)	0.0830 (0.1046)	0.1687** (0.0835)

续表

变量	fdi			perfdi		
	(1)	(2)	(3)	(4)	(5)	(6)
控制变量	Yes	Yes	Yes	Yes	Yes	Yes
省份固定效应	Yes	Yes	Yes	Yes	Yes	Yes
年份固定效应	Yes	Yes	Yes	Yes	Yes	Yes
N	231	231	231	231	231	231
F	2.4517	2.9881	3.4458	2.6442	3.1469	3.6130
R^2_a	0.9426	0.9441	0.9431	0.9528	0.9539	0.9533

注：1. 括号内的数值为稳健标准误。

2. *、**、*** 分别表示在 10%、5%和 1%的置信水平上显著。

最后，由于地方政府间的引资竞争对于中国经济的增长具有重要的作用，而这一结果更多是来自地方政府的引资政策，政策的优惠与补贴是地方政府引资的主要方式。由于地方政府官员的更替将带来政策的不稳定性与频繁改变，而政策执行的稳定性与确定性对外商投资来说是重要的因素，为了对其进行考察分析，特选取地方政府官员在该地区的任期作为政策稳定性的衡量标准，并将其分为高政策稳定性（*steady*3）、中政策稳定性（*steady*2）以及低政策稳定性（*steady*1），地方政府官员在一个地方任期越长，为该地区制定的引资政策越能长期有效地执行；反之，地方政府官员的频繁变动将不利于政策的稳定性，同时也给辖区内企业的投资增加了更多的风险不确定性，不利于企业的持续投资。鉴于此，对模型（6-4）进行回归，具体结果见表6-8。从表 6-8 可以看出，晋升激励对辖区内外资流入的促进作用随着政策稳定性的提高将逐渐增大。因此，地方政府在引进外资时应该保持长期稳定的政策，并给予企业确定性的预期和收益。

表 6-8　政策稳定性背景下晋升激励对外资流入的影响

变量	fdi			perfdi		
	(1)	(2)	(3)	(4)	(5)	(6)
promotion×steady1	-0.2928** (0.1480)			-0.3024** (0.1497)		
promotion×steady2		-0.0083 (0.1318)			-0.0197 (0.1338)	
promotion×steady3			0.5191*** (0.1857)			0.5617*** (0.1893)
steady1	0.2439* (0.1313)			0.2511* (0.1324)		
steady2		-0.0383 (0.1242)			-0.0335 (0.1258)	
steady3			-0.3687** (0.1628)			-0.3899** (0.1670)
promotion	0.2928*** (0.0972)	0.2100** (0.1041)	0.1549* (0.0850)	0.2994*** (0.0988)	0.2207** (0.1053)	0.1552* (0.0861)
控制变量	Yes	Yes	Yes	Yes	Yes	Yes
省份固定效应	Yes	Yes	Yes	Yes	Yes	Yes
年份固定效应	Yes	Yes	Yes	Yes	Yes	Yes
N	233	233	233	233	233	233
F	2.4841	2.1733	3.0221	2.6609	2.3225	3.2026
R^2_a	0.9422	0.9412	0.9428	0.9526	0.9517	0.9533

注：1. 括号内的数值为稳健标准误。
2. *、**、*** 分别表示在 10%、5%和 1%的置信水平上显著。

三、稳健性检验

为了对上述结果的可靠性做进一步推断，本章在该部分通过样本剔除、内生性问题、剔除宏观政策的干扰、指标替换等一系列方法对上述结论进行稳健性检验，具体结果如下。

（1）样本剔除。考虑到本章主要是基于地方政府官员的个体数据来评估晋升激励对外商直接投资的影响，年龄越大、距离退休年龄越接近的政府官员在仕途追求上将越低、越倾向于安稳，故而对引资产生的影响越小。因此，本章分别剔除年龄大于65岁和60岁的政府官员样本，剔除后的回归结果见表6-9。其中，表6-9中第（1）列、第（2）列、第（5）列、第（6）列主要是剔除年龄大于65岁官员样本后的回归结果，第（3）列、第（4）列、第（7）列、第（8）列是剔除年龄大于60岁官员样本后的回归结果。可以看出，样本官员的剔除并没有改变晋升激励对外资流入的促进作用，但与表6-3中的回归结果相比较，表6-9评估的系数略有下降。

表6-9 稳健性检验：样本剔除

变量	*fdi*				*perfdi*			
	(1)	(2)	(3)	(4)	(5)	(6)	(7)	(8)
promotion	0.2166**	0.2008**	0.1989**	0.1643*	0.2358**	0.2043**	0.2136**	0.1632*
	(0.0903)	(0.0821)	(0.0912)	(0.0856)	(0.0921)	(0.0833)	(0.0933)	(0.0862)
gdp		-0.2352		-0.5569		-0.3187		-0.7086
		(0.4951)		(0.6158)		(0.5010)		(0.6312)
investment		-0.0017		0.0020		-0.0011		0.0025
		(0.0030)		(0.0036)		(0.0030)		(0.0036)
labor		-0.0069		-0.0108		-0.0088		-0.0139
		(0.0180)		(0.0181)		(0.0181)		(0.0182)
financial		0.0038*		0.0042*		0.0040**		0.0043**
		(0.0019)		(0.0021)		(0.0020)		(0.0021)
consume		0.0046**		0.0046**		0.0051**		0.0050**
		(0.0020)		(0.0022)		(0.0020)		(0.0022)
government		-0.0091		-0.0124		-0.0087		-0.0136
		(0.0123)		(0.0148)		(0.0125)		(0.0149)
industry		-0.0477***		-0.0467***		-0.0498***		-0.0489***
		(0.0171)		(0.0163)		(0.0174)		(0.0165)
traffic		0.3978**		0.4106**		0.3990**		0.4190**
		(0.1876)		(0.2026)		(0.1900)		(0.2047)
education		0.2417		0.0213		0.2889		0.0543
		(0.3282)		(0.4280)		(0.3345)		(0.4358)

续表

变量	fdi				perfdi			
	(1)	(2)	(3)	(4)	(5)	(6)	(7)	(8)
省份固定效应	Yes	Yes	Yes	Yes	Yes	Yes	Yes	Yes
年份固定效应	Yes	Yes	Yes	Yes	Yes	Yes	Yes	Yes
N	338	233	295	200	338	233	295	200
F	5. 7470	2. 5564	4. 7606	2. 3263	6. 5541	2. 7434	5. 2408	2. 4930
R^2_ a	0. 8620	0. 9417	0. 8633	0. 9398	0. 8845	0. 9521	0. 8872	0. 9519

注：1. 括号内的数值为稳健标准误。

2. *、**、*** 分别表示在 10%、5%和 1%的置信水平上显著。

（2）内生性问题。内生性的存在可能会对本章评估的结果产生潜在影响，由于政府官员晋升机制考核标准存在差异性，内生性更多地存在于晋升激励对外资流入的潜在影响中①，因此本章着重解决晋升激励与外资流入之间的内生性问题。其中，内生性主要体现在双向因果，一方面，地方政府官员为了晋升，努力通过引资的方式来发展地方经济、不断扩大外商投资的规模，实现辖区内经济效益的最大化；另一方面，外资不断扩大带来的经济效益，使得该地区的政府官员在晋升竞争中保持较大的优势，有利于提高官员晋升的概率。

鉴于此，这种双向因果的存在势必使本章的评估结果存疑，故而本章通过选取工具变量，并以两阶段最小二乘法来解决内生性问题。依据工具变量的选择标准，在此对工具变量的构造如下。首先，依据地方政府官员的个体特征，主要包括官员年龄、受教育程度以及所学专业类型②来预测官员晋升的

① 正如理论分析中做出的假设，环境目标考核在仕途晋升中的作用甚微，并且环境目标考核对地方政府官员行为的约束也受到较大的质疑，而地方政府官员更侧重于经济目标的考核；同时，本章研究的考察期（1993—2016 年）多集中于不存在环境目标考核的时期内，因此仅处理外资流入带来的内生性问题。

② 此处受教育程度（educationlevel）为连续变量，具体包括中专及中专以下学历，取值为 1；大专学历，取值为 2；本科学历，取值为 3；硕士研究生学历，取值为 4；博士研究生学历，取值为 5。而专业类型（major）为二值哑变量，取值为 1，表示与经济管理相关的专业，具体包括工商管理、国民经济管理、国民经济计划与管理、农业经济管理、政治经济学等专业；反之，则取值为零。

概率①。其次，将预测概率作为工具变量来衡量官员晋升，并考察其对辖区内外资流入的影响。该预测概率作为工具变量仅仅是官员个体特征对官员晋升的影响，并不涉及经济因素的作用，因此该指标将与晋升存在高度相关性，但与外资流入等经济因素不相关，满足工具变量的基本要求，具体结果见表6-10。可以看出，内生性的解决并没有改变晋升激励对外资的显著促进作用。第一阶段的回归也证实了本章选取的工具变量与晋升之间的正向关系，完全符合上述理论预期，而从 Cragg-Donald Wald F statistic 也可以证明选取工具变量的合理性。因此，在解决内生性问题后，晋升对外资的促进作用依旧显著，从而证明结果的稳健性。

表 6-10　稳健性检验：工具变量检验

变量	*fdi*			*perfdi*		
	(1)	(2)	(3)	(4)	(5)	(6)
promotion	1.5321*** (0.5000)	1.9378** (0.7805)	0.5351* (0.3245)	1.6059*** (0.5144)	1.9582** (0.7905)	0.5436* (0.3272)
gdp		-1.0952 (0.9280)	-0.4125 (0.4888)		-1.1578 (0.9399)	-0.4991 (0.4930)
investment		-0.0078 (0.0052)	-0.0045 (0.0037)		-0.0063 (0.0052)	-0.0039 (0.0037)
labor			0.0096 (0.0220)			0.0079 (0.0222)
financial			0.0045** (0.0019)			0.0047** (0.0019)
consume			0.0049** (0.0020)			0.0053*** (0.0020)
government			-0.0079 (0.0117)			-0.0074 (0.0118)
industry			-0.0501*** (0.0147)			-0.0522*** (0.0148)

① 此处概率预测模型的 stata 命令为 probit。

续表

变量	fdi			perfdi		
	(1)	(2)	(3)	(4)	(5)	(6)
traffic			0.1955 (0.2909)			0.1938 (0.2934)
education			0.5664 (0.4779)			0.6183 (0.4820)
省份固定效应	Yes	Yes	Yes	Yes	Yes	Yes
年份固定效应	Yes	Yes	Yes	Yes	Yes	Yes
N	334	334	229	334	334	229
F	8.2915	5.9838	9.4574	7.1710	5.3788	8.5551
第一阶段回归						
iv	1.0105*** (0.2586)	0.7436*** (0.2534)	1.0355*** (0.2949)	1.0105*** (0.2586)	0.7436*** (0.2534)	1.0355*** (0.2949)
Cragg-Donald Wald F statistic	15.27	8.61	12.33	15.27	8.61	12.33

注：1. 括号内的数值为稳健标准误。

2. *、**、*** 分别表示在 10%、5%和 1%的置信水平上显著。

（3）剔除宏观政策的干扰。考虑到宏观政策的变化会影响国内经济形势与外资流入水平，从而给本章评估晋升激励对外资流入的作用带来偏误。为了排除宏观政策的干扰，此处对考察期内的宏观政策进行梳理，并考虑宏观政策与外资之间的关系，特选择以下影响大、涉及范围广的政策和事件为代表，具体包括 1994 年中国政府进行的税费改革、1997 年亚洲金融危机以及 2008 年国际金融危机。在此对政策和事件涉及的年份予以剔除，并重新回归来估计晋升激励对外资流入的影响，具体结果见表 6-11。表 6-11 中第（1）～（2）列是剔除税费改革影响后的回归结果，第（3）～（4）列是剔除 1997 年亚洲金融危机影响后的回归结果，第（5）～（6）列是剔除 2008 年国际金融危机作用后的回归结果。可以看出，对以上三类重大外部冲击的剔除并没有改变仕途晋升对外资的促进作用，从而说明本章评估结果的稳健性。

表 6-11　稳健性检验：剔除宏观政策和事件的干扰

变量	1994<*year*<2014		1998<*year*<2014		1993<*year*<2009	
	fdi	*perfdi*	*fdi*	*perfdi*	*fdi*	*perfdi*
	(1)	(2)	(3)	(4)	(5)	(6)
promotion	0.2008**	0.2043**	0.2652***	0.2687***	0.2008**	0.2043**
	(0.0821)	(0.0833)	(0.0916)	(0.0931)	(0.0821)	(0.0833)
gdp	−0.2352	−0.3187	0.3739	0.3385	−0.2352	−0.3187
	(0.4951)	(0.5010)	(0.5416)	(0.5515)	(0.4951)	(0.5010)
investment	−0.0017	−0.0011	−0.0020	−0.0018	−0.0017	−0.0011
	(0.0030)	(0.0030)	(0.0031)	(0.0031)	(0.0030)	(0.0030)
labor	−0.0069	−0.0088	0.0141	0.0129	−0.0069	−0.0088
	(0.0180)	(0.0181)	(0.0173)	(0.0175)	(0.0180)	(0.0181)
financial	0.0038*	0.0040**	0.0042**	0.0044**	0.0038*	0.0040**
	(0.0019)	(0.0020)	(0.0019)	(0.0020)	(0.0019)	(0.0020)
consume	0.0046**	0.0051**	0.0063***	0.0069***	0.0046**	0.0051**
	(0.0020)	(0.0020)	(0.0019)	(0.0020)	(0.0020)	(0.0020)
government	−0.0091	−0.0087	0.0052	0.0062	−0.0091	−0.0087
	(0.0123)	(0.0125)	(0.0130)	(0.0133)	(0.0123)	(0.0125)
industry	−0.0477***	−0.0498***	−0.0242	−0.0254	−0.0477***	−0.0498***
	(0.0171)	(0.0174)	(0.0156)	(0.0160)	(0.0171)	(0.0174)
traffic	0.3978**	0.3990**	0.2642	0.2620	0.3978**	0.3990**
	(0.1876)	(0.1900)	(0.1887)	(0.1911)	(0.1876)	(0.1900)
education	0.2417	0.2889	−0.1228	−0.1131	0.2417	0.2889
	(0.3282)	(0.3345)	(0.3358)	(0.3433)	(0.3282)	(0.3345)
省份固定效应	Yes	Yes	Yes	Yes	Yes	Yes
年份固定效应	Yes	Yes	Yes	Yes	Yes	Yes
N	233	233	194	194	233	233
F	2.5564	2.7434	2.5525	2.8786	2.5564	2.7434
R^2_a	0.9417	0.9521	0.9512	0.9603	0.9417	0.9521

注：1. 括号内的数值为稳健标准误。

2. *、**、*** 分别表示在 10%、5%和 1%的置信水平上显著。

（4）指标替换。本章在分析晋升激励对辖区内外资流入影响的同时，也考察了晋升对地区环境污染的影响，并以环境污染事故的次数来衡量环境污染水平。为了与现有研究进行对比以及进一步说明上文结果的可靠性，在此对环境指标进行替换，分别选取环境污染事故造成的损失（*loss*）与地区工业烟尘排放量（*dust*）来衡量环境污染，并对各指标做对数化处理，具体结果见表6-12。表6-12中第（1）~（3）列主要考察晋升激励对环境污染事故造成经济损失的影响，第（4）~（6）列主要分析晋升激励对辖区内工业烟尘排放量的影响。从结果可以看出，无论是以环境污染事故造成的经济损失还是以工业烟尘排放量来衡量环境污染，地方政府官员仕途晋升依旧显著加剧了地区的环境污染排放，使环境质量恶化。该结果说明，指标更替并不影响本章评估所得结论，从而说明结果的稳健性。

表6-12　稳健性检验：环境因变量替换

变量	*loss*			*dust*		
	(1)	(2)	(3)	(4)	(5)	(6)
promotion	0.4417*	0.4870**	0.5364**	0.0909**	0.0938**	0.1199***
	(0.2400)	(0.2449)	(0.2472)	(0.0460)	(0.0407)	(0.0385)
gdp	-4.3905***	-4.6727**	-4.5079**	-1.7430***	-0.8932**	0.0373
	(1.6517)	(1.8790)	(2.2565)	(0.4427)	(0.3555)	(0.4868)
investment	-0.0076	-0.0086	0.0039	0.0115***	0.0120***	0.0144***
	(0.0087)	(0.0099)	(0.0111)	(0.0023)	(0.0020)	(0.0025)
industry		0.0505	0.0157		0.0259***	0.0186***
		(0.0414)	(0.0416)		(0.0064)	(0.0068)
labor		0.0235	0.0249		-0.0193*	-0.0235**
		(0.0515)	(0.0514)		(0.0102)	(0.0094)
government			-0.1154***			-0.0050
			(0.0363)			(0.0075)
structure			-40.6559			-40.9646***
			(56.1676)			(10.5300)
electricity			0.1340*			0.0091
			(0.0798)			(0.0446)
省份固定效应	Yes	Yes	Yes	Yes	Yes	Yes

续表

变量	loss			dust		
	(1)	(2)	(3)	(4)	(5)	(6)
年份固定效应	Yes	Yes	Yes	Yes	Yes	Yes
N	376	363	362	372	362	362
F	3.2534	1.8990	2.8568	23.1844	20.2935	17.7535
R^2_a	0.4576	0.4360	0.4440	0.9226	0.9293	0.9326

注：1. 括号内的数值为稳健标准误。

2. *、**、*** 分别表示在 10%、5%和 1%的置信水平上显著。

第六节　晋升考核下的周期性分析

以上分析对本章考察的问题进行了系统性的回答，也对理论分析部分提出的假设进行了一一检验；同时，异质性的讨论深化分析了地方政府官员仕途晋升对外资引入的促进作用，并对以上结果进行了一系列的稳健性检验。但事实上，仅仅通过官员的仕途晋升来说明地方政府在引资中表现出的偏好与对环境的恶化效应是不充分的，也没有将政府在引资与环境治理之间面临的困境完全呈现出来。鉴于此，为了对地方政府的引资偏好带来的环境问题进行扩展分析，本章从地方官员的任期出发分别探讨引资周期与环境排污周期，试图从官员任期周期的角度来进一步对引资偏好造成的环境污染问题进行深化考察。

一、引资周期

上文分析已经表明，地方政府官员为了使自己在仕途晋升中保持竞争优势，选择以引资的方式来实现地区的经济增长，并且在短期任期压力下，地方政府官员选择优先引进第二产业的外资来促进经济发展，由此产生的引资偏好造成了政府引资与环境治理之间的困境。而在任期限制的作用下，地方政府的引资行为是否还存在其他表现，将是我们考察的重点。地方政府官员为了实现考核目标，一般会更加努力地在上任初期吸引外商资本，而随着考核的完成激励有所下降，从而使得其对外资引进的努力程度也在下降。为了对地方政府官员在绩效考核压力下的行为进行描述，此处考虑官员任期，并对模型(6-1)进行回归来说明引资的周期变化，具体结果见表6-13。

表6-13 引资周期

变量	*fdi*		*perfdi*	
	(1)	(2)	(3)	(4)
promotion×任期第1年	0.1332 (0.1176)	0.2176** (0.0997)	0.1550 (0.1193)	0.2240** (0.1008)
promotion×任期第2年	0.2574** (0.1179)	0.1931* (0.1070)	0.2804** (0.1206)	0.1964* (0.1087)
promotion×任期第3年	0.3119** (0.1361)	0.2277* (0.1176)	0.3348** (0.1392)	0.2327* (0.1193)
promotion×任期第4年	0.2688* (0.1501)	0.2031 (0.1241)	0.2862* (0.1532)	0.2064 (0.1249)
promotion×任期第5年	0.2320 (0.1967)	0.1926 (0.1661)	0.2324 (0.1992)	0.1922 (0.1677)
promotion×任期第6年	0.1176 (0.1831)	0.0241 (0.1653)	0.1285 (0.1834)	0.0170 (0.1651)
promotion×任期大于6年	−0.2455 (0.2764)	0.0996 (0.1410)	−0.2234 (0.2774)	0.0858 (0.1400)
控制变量	No	Yes	No	Yes
省份固定效应	Yes	Yes	Yes	Yes
年份固定效应	Yes	Yes	Yes	Yes
N	338	233	338	233
F	1.6678	1.8465	1.7661	2.0417
R^2_a	0.8612	0.9403	0.8838	0.9510

注：1. 括号内的数值为稳健标准误。
2. *、** 分别表示在10%、5%的置信水平上显著。

表6-13中，第（1）列、第（2）列主要是对地区整体外资流入周期的分析，第（3）列、第（4）列是对人均外资周期的考察。首先，从评估系数

的显著性来看，晋升官员在任期前三年内对外资的促进作用是显著的，而此后任期内官员晋升对外资的促进作用并不显著，这说明官员在政绩考核之前努力引进外资、发展经济，而在考核结束后，激励的降低使其对外资流入的作用下降。其次，从评估系数可以看出晋升激励对外资促进作用的大小随着任期时间的变化呈现出先增加后减少的趋势变化，该评估结果也是完全符合本章对任期周期的分析结论，即在政绩考核之前，地方政府会努力引资，而考核的结束也将使其对外资的引进作用下降，呈现出先增长、后减少的趋势。

表 6-13 的结论表明，地方政府官员在任期限制的条件下对引进外资呈现出周期性，并且该周期性不仅体现在引资作用的显著性上，还体现在作用大小上，为了对以上结果进行图形展示，特对表 6-13 中第（2）列、第（4）列的评估系数进行绘制，具体如图 6-2、图 6-3 所示。

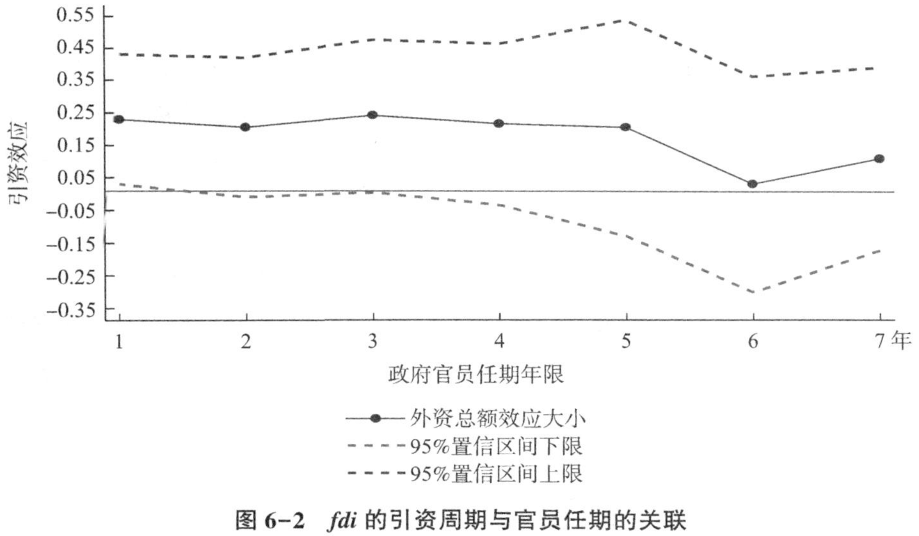

图 6-2　*fdi* 的引资周期与官员任期的关联

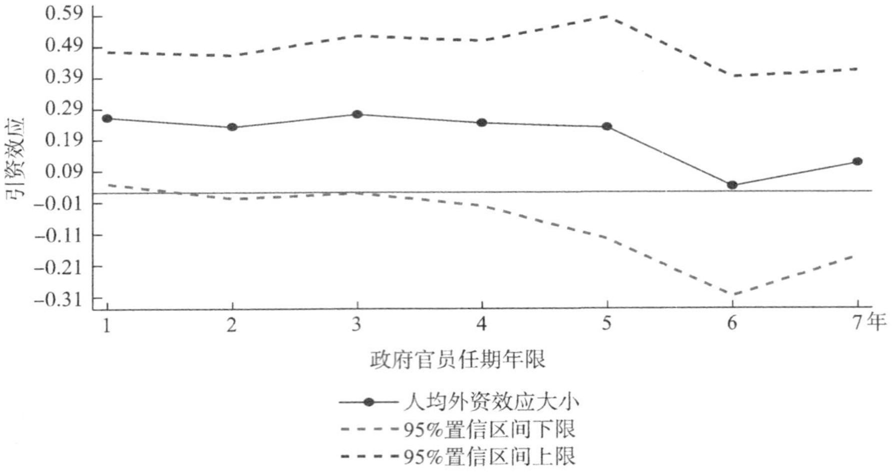

图 6-3 *perfdi* 的引资周期与官员任期的关联

二、排污周期

以上结论让我们重新思考在引资偏好影响下引资周期的存在，那么是否也存在着环境污染排放的周期呢？地方政府官员的绩效考核重点在于经济绩效，但又不完全归于经济绩效，环境绩效的考核也是其考核的内容，尽管所占比重不高，但其作用是不可忽略的。因此，在政府环境考核与引资偏好的共同作用下，地方政府官员在任期内对环境污染排放是否产生周期性的影响，将是我们分析的重点。事实上，在环境考核制度下，将有利于地方政府推进环境治理，但随着政府环境考核工作的结束，环境污染事故频发。对此进行实证检验，具体结果见表6-14。

表 6-14 环境排污周期

变量	*times*			
	(1)	(2)	(3)	(4)
promotion×任期第 1 年	0. 0457 (0. 2134)	0. 1145 (0. 2226)	0. 0090 (0. 2648)	0. 3415 (0. 2890)
promotion×任期第 2 年	0. 2440 (0. 1968)	0. 3673* (0. 1935)	0. 1604 (0. 2511)	0. 4715* (0. 2636)

续表

变量	times			
	(1)	(2)	(3)	(4)
promotion×任期第 3 年	0.1539 (0.2574)	0.2451 (0.2563)	0.1528 (0.3304)	0.3645 (0.3429)
promotion×任期第 4 年	0.2031 (0.2647)	0.3575 (0.2608)	0.1570 (0.2551)	0.5105 (0.3563)
promotion×任期第 5 年	0.5737* (0.2946)	0.7599** (0.2999)	0.4130 (0.2858)	1.0180*** (0.3900)
promotion×任期第 6 年	0.5985* (0.3043)	0.7849** (0.3664)	1.1782** (0.4811)	0.9410** (0.4126)
promotion×任期大于 6 年	0.1907 (0.3390)	0.5557* (0.3329)	0.9983* (0.5372)	0.6518* (0.3537)
控制变量	No	Yes	Yes	Yes
省份固定效应	Yes	Yes	Yes	Yes
年份固定效应	Yes	Yes	Yes	Yes
N	376	362	228	253
F	1.0267	2.3340	3.4366	2.2190
R^2_a	0.5355	0.5413	0.5193	0.5476

注：1. 括号内的数值为稳健标准误。

2. *、**、*** 分别表示在 10%、5%和 1%的置信水平上显著。

表6-14 中，第（1）列、第（2）列是对全样本进行回归分析的结果，考虑到地区之间的司法程度、环境监管以及经济发展等因素的差异，对样本中的东部地区和西部地区进行剔除，结果分别见表 6-14 中第（3）列、第（4）列。可以看出，尽管官员晋升在不同任期内对环境污染水平均具有促进作用，但是该促进作用存在着明显的差异。首先，从评估系数的显著性来看，官员晋升在任期前四年内对环境污染事故次数的促进作用并不显著，而此后任期内官员晋升却显著提高了环境污染水平；其次，从评估系数的大小可以看出，官员晋升对环境污染促进作用的大小随着任期时间的变化也呈现出逐渐增加的趋势，该评估结果也完全符合本章对任期周期的分析结论，即在政绩考核之前，地方政府会努力控制环境污染水平，而考核结束后其对环境污

染有所纵容，故而呈现出持续增长的趋势。

表 6-14 的结论表明，地方政府官员在任期限制的条件下对环境排污的作用呈现出周期性，该周期性不仅体现在环境污染作用的显著性上，还体现在作用大小上，正是该周期性的存在，使地方政府在进行环境治理时面临着困境。为了对以上结果进行图形展示，对表 6-14 中第（2）列的评估系数进行绘制，具体见图 6-4。

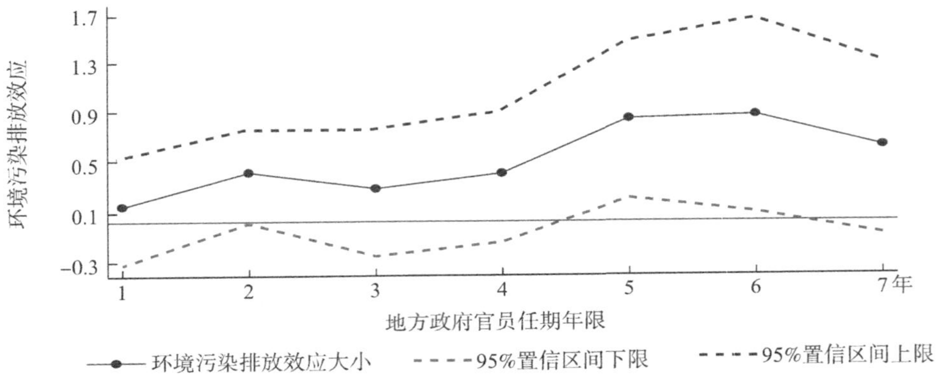

图 6-4　环境排污周期与官员任期的关联

三、周期对比

由图 6-5 至图 6-6 可以看出，地方政府官员在不同的任期对引资与环境排污的作用呈现出周期性，而该周期的存在将造成宏观经济的波动与环境治理的困境。为了对该问题进行扩充分析，此处将地方政府官员任期从同一政府官员的任期延伸至多位不同政府官员的任期，从更长时间内来考察周期性的波动，但是鉴于数据的可获取性，将基于上文分析所得周期结论进行对比。可以看出，地方政府引资多出现于官员任期的初期，呈现出先增长、后降低的趋势；而环境污染多出现于官员任期的后期，呈现出先降低、后增长的趋势。这一完全相反的周期波动与地方政府官员的晋升考核存在着密切关系。

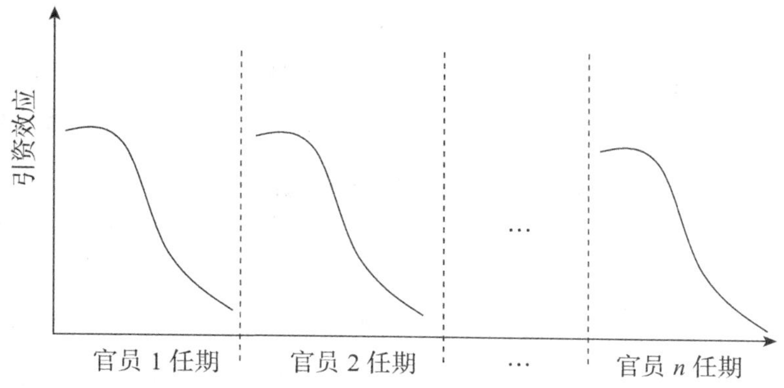

图 6-5　模拟引资周期与官员任期的关联

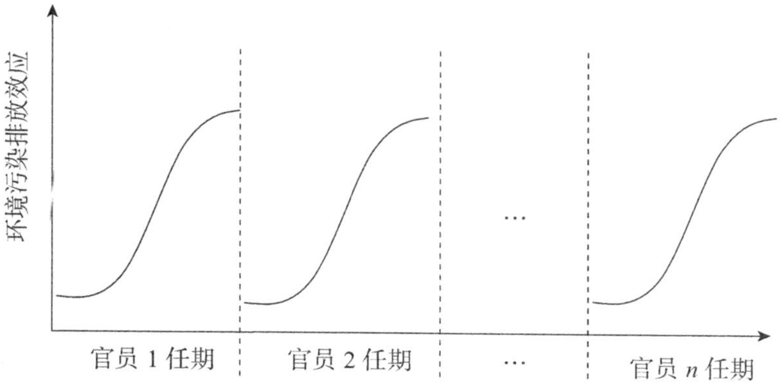

图 6-6　模拟环境排污周期与官员任期的关联

第七节　本章小结

在经济发展的新阶段，如何在改善环境质量的同时，进一步利用外资来促进产业结构升级，是地方政府亟须解决的问题。尽管已有研究集中探讨了经济结构失衡、产业结构滞后以及环境污染问题，但研究者往往是对其进行孤立的研究，并没有将其纳入统一的框架进行分析，这不利于我们对整体经济效益与环境效益的权衡，分析结果也将存在片面性。本章从地方政府引资偏好角度对当前面临的经济结构失衡、产能过剩等经济现象进行诠释。

研究发现，地方政府在利用外资与环境治理之间的困境表现为以下几点：

一是政府官员为了在仕途晋升竞争中保持优势，选择以引进外资的方式来努力发展经济，而忽略了辖区内的环境质量，最终造成了辖区内经济的高速发展和环境污染的加剧；二是如何在较短时期实现辖区内经济增长的最大化是部分地方政府应重点考虑的，因此政府偏好于见效快、规模大的第二产业外商投资，引进第二产业不仅有利于较快地发展经济，而且将大幅提高本地的财政收入，可以满足地方政府多项考核目标，正是引资偏好的存在使得辖区内第二产业的规模不断扩大，加剧环境质量的恶化；三是地方政府官员在任期的初期将努力引进外资，并且环境质量未受到明显影响，而在任期快结束时，外资增长并不显著，环境质量却存在着显著下降的现象。这一发现告诉我们，官员的任期与更替产生了引资周期与环境排污周期，即引资多发生于任期前期，污染多发生于任期后期。

第七章　环境规制、引资转型与外资策略性转移

第一节　引言

随着人类活动范围的不断扩展，环境问题已成为当今社会亟须解决的重要议题。作为可持续发展理念之一，绿色环保型经济发展模式成为突破环境困境与制约的关键所在。改革开放以来，中国经济保持平稳较快增长，在经济快速发展的同时，中国面临的经济发展与环境污染的矛盾也日趋尖锐和激化（Vennemo et al.，2009）。根据《2021年全球空气质量报告》，2021年，中国66%城市的$PM_{2.5}$浓度比2020年有所下降，污染的主要来源是以煤、天然气为基础的能源消费。

新中国成立以来，由于中国经济的高速增长主要是通过燃煤、燃油等粗放型生产方式推动的，一次能源的消耗比重过大，有害气体的过度排放导致空气污染问题（张成、朱乾龙、于同中，2011）。要解决生态环境的问题，避免走“先污染，后治理”的老路，注重经济发展与环境保护共赢，提高环境规制强度的举措将成为必要手段。可喜的是，面对日益严峻的环境问题，我国对污染防治与生态建设的关注和重视程度已日益提高，为了避免经济发展过程中带来严重的空气污染问题，中央政府于2007年要求地方政府实施环境信息披露制度，以此作为环境规制的有效方式来对环境污染进行治理，实现绿色发展。

环境信息披露制度的建立作为加强环境规制与降低环境污染的一大创举，经过多年实施与发展，已成为降低污染排放总量、限制粗放型生产活动的重

要举措，在环境规制方面发挥着重要作用（Li et al.，2018）①。但是，环境质量的改善是不是以牺牲经济利益、减少外资流入为代价呢？此外，环境规制的实施是否会对政府的引资行为产生影响，环境规制与引进外资真的不能实现双赢吗？关于资源环境的可持续保护与经济增长的平衡关系问题一直是环境经济学领域的核心议题，而本章将尝试对这一问题进行解答。

2007 年，中央政府要求地方政府实施的环境信息披露制度恰好对环境规制与外资流入之间的因果识别产生了绝佳的外生冲击，而本章则创新性地利用环境信息披露制度设立这一事实，试图通过构造“准自然实验”，在 DID 的基础上验证环境规制与 FDI 流入之间的因果推断。本章分析基于多方渠道与各类原始数据库，手动匹配和整理了 2004—2013 年中国 286 个地级市以及微观企业面板数据对这一问题进行研究。基于城市层面的证据表明，相对于未公开环境信息的地区，环境公示制度的建立以及对污染企业环境信息的披露会显著抑制公示地区的 FDI 流入；当使用更丰富的企业层面数据检验时，发现环境信息披露的确会对企业 FDI 流入产生抑制性作用，这与通过城市层面数据检验所得结论基本相同，不同的是，环境信息披露对 FDI 的区位分布和结构转型具有显著影响，信息披露造成了外资流入的结构性调整，从而促使 FDI 由污染型行业向清洁型行业转移，以期达到符合地方政府环境行政管制的要求。

第二节　政策背景

中国经济快速增长的同时，环境问题也随之成为社会公众日益关注的焦点，在全球气候变化与污染排放日益严峻的情况下，绿色环保型经济发展手段成为破解污染困境与环境制约的关键所在（史贝贝等，2017）。为保护环境、促进经济的可持续发展，中国自 20 世纪末以来制定了一系列环境规制政

① 本章在研究过程中对环境信息披露制度的环境效果予以评估，采用工业“三废”来衡量环境污染，并对内生性问题进行处理，结果发现环境信息披露制度显著降低了污染物排放量，改善了环境质量。限于篇幅，本章并没有对该结果进行呈现。

策并取得了初步成效（涂正革、谌仁俊，2015；Cai，Chen & Gong，2016；Feng et al.，2017）。为了进一步推动降污减排，促进经济转型发展，推进和规范政府环境保护工作与地方企业绿色生产的有序开展，国家环境保护总局①于2007年2月8日下发了《环境信息公开办法（试行）》（以下简称《办法》），并于2008年5月1日起正式实施②。《办法》主要对地方政府与企业两方面的环境信息披露做出规范，旨在推动地方环境信息公示制度的有效建设。

事实上，这一举措的确符合当今政府环境规制与信息公开的世界潮流。全球已有90多个国家和地区制定了政府信息公开政策法规，并有20个国家建立了污染物数据公开制度。③ 以美国为例，研究表明，美国政府在1986年建立了污染物排放信息公示制度，促使化学污染物排放下降了45.5%。④ 环境信息公示制度的建立充分体现了公众对环保的知情权与参与权，有利于政府环境政策的科学制定与规范实施，提升环境监管力度，对于环境立法、降低环境污染和实现经济可持续性发展都具有重要的意义。

因此，在促进环境信息公示的具体措施上，《办法》指出：其一，在政府环境信息公示方面，地方环保部门应当在职责权限内，除向社会公开环保法律法规等规范性政策外，还应主动公开地方环境质量状况，环境统计和调查信息，主要污染物排放总量及落实情况，环保事业性收费项目、依据和标准以及对环保行政处罚等强制性措施的通报；其二，在地方企业环境信息公示方面，企业在自愿与强制性相结合的方式下，要主动公开年度资源消耗总量、环保投资与技术开发总额、生产过程中的废物处置情况、履行社会责任以及环保设施建设与运营情况等信息，同时针对特定企业，还须公布主要污染物

① 现为中华人民共和国生态环境部。

② 详见中华人民共和国生态环境部网站，http：//www.zhb.gov.cn/gkml/zj/jl/200910/t20091022_171845.htm。

③ 例如，1990年，欧盟的90/313/EEC指令宣布环境信息获取自由；1995年，印度尼西亚实施了“污染控制、评价与分级项目”（PROPER）；2001年，日本实施了污染物排放与转移登记政策等。

④ 以上数据来源于公众环境研究中心（Institute of Public and Environment Affairs，IPE）的《环境信息公开 艰难破冰——污染源监管信息公开指数（PITI）暨2008年度113个城市评价结果》，具体可见http：//wwwoa.ipe.org.cn/Upload//2010-09/2029b 0a7e3754216a111e578d7d3e066.pdf。

名称、排放方式、浓度和总量超标情况。此外，《办法》对环境信息公示的步骤、程序与监督方式也做了详细说明。该政策的出台，标志着我国环境规制政策的进一步发展与环保信息公示制度的建立进入新的阶段，对提高地方政府和企业的环保意识、抑制政企合谋行为、遏制地方环境污染提出了规范性要求。

自《办法》实施以来，IPE 与美国自然资源保护委员会（NRDC）以《办法》作为蓝本，共同发布“污染源监管信息公开指数”（PITI），逐年公布国家重点关注的 113 个城市的环境信息公开情况的评价结果。① 该指数分别以“污染源日常超标、违规记录信息公示”“污染源集中整治信息公示”“清洁生产审核信息公示”“企业环境行为整体评价信息公示”“经调查核实的公众对环境问题或企业污染环境的信访、投诉案件及其处理结果信息公示”“建设项目环境影响评价文件受理情况和建设项目竣工环境保护验收结果信息公示”“排污收费相关信息公示”“依申请公开情况”八个标准对目标城市环境信息公示制度的落实情况进行评分并逐年发布报告进行信息披露，而其余地级市并未在考察和信息披露的范围内，这为我们构造“准自然实验”并使用 DID 识别环境规制对 FDI 流入的“净效应”创造了条件。

第三节　理论假设：两部门模型

本章通过一个简易的开放经济两部门模型来分析环境信息公示将会如何影响 FDI 流入。假设在一个开放的经济中，引资地区的两个部门——清洁部门 x 与污染部门 y，包含来自外商的所有 FDI 流入，因此由 FDI 流入生产的产品在两部门间的分布分别为 q_x和 q_y，由此来代表两部门间 FDI 的流入量。其中，清洁部门的 FDI 由于自身特质，将不会受到环境规制的影响，而污染部

① 其中，包括 110 个“国家环保重点城市”及 3 个非国家环保重点城市——东莞、盐城与鄂尔多斯。城市具体包括 4 个直辖市、25 个省会城市、5 个计划单列市、76 个其他环保重点城市以及 3 个非环保重点城市。而自 2013—2014 年起，该指数发布的城市数量增至 120 个，但本章仍以 113 个初始城市名单作为分析基础。

门的 FDI 在环境信息公示制度的建设中将会受到牵制，同时假设这一环境信息公示政策将在 $t+1$ 时刻生效。因此，在该政策未生效的 t 时刻，根据 FDI 流入的生产产品特质，本章首先建立了一个风险中性且替代弹性为常数（CES）的消费效用函数（Holladay et al.，2015）：

$$U(q_{x,t},\ q_{y,t})=\frac{\{[\omega_t^{\frac{1}{\rho}}\cdot q_{x,t}^{\frac{\rho-1}{\rho}}+(1-\omega_t)^{\frac{1}{\rho}}\cdot q_{y,t}^{\frac{\rho-1}{\rho}}]^{\frac{\rho}{\rho-1}}\}^{1-\sigma}-1}{1-\sigma}-D\cdot\frac{e^{1+\sigma}-1}{1+\sigma} \tag{7-1}$$

式（7-1）中，$q_{x,t}$ 与 $q_{y,t}$ 分别为 t 时刻由清洁部门和污染部门 FDI 生产的最终产品；ω 为清洁部门所占两部门规模权重，且 $\omega\in(0,\ 1)$；ρ 为两部门间的替代弹性，且为常数，同时有 $\rho>0$ 且 $\rho\neq1$；σ 表示风险偏好，且为常数，有 $\sigma\neq1$。同时，假设 e 表示污染排放，而 D 为污染排放的负效用参数，且有 $D\geqslant0$。假设 x 部门与 y 部门在 t 时刻生产产品的产品定价分别为 $p_{x,t}$ 与 $p_{y,t}$，个体消费的可支配收入为常数 $\bar{I}$，假设 $t+1$ 时刻的两部门产品定价 $p_{x,t+1}$ 和 $p_{y,t+1}$ 分别根据 t 时刻的产品消费量 $q_{x,t}$ 与 $q_{y,t}$ 来决定，因此有关两部门供给曲线的反函数 $p_x(q_x)$、$p_y(q_y)$ 分别为

$$p_{x,t+1}^{s}(q_{x,t})=a_x^s+b_x^s\cdot q_{x,t} \tag{7-2}$$

$$p_{y,t+1}^{s}(q_{y,t})=a_y^s+b_y^s\cdot q_{y,t} \tag{7-3}$$

另外，对于企业而言，投入要素仅为劳动力要素 $\bar{L}$，且总要素投入为常数，工资水平为 w，而企业总体利润水平为 π，同时，由于环境信息公示制度企业获得的政府生产补贴为 G。因此，对于个体家庭而言，有关 FDI 产品的消费预算限制有

$$p_{x,t}\cdot q_{x,t}+\varphi p_{y,t}\cdot q_{y,t}+\bar{I}=w\cdot\bar{L}+\pi+G \tag{7-4}$$

式中，φ 为环境信息公示制度对污染部门产品的规制因子，且 $\varphi\geqslant0$。当 t 时刻未具有环境规制时，φ 为 1；当 $t+1$ 时刻产生规制时，φ 将大于 1。那么，基于式（7-1）和式（7-4），我们可得效用最大化的拉格朗日条件为

$$\max_{q_x,q_y}\mathcal{X}=\frac{\{[\omega_t^{\frac{1}{\rho}}\cdot q_{x,t}^{\frac{\rho-1}{\rho}}+(1-\omega_t)^{\frac{1}{\rho}}\cdot q_{y,t}^{\frac{\rho-1}{\rho}}]^{\frac{\rho}{\rho-1}}\}^{1-\sigma}-1}{1-\sigma}-D\cdot\frac{e^{1+\sigma}-1}{1+\sigma}+\lambda(w\bar{L}+\pi+G-\bar{I}-p_{x,t}\cdot q_{x,t}-\varphi\cdot p_{y,t}\cdot q_{y,t}) \tag{7-5}$$

其中，λ 表示拉格朗日乘子。根据式（7-5），可得最大化条件为

$$\left[\omega_t^{\frac{1}{\rho}} \cdot q_{x,t}^{\frac{\rho-1}{\rho}} + (1-\omega_t)^{\frac{1}{\rho}} \cdot q_{y,t}^{\frac{\rho-1}{\rho}}\right]^{\frac{1-\sigma\rho}{\rho-1}} \left(\frac{\omega_t}{q_{x,t}}\right)^{\frac{1}{\rho}} = \lambda p_{x,t} \tag{7-6}$$

$$\left[\omega_t^{\frac{1}{\rho}} \cdot q_{x,t}^{\frac{\rho-1}{\rho}} + (1-\omega_t)^{\frac{1}{\rho}} \cdot q_{y,t}^{\frac{\rho-1}{\rho}}\right]^{\frac{1-\sigma\rho}{\rho-1}} \left(\frac{1-\omega_t}{q_{y,t}}\right)^{\frac{1}{\rho}} = \lambda \cdot \varphi \cdot p_{y,t} \tag{7-7}$$

而利用式（7-6）和式（7-7）又可得

$$\frac{q_{x,t}}{q_{y,t}} = \frac{\omega_t}{1-\omega_t} \cdot \left(\frac{p_{x,t}}{p_{y,t}}\right)^{-\rho} \cdot \varphi^{\rho} \tag{7-8}$$

由式（7-8）可以看出，清洁部门 x 和污染部门 y 的 FDI 流入量水平分别由部门规模 ω、两部门产品的相对价格 $p_{x,t}$ 与 $p_{y,t}$，以及环境信息公示制度建设 φ 来决定。当环境信息公示政策实施时，由于 φ 因子对污染部门 y 的规制不会对清洁部门 x 产生影响，式（7-8）左侧在 $q_{x,t}$ 不变的情况下会降低 $q_{y,t}$，即意味着总 FDI 流入水平将会下降。

同时，根据式（7-8）的整理可得

$$\frac{\omega_t}{1-\omega_t} = \frac{q_{x,t}}{q_{y,t}} \cdot \left(\frac{p_{x,t}}{p_{y,t}}\right)^{\rho} \cdot \varphi^{-\rho} \tag{7-9}$$

其中，令 $\frac{\omega_t}{1-\omega_t} = S$，则有 $S = \frac{q_{x,t}}{q_{y,t}} \cdot \left(\frac{p_{x,t}}{p_{y,t}}\right)^{\rho} \cdot \varphi^{-\rho}$。根据左右等式变换，可得

$$\omega_t = \frac{S}{1+S} \tag{7-10}$$

即有

$$\omega_t = \frac{1}{\left(\frac{q_{x,t}}{q_{y,t}}\right)^{-1} \cdot \left(\frac{p_{x,t}}{p_{y,t}}\right)^{-\rho} \cdot \varphi^{-\rho} + 1} \tag{7-11}$$

令两部门在环境信息公示制度建立后的 $t+1$ 时刻的 FDI 流入规模分布 γ_x 和 γ_y 分别为

$$\gamma_{x,t+1} = \omega_{t+1} = \frac{1}{\left(\frac{q_{x,t+1}}{q_{y,t+1}}\right)^{-1} \cdot \left(\frac{p_{x,t+1}}{p_{y,t+1}}\right)^{-\rho} \cdot \varphi^{-\rho} + 1} \tag{7-12}$$

$$\gamma_{y,t+1}=1-\omega_{t+1}=\frac{\left(\frac{q_{x,t+1}}{q_{y,t+1}}\right)^{-1}\cdot\left(\frac{p_{x,t+1}}{p_{y,t+1}}\right)^{-\rho}\cdot\varphi^{\rho}}{\left(\frac{q_{x,t+1}}{q_{y,t+1}}\right)^{-1}\cdot\left(\frac{p_{x,t+1}}{p_{y,t+1}}\right)^{-\rho}\cdot\varphi^{-\rho}+1} \tag{7-13}$$

根据式（7-12）与式（7-13）可知，环境信息公示制度建立后，随着$q_{y,t}$的降低，$p_{y,t+1}$也会下降；在其他因素不变的情况下，x和y两部门的FDI产业分布规模也将发生改变，γ_x升高，而γ_y下降，即清洁部门x的规模与FDI流入将会扩大，而污染部门y的规模与FDI流入将会缩小。

本章认为，以上函数推导符合当今中国的经验事实，随着中国公众对环境问题的日益关注与政府环境规制政策的严格执行，本地环境信息公示与污染型企业生产成本提高、投资下滑直接相关，外资企业在面临环境信息公示带来的成本提高和投资下滑时，如果缺乏积极的创新战略，为了谋求企业长远的发展，则只有采取跨区域转移生产的方式来选择退出当地市场，这既符合“污染避难所”假设的理论逻辑，又在实际发展中对中国的环境净化与抑制污染发挥着举足轻重的作用，在提高污染企业FDI准入门槛的同时，信息公示制度又为清洁型企业的发展与FDI进入提供了良好的环境，优化了当地FDI流入的生态结构。但由于中国长期以来沿用粗放型发展模式，以及环境规制政策的出台与企业提高清洁技术能力的反应速度不匹配等因素，清洁型FDI的流入总量可能也会低于污染型FDI的退出速度，从而造成地区整体FDI流入总额的下降。因此，根据以上理论分析，本章可提出以下假设。

假设7.1：随着环境信息公示制度的建立，环境信息披露显著提高了外资企业的生产成本，从而抑制环境信息公示地区整体的FDI流入。

假设7.2：环境信息公示制度能够提高公示地区清洁型FDI的流入，降低污染密集型FDI的流入，实现辖区内FDI的策略性调整。

第四节　研究设计与数据介绍

一、DID 模型

为检验环境信息公示对 FDI 流入的影响，本章以 2008 年由 IPE 和 NRDC 联合公示的中国 113 个城市的 PITI 作为一次准自然实验，并采取 DID 进行因果识别。结合本章以公开信息的城市为干预组，反之则为控制组，对比不同组别的城市在不同时期受到政策干预的“净效应”。因此，本章将 DID 模型设定如下：

$$FDI_{it} = \alpha_0 + \alpha_1 PITI_{it} + \sum Control_{it} + \mu_i + \delta_t + \varepsilon_{it} \tag{7-14}$$

模型中，FDI_{it}为各城市的外资实际利用情况，分别以实际利用外资总额和人均实际利用外资额来衡量；$PITI_{it}$为 i 城市在第 t 年是否公开环境信息，干预组取值为 1，反之为零；$Control_{it}$为一系列影响外资活动的控制变量；μ_i、δ_t分别为城市固定效应和年份固定效应；ε_{it}为随机扰动项。那么，作为一种环境规制的信息公示，其对外资活动的作用是否存在着特殊性呢？为了对此假设进行细化考察，本章将分别从地区 FDI 的饱和程度、环境规制的执行强度以及政企合谋的程度出发，研究环境信息公示对外资影响的异质性，具体如下。

首先，文章分析的核心重点在于外资，同样的政策是否会随着实施对象的不同而导致政策效果存在差异，即环境信息的公示是否会对不同城市的外资产生差异化影响，为了对此进行检验，建立如下模型：

$$FDI_{it} = \beta_0 + \beta_1 PITI_{it} \times Saturation_i + \sum Control_{it} + \mu_i + \delta_t + \varepsilon_{it} \tag{7-15}$$

模型中，$Saturation_i$为城市 i 利用外资的饱和程度，如果该城市已经拥有过剩的外资，那么作为环境规制的信息公示将会导致该地区外资利用水平降低，对外资产生的作用也就越强；反之，则越弱。那么，如何衡量地区利用外资的饱和程度呢？本章结合外资进入中国的现实情况，认为外资主要是从东部沿海地区逐渐流入中西部地区，并且由重点城市流向二、三级城市。根据该历史路径，我们对考察样本进行划分并生成相应变量：①将区域划分为东部（*east*）和中西部（*middlewest*）；②依据城市等级将所有城市划分为一类（*first*）城市和二类（*second*）城市。显然，东部城市以及一类城市的外资饱和程度要远远高于中西部地区和二类城市。

其次，环境信息公示作为一种环境规制，对城市内外资的影响也必然会随着环境规制的强弱程度产生不同效果，为了对此进行检验，我们建立如下模型：

$$FDI_{it} = \emptyset_0 + \emptyset_1 PITI_{it} \times Strength_i + \sum Control_{it} + \mu_i + \delta_t + \varepsilon_{it} \tag{7-16}$$

模型中，$Strength_i$为城市 i 实施的环境规制强度。PITI 报告明确给出干预组内每个城市的 PITI 指数得分，得分越高则说明城市环境越好，从而间接说明该城市环境规制强度越大。因此，我们对干预组内的样本城市进行划分，具体分为强环境规制（*strong*）、中等环境规制（*mid*）以及弱环境规制（*weak*）①，以此来考察环境规制强度对 FDI 的影响。显然，环境规制越强，其对 FDI 的影响作用越大；反之，则越小。

此外，政企关系的存在将使得环境规制效果弱化。企业通过行贿等手段与地方官员之间形成合谋，为企业追求更多的利益，而政府官员会在经济利益诱导下放松规制，与企业合谋。因此，为了进一步检验政企关系在环境规制下的作用，我们建立如下模型：

$$FDI_{it} = \vartheta_0 + \vartheta_1 PITI_{it} \times Probity_i + \sum Control_{it} + \mu_i + \delta_t + \varepsilon_{it} \tag{7-17}$$

模型中，$Probity_i$为城市 i 的政府清廉程度，清廉程度越高，政府官员与地方企业之间的合谋程度越小；反之，则说明政企合谋程度越大。为了对政府

---

① 此处我们依据 2013 年 120 个试点城市 PITI 指数得分排名，将排名前 31 的城市定义为强环境规制城市、排名中间的 50 个城市定义为中等环境规制城市、排名后 39 的城市定义为弱环境规制城市。尽管这里的 120 个城市比此前考察的 113 个试点城市多了 7 个城市，但这并不影响交互项评估的效果。

清廉程度进行测量分析，此处以地方政府清廉指数将所有城市划分为优（*best*）、良（*good*）、差（*bad*）①，清廉指数越高，政府合谋程度越小，则环境规制的实施越能公正、彻底，其作用效果就越好。

当然，模型（7-14）仅仅是环境信息公示对地区外资影响的平均作用，事实上，考虑到政策执行、信息传递以及企业投资调整等因素，环境信息公示并不一定会当期有效，可能存在滞后，对企业战略的调整具有长期影响；再者，平行趋势假设应得到满足，该假设认为在没有实施环境信息公示政策的条件下，干预组与控制组之间的外资水平并不会随着时间的推移发生显著变化，如果出现明显差异，则平行趋势假设将不成立，进而使得回归结果存在偏误。基于以上原因，本章在模型（7-14）的基础上进行扩展，并建立动态效应模型，具体如下：

$$FDI_{it} = \theta_0 + \sum_{\tau \in \{-3,\ -2,\ \cdots,\ 4,\ 5\}} \theta_\tau PITI_{it} + \sum Control_{it} + \mu_i + \delta_t + \varepsilon_{it} \tag{7-18}$$

模型中，$PITI_{i\tau}$为一组虚拟变量，表示信息公示城市 i 第 τ 年的虚拟变量（其中，$\tau=-3,\ -2,\ \cdots,\ 4,\ 5$），以此考察信息公示对 FDI 的动态效应。以政策实施的 2008 年为界，τ 取值为零，变量$PITI_{i0}=1$，其余年份赋值为零。政策实施后，τ 分别取值为 1、2、3、4、5，代表 2009 年、2010 年、2011 年、2012 年、2013 年，而在 2008 年之前，τ 分别取值为-1、-2、-3，表示 2007 年、2006 年、2005 年。如果系数θ_{-3}、θ_{-2}及θ_{-1}不显著，则说明环境信息公示前干预组与控制组并不存在系统性差异；反之，则说明存在系统性差异，不满足 DID 要求的平行趋势假设。

以上分析仅仅局限于宏观地区层面，为了进一步深化对 FDI 的分析，本章还将从微观企业层面出发考察环境信息公示对 FDI 流入的影响，因为宏观

① 指标来源于聂辉华、韩冬临、马亮等（2018）的《中国城市政商关系排行榜（2017）》，中国人民大学国家发展与战略研究院政企关系研究中心报告。此处将政府清廉指数大于 82 分的城市划分为清廉指数优等、72~82 分的城市划分为清廉指数良好、小于 72 分的城市划分为清廉指数较差。

地区外商直接投资额是对微观层面上外资企业①投资额的加总，因此，对外资企业投资的分析是对 FDI 考察的进一步拓展。但考虑到行业因素的干扰，我们利用三重差分法（DDD）来分析剔除行业因素后环境信息公示对外资企业投资的影响，具体如下：

$$Investment_{ijt} = \rho_0 + \rho_1 EI_i \times Time_t \times Pollution_j + \rho_2 EI_i \times Time_t + \rho_3 Time_t \times Pollution_j + \rho_4 EI_i \times Pollution_j + \sum Control_{jt} + \mu_j + \delta_t + \varepsilon_{ijt} \quad (7-19)$$

模型中，$Investment_{ijt}$为城市 i 中外资企业 j 在第 t 年的投资水平；EI_i取值为 1 表示城市 i 实施环境信息公示，反之取值为零；$Time_t$ 为时间哑变量，如果年份在 2008 年以后则取值为 1，反之取值为零；$Pollution_j$为外资企业 j 是否属于清洁行业，是则取值为 1，否则取值为零；$Control_{jt}$为影响外资企业投资的控制变量；μ_j、δ_t 分别为企业固定效应和年份固定效应。需要说明的是，模型（7-14）~（7-17）中$PITI_{it}$表示$EI_i \times Time_t$，是一种简化形式。模型（7-19）中 ρ_1是我们关心的重点，表示剔除行业因素后环境信息公示对 FDI 的净效应。

二、指标选取

（1）被解释变量。本章主要评估环境规制对外资活动的影响，故而以地区实际利用外资总额以及人均实际利用外资额来衡量 FDI 流入状况。② 除了宏观层面外，为了深化 FDI 的研究，我们进一步选取外资企业的投资额作为微观 FDI，并将其进一步细分为清洁型 FDI 和污染型 FDI，以此考察环境信息对不同类型 FDI 的影响。为此，本章以企业 t 年与 t-1 年固定资产合计之差值与资产总计的比值来衡量企业新投资额（Richardson，2006；曹春方等，2014；孙晓华、李明珊，2016）。

（2）核心解释变量。本章以准自然实验来对环境信息公示与外资活动之

① 由于数据限制，本章对外资企业的分析仅限于中国工业企业数据库中的中外合资经营企业、中外合作经营企业、外资（独资）企业、外商投资股份有限公司、合资经营企业（港或澳、台资）、合作经营企业（港或澳、台资）、港澳台独资企业、港澳台商投资股份有限公司。

② 考虑到原始数据以美元计价，故而以平均汇率调整为人民币计价，同时使用资产价格投资指数予以平减，最终得到地区外商实际投资总额和地区人均外商实际投资额，并以其对数形式作为衡量指标。

间的因果关系进行推断，故而以 2008 年发布的 113 个城市的 PITI 作为准自然实验，如果属于环境信息公示城市，则取值为 1，反之取值为零。

（3）控制变量。宏观地区层面，考虑到本地的经济发展水平、政府规模（Glickman & Woodward，1988）、产业结构、劳动力禀赋（Head & Mayer，2004）都是影响 FDI 流入的关键因素，故而分别以地区生产总值增长率、政府财政预算内支出占地区生产总值的比例、工业总产值占地区生产总值的比例以及地区总人口数与城市总面积的比值来衡量。除此之外，我们还选取了固定资产投资总额占地区生产总值的比例来说明本地的固定资产投资、1-城乡居民储蓄年末余额占地区生产总值的比例来说明消费市场潜力、本年应交增值税占地区生产总值的比例来说明税负优惠、市辖区面积取对数来说明城市面积、年末机构各项贷款余额占地区生产总值的比例来衡量金融发展水平。微观企业层面，现有研究已经表明企业的盈利能力、企业规模、债务水平、企业年龄、所有者权益（Richardson，2006；孙晓华、李明珊，2016）等因素对企业的投资决策具有重要影响，故而本章分别选取企业主营业务收入取对数、工业销售总产值取对数、企业负债合计取对数、（企业成立的时间+1）取对数以及所有者权益合计占工业销售总产值的比例来衡量。此外，本章还选取企业管理费用取对数来表示企业成本，以本年应交增值税占工业销售总产值的比例来说明税收程度，以出口交货值占工业销售总产值的比例来说明出口强度，同时也考虑补贴收入对企业投资的影响，具体变量选取见表 7-1。

表 7-1　主要变量的解释及说明

变量	变量含义	计算方法	均值	标准差
地区宏观层面变量				
fdi	外商直接投资额	地区外商实际投资总额取对数	10.5554	1.8580
perfdi	人均外商直接投资额	地区人均外商实际投资额取对数	4.6640	1.7316
PITI	环境信息公示	环境信息是否公示，虚拟变量（0，1）	0.2353	0.4243
gdp	经济发展水平	地区生产总值增长率	13.3834	3.9343
density	劳动力禀赋	地区总人口数/城市总面积	0.0425	0.0351
investment	固定资产投资	（固定资产投资总额/地区生产总值）×100	59.7830	23.3029

续表

变量	变量含义	计算方法	均值	标准差
goverment	政府规模	(政府财政预算内支出/地区生产总值)×100	15.4972	17.8139
consume	消费市场潜力	(1-城乡居民储蓄年末余额/地区生产总值)×100	32.2710	24.9577
tax	税负优惠	(本年应交增值税/地区生产总值)×100	4.5093	2.5265
area	城市面积	市辖区面积取对数	9.3311	0.8050
financial	金融发展水平	(年末机构各项贷款余额/地区生产总值)×100	96.2445	55.3207
structure	产业结构	(工业总产值/地区生产总值)×100	126.3192	57.7096
企业微观层面变量				
investment	企业投资额	t 年与 $t-1$ 年固定资产合计之差/资产总计	-0.0427	1.5072
profit	盈利能力	企业主营业务收入取对数	10.9297	1.3422
size	企业规模	工业销售总产值取对数	10.8170	1.3594
debt	债务水平	企业负债合计取对数	9.8016	1.6558
right	所有者权益	所有者权益合计/工业销售总产值	0.6289	1.4523
cost	企业成本	企业管理费用取对数	7.7225	1.3951
age	企业年龄	(企业成立时间+1)取对数	2.3242	0.4694
tax	税收程度	本年应交增值税/工业销售总产值	0.0298	0.0562
export	出口强度	出口交货值/工业销售总产值	0.4930	0.6533
subsidy	补贴收入	是否有补贴收入,虚拟变量(0,1)	0.4243	0.4942

三、数据来源

本章以环境信息公示作为准自然实验来考察环境规制对 FDI 的影响,为了弥补以往文献只侧重于分析宏观层面外资水平的不足,本节将采取地区层面数据与微观企业数据相结合的方式,进一步深化分析信息公示对外资总体以及对不同类型外资影响的异质性,具体数据如下。

首先,作为分析的主体,本章从宏观地区层面着手,以中国 286 个地级市为研究对象,选取 2004—2013 年的面板数据,原始数据来自历年《中国城市统计年鉴》。考察期之所以选定于 2004—2013 年,是因为 2001 年中国加入

WTO，如果在之前进行考察将不可避免地受到该冲击的直接干扰，不能得出要评估的净效果，从 2003 年开始进行分析则可以有效地规避该冲击的直接干扰；2013 年后，中国经济步入新常态，无论是国内经济还是国外环境，都有较大改变，这对 FDI 流入产生重要影响，因此通过考察期的选择将有效地规避干扰因素。

其次，本书以“准自然实验”的视角来分析环境信息公示对外资的影响，选取 2008 年开始实施的 PITI，将其中公布环境信息的样本城市作为干预组，反之则为控制组。此外，为了拓展已有研究，进一步深究环境信息公示对不同类型 FDI 的异质性作用，选取中国工业企业数据库中的外资企业数据，并对外资企业所属的四分位行业进行划分，将其分为清洁型行业和污染型行业，并分别定义为清洁型 FDI 与污染型 FDI。参考已有文献的做法，对中国工业企业数据做如下处理：①本章参照许和连等（2017）的做法剔除了企业编码缺失、企业成立年份错误的异常样本，同时也删除了各个指标缺失的样本；②依据谢千里等（2008）、谭语嫣等（2017）研究采用的一般公认会计准则（GAAP），剔除总资产合计、固定资产合计、固定资产净值、流动资产合计以及就业人数小于零的样本；③根据李坤望等（2014）、李贲和吴利华（2018）使用的“三年判断标准”，并结合本章所要研究问题的需要，选取 2004—2010 年持续经营的外资企业样本用于实证分析，该做法一方面可以在考察期内尽可能地保留较多且持续存在的样本，另一方面可以避免影响企业进入和退出市场的因素使评估结果产生的偏误。

当然，为了使本章的研究更加细致和翔实，考虑到评估结果潜在地受内生性的影响而导致有偏估计，故而手动搜集了 387 种各地级市主办的地市级以上报纸的种类作为环境信息公示的工具变量，该数据来自中国重要报纸全文数据库。① 为了进一步排除考察期内其他国家政策的干扰，分别在政府网站

① 应有样本量为 544，但本章剔除了已经停刊、出版社不在所辖地区以及中央出版的报纸类型共 157 种，除停刊报纸外，笔者分别通过报纸主办单位的官网来搜集相关报纸信息，其中部分官网未告知报纸来源地，笔者通过联系电话座机号推断而得；同时部分报纸出版社来源地与所辖地并不相符，如《经济观察报》《财会信报》《财经时报》等。

上搜寻了“五省八市”的碳试点政策①、国家环境保护总局对部分地区实施的“区域限批”和“流域限批”②，以及在北京、上海、重庆、天津、深圳、广东、湖北实施的政策③碳交易试点。由于以上政策的实施可能潜在地影响本章要评估的结果，在后续的实证分析过程中对那些可能受到其他外生冲击或政策性干扰的城市样本进行了一一剔除并重新检验，以消除不同政策间的交叉影响，进而得出净效应。

第五节　环境规制对 FDI 流入的影响

一、主要实证结果

（1）环境信息公示对 FDI 的影响：DID 估计。首先，对模型（7-14）进行估计，用以分析环境信息公示对 FDI 流入的影响，结果见表 7-2 中第（1）~（4）列。可以看出，无论是以外商投资总额还是以人均外商投资额来衡量地区外资的流入水平，环境信息的公开都对其具有显著的阻碍作用，在考虑其他变量的影响下，环境信息公开将使地区外资投资额下降约 19%。该结论有力地说明了以信息公示为主的环境规制对 FDI 具有显著的抑制作用，同时也表明环境规制引起外资逃离的恐慌现象恰恰是地方政府在治理环境与发展经济过程中面临的困境。除此之外，本地的投资水平也是吸引外资流入的重要因素，原因可能是本地固定资产的投资更多是对外资的配套投资，同时，本地赋税水平将大大削弱外资的流入。

---

① 具体政策内容详见国家发展改革委官网，http：//qhs. ndrc. gov. cn/dtjj/201008/t201008 10_ 365271. html。

② 区域限批，是指如果一家企业或一个地区出现严重的环保违规事件，环保部门有权暂停这一企业或这一地区所有新建项目的审批，直至该企业或该地区完成整改。流域限批是指某个河流流域限制新的污染企业数量。具体的相关政策内容详见中国生态环境部官网，http：//www. mep. gov. cn/gkml/zj/wj /200 910/t20091022172370. htm？COLLCC = 4176127656&；以及人民网的相关报道，http：//www. people. com. cn/ GB/32306/33232/5944432. html。

③ 内容详见国家发展改革委官网，http：//www. ndrc. gov. cn/zcfb/zcfbtz/201201/t201201 13_ 456506. html。

表 7-2　环境信息公示对地区 FDI 的影响

变量	DID				PSM-DID			
	fdi		*perfdi*		*fdi*		*perfdi*	
	(1)	(2)	(3)	(4)	(5)	(6)	(7)	(8)
PITI	−0.2462**	−0.1961**	−0.2567***	−0.1920**	−0.3489***	−0.2687**	−0.3615***	−0.2646**
	(0.0952)	(0.0944)	(0.0951)	(0.0945)	(0.1096)	(0.1096)	(0.1099)	(0.1100)
gdp		0.0121**		0.0119*		0.0048		0.0045
		(0.0061)		(0.0061)		(0.0078)		(0.0078)
density		0.4258		−2.9686*		0.1314		−3.2571**
		(1.1761)		(1.6821)		(1.0921)		(1.5782)
investment		0.0073***		0.0073***		0.0071***		0.0072***
		(0.0019)		(0.0019)		(0.0022)		(0.0022)
government		0.0021		0.0021		0.0017		0.0017
		(0.0014)		(0.0014)		(0.0012)		(0.0012)
consume		0.0012		0.0011		−0.0010		−0.0011
		(0.0020)		(0.0020)		(0.0023)		(0.0023)
tax		−0.0279*		−0.0290*		−0.0483**		−0.0493**
		(0.0152)		(0.0153)		(0.0221)		(0.0224)
area		0.3633		−0.5268		0.3299		−0.5621
		(0.3520)		(0.4427)		(0.3198)		(0.4066)
financial		−0.0010		−0.0010		−0.0023		−0.0025
		(0.0009)		(0.0009)		(0.0015)		(0.0015)
structure		0.0000		0.0001		0.0010		0.0011
		(0.0011)		(0.0011)		(0.0013)		(0.0013)
城市固定效应	Yes	Yes	Yes	Yes	Yes	Yes	Yes	Yes
年份固定效应	Yes	Yes	Yes	Yes	Yes	Yes	Yes	Yes
_cons	9.9171***	6.1692*	4.0649***	8.7525**	10.0172***	6.9288**	4.1587***	9.5342**
	(0.0533)	(3.3136)	(0.0532)	(4.1727)	(0.0596)	(3.0077)	(0.0597)	(3.8259)
N	2725	2711	2725	2711	2093	2091	2093	2091
F	26.0444	17.8091	23.0924	15.8731	24.0719	17.1742	21.2888	15.4034

续表

变量	DID				PSM-DID			
	fdi		*perfdi*		*fdi*		*perfdi*	
	(1)	(2)	(3)	(4)	(5)	(6)	(7)	(8)
R^2_ a	0.2792	0.3059	0.2541	0.2826	0.3082	0.3323	0.2830	0.3095

注：1. 括号内的数值为在地市级层面进行聚类的稳健标准误。

2. *、**、*** 分别表示在 10%、5%和 1%的置信水平上显著。

表 7-2 中第（1）～（4）列是对所有地级市进行考察评估的结果，但事实上，考虑到信息公示样本城市广泛分布于东、中、西部地区，城市本身的等级规模、制度“软环境”等因素势必造成干预组和控制组内城市间存在较大差异，并且这种差异可能会引起评估结果出现偏误，同时，干预组与控制组之间的较大差异可能会违背平行趋势假设，为了降低样本间差异引起的评估偏误，此处还使用倾向得分匹配法（PSM）进行校准，具体匹配思路如下。首先，以城市是否进行环境信息公示为因变量，以经济增长率、劳动力禀赋、政府规模等因素为自变量，利用 Probit 模型计算倾向得分值。其次，根据计算的倾向得分值，采取最近邻匹配为干预组内各个城市寻求与其相似的控制组内样本城市。经过匹配，本章剔除样本中未能匹配的城市，再对匹配成功的样本城市进行 DID 分析，具体结果见表 7-2 中第（5）～（8）列。可以看出，环境的信息公示对城市 FDI 流入仍然具有显著的阻碍作用，与匹配前样本相比，匹配后回归结果的系数有所增加，但依旧显著，该结果从侧面说明城市间差异对评估结果并没有产生严重影响，间接证明第（1）～（4）列所得结果的稳健性。表 7-2 中的整体结果支持了假设 7.1 的分析，是其强有力的证明。

以上分析充分证明环境信息公示对地区 FDI 具有显著的抑制作用，那么，令人困惑的一个问题是，面对环境规制引起的外资逃离，地方政府是否在招商引资和环境治理之间面临着两难取舍的局面？事实上，在对流入中国的外资以及环境治理的过程进行深入挖掘后，本章发现并不是所有的 FDI 都会受到环境规制的影响。故而，本部分从微观企业出发，着重考察信息公示对清洁型行业和污染型行业 FDI 流入的影响。

（2）环境信息公示对清洁型 FDI 和污染型 FDI 的影响。本章使用 2004—2010 年中国工业企业数据库中的外资企业数据来深化对 FDI 的研究，选择外资企业进行考察的原因在于：其一，宏观层面的实际 FDI 总额是微观外资企业投资的加总，并且环境规制主要通过影响企业决策对地区整体外资产生影响；其二，试图在宏观层面进一步细化研究外资水平但没有很好的数据支持，故而外资企业数据为解决该问题提供了良好的机会。因此，本章根据企业所属的四分位行业代码将所有企业划分为清洁型企业和污染型企业，用于考察环境信息公示对不同类型外资的影响，具体结果如下。

首先，表 7-3 给出了环境信息公示对污染型 FDI 流入的影响结果。其中，第（1）列是对所有污染型企业的回归结果，可以看出，环境信息公示降低了污染型 FDI，并且该作用在 5%的置信水平上显著。考虑到中国的现实情况，不同类型的企业势必会影响环境规制的效果，本章分别在所有污染型企业中依次剔除国有绝对控股、国有绝对控股和相对控股、隶属中央、隶属中央和省级的企业，因为这些关系的存在使得企业受到的环境规制弱化，影响评估结果，具体回归见表 7-3 中第（2）~（5）列，可以看出，即使在剔除潜在影响因素后，环境信息的公示依然对污染型 FDI 的流入具有显著抑制作用。为了进一步说明环境规制对非外资污染型企业仍然会有影响，第（6）列中剔除了外商独资企业，用以专门考察环境信息公示对国有控股等污染型企业的影响，结果表明，即使存在着政企关系，由于其属于污染行业，环境规制依旧降低了其投资水平。

表 7-3　环境信息公示对污染型 FDI 的影响

变量	*investment*					
	（1）	（2）	（3）	（4）	（5）	（6）
PITI	−0. 0522 **	−0. 0489 **	−0. 0440 *	−0. 0513 **	−0. 0451 *	−0. 0972 ***
	（0. 0244）	（0. 0241）	（0. 0245）	（0. 0246）	（0. 0236）	（0. 0265）
profit	0. 0795	0. 0877	0. 0633	0. 0766	0. 0788	0. 0418
	（0. 0955）	（0. 1068）	（0. 1084）	（0. 0949）	（0. 1051）	（0. 0844）

续表

变量	investment					
	(1)	(2)	(3)	(4)	(5)	(6)
size	0.1173*	0.1102	0.1370*	0.1193*	0.1181	0.0734
	(0.0668)	(0.0760)	(0.0759)	(0.0673)	(0.0746)	(0.0822)
debt	0.2837***	0.2895***	0.2869***	0.2842***	0.2862***	0.2053***
	(0.0847)	(0.0872)	(0.0891)	(0.0850)	(0.0866)	(0.0567)
right	0.0625***	0.0609***	0.0611***	0.0622***	0.0623***	0.0304**
	(0.0231)	(0.0228)	(0.0229)	(0.0230)	(0.0233)	(0.0125)
cost	0.1726***	0.1835***	0.1876***	0.1782***	0.1815***	0.1337***
	(0.0491)	(0.0519)	(0.0534)	(0.0501)	(0.0514)	(0.0389)
age	−0.5589***	−0.5809***	−0.5866***	−0.5626***	−0.5559***	−0.5276***
	(0.1958)	(0.2034)	(0.2112)	(0.1981)	(0.2016)	(0.1503)
tax	0.4679***	0.4262***	0.4578***	0.4507***	0.4378***	0.5462***
	(0.1411)	(0.1495)	(0.1496)	(0.1420)	(0.1494)	(0.1650)
export	0.0536**	0.0493**	0.0521**	0.0521**	0.0519**	0.0578***
	(0.0227)	(0.0244)	(0.0249)	(0.0229)	(0.0240)	(0.0176)
subsidy	−0.0340**	−0.0322**	−0.0322**	−0.0355***	−0.0337**	−0.0358***
	(0.0132)	(0.0131)	(0.0134)	(0.0133)	(0.0132)	(0.0125)
企业固定效应	Yes	Yes	Yes	Yes	Yes	Yes
年份固定效应	Yes	Yes	Yes	Yes	Yes	Yes
_cons	−5.0937***	−5.1765***	−5.1951***	−5.1175***	−5.1743***	−3.2404***
	(1.6659)	(1.7186)	(1.7573)	(1.6720)	(1.7101)	(0.9607)
N	51787	50015	49031	51470	50202	24262
F	35.4143	34.1438	31.8325	35.0866	35.6636	13.6488
R^2_a	0.0300	0.0305	0.0300	0.0302	0.0302	0.0520

注：1. 括号内的数值为对四分位行业进行聚类的稳健标准误。

2. *、**、*** 分别表示在 10%、5%和 1%的置信水平上显著。

其次，在考察环境信息公示对污染型 FDI 的影响后，将对清洁型 FDI 展开分析，结果见表 7-4。表 7-4 中第（1）列是对所有清洁型企业进行回归所得结果，可以看出，环境信息公示并没有阻碍清洁型 FDI 的流入，而是促进了清洁型企业的投资，这说明信息公示引起环境质量的改善为清洁型 FDI 的发展营造了良好的外部环境，有利于该类企业进行选址、扩大经营，增加投资。同时，与表 7-3 进行相同的处理，具体回归结果见表 7-4 中第(2) ~ (5) 列，结果并没有发生明显的变化，均在 5%的置信水平上显著地促进清洁型企业的投资。

表 7-4 环境信息公示对清洁型外资企业投资的影响

变量	*investment*					
	(1)	(2)	(3)	(4)	(5)	(6)
PITI	0.0511**	0.0523**	0.0519**	0.0522**	0.0429**	0.0387**
	(0.0229)	(0.0235)	(0.0238)	(0.0231)	(0.0215)	(0.0169)
profit	0.3612*	0.3743*	0.3848*	0.3662*	0.3789*	0.4698*
	(0.2079)	(0.2143)	(0.2194)	(0.2093)	(0.2187)	(0.2460)
size	-0.0655	-0.0868	-0.0990	-0.0700	-0.1629	-0.1563
	(0.2110)	(0.2168)	(0.2218)	(0.2122)	(0.2080)	(0.2490)
debt	0.3026***	0.2972***	0.2949***	0.3030***	0.2500***	0.3098***
	(0.0582)	(0.0587)	(0.0613)	(0.0584)	(0.0463)	(0.0626)
right	0.0499**	0.0481**	0.0473**	0.0498**	0.0415**	0.0463**
	(0.0213)	(0.0208)	(0.0207)	(0.0213)	(0.0177)	(0.0217)
cost	0.2426***	0.2343***	0.2317***	0.2421***	0.1710***	0.2530***
	(0.0635)	(0.0637)	(0.0663)	(0.0636)	(0.0337)	(0.0706)
age	-0.1821***	-0.1779***	-0.1544**	-0.1850***	-0.1338***	-0.1561**
	(0.0562)	(0.0581)	(0.0632)	(0.0564)	(0.0509)	(0.0611)
tax	0.0784	0.0844	0.0699	0.0697	-0.0091	0.0616
	(0.2703)	(0.2739)	(0.2765)	(0.2714)	(0.2666)	(0.2899)
export	0.0273	0.0263	0.0254	0.0269	0.0306	0.0078
	(0.0382)	(0.0393)	(0.0402)	(0.0384)	(0.0401)	(0.0453)
subsidy	-0.0162	-0.0193	-0.0181	-0.0160	-0.0088	-0.0124
	(0.0130)	(0.0125)	(0.0126)	(0.0131)	(0.0092)	(0.0139)
企业固定效应	Yes	Yes	Yes	Yes	Yes	Yes
年份固定效应	Yes	Yes	Yes	Yes	Yes	Yes
_cons	-7.6227***	-7.4140***	-7.3989***	-7.6195***	-5.7860***	-8.0047***
	(1.7072)	(1.7070)	(1.7718)	(1.7092)	(1.0728)	(1.8342)

续表

变量	investment					
	(1)	(2)	(3)	(4)	(5)	(6)
N	122980	120357	118279	122543	119626	114598
F	56.6149	56.6329	53.1716	57.1540	55.3354	60.5965
R^2_a	0.0389	0.0378	0.0369	0.0389	0.0404	0.0419

注：1. 括号内的数值为对四分位行业进行聚类的稳健标准误。

2. *、**、*** 分别表示在 10%、5%和 1%的置信水平上显著。

此外，考虑到目前外资流入中国的实际情况，清洁型外资企业可能更倾向于投资东部沿海地区，而中西部地区由于地理位置及经济发展的原因，更多地依靠污染型 FDI 的流入，故而本章在此仅考察环境信息公示对东部沿海地区清洁型外资企业投资的影响，结果见表 7-4 第（6）列。可以看出，评估系数略有下降，但依旧具有显著的促进作用。综合表 7-3 和表 7-4 中的回归结果，经过微观企业数据的检验表明环境信息公示对 FDI 的流入具有明显的选择式分布特征，即对污染型 FDI 具有显著的阻碍作用，却促进了清洁型 FDI 的流入，对地区外资结构具有调整作用，故而假设 7.2 得到验证。

（3）环境信息公示对微观 FDI 流入的影响。从表 7-3 和表 7-4 中可以看出，环境信息公示对污染型 FDI 和清洁型 FDI 具有差异化影响，那么对于整体企业的 FDI 又有何影响呢？对于该问题的回答，本章将采用 DDD，在剔除行业因素后考察信息公示对整体企业投资的作用。

通过对模型（7-19）进行回归，评估环境信息公示对微观企业整体投资的影响，结果见表 7-5。其中，第（1）列、第（2）列主要是针对所有外资企业进行回归，结果表明，即使在剔除行业间因素后，信息公示对企业投资仍然具有显著的抑制作用。同样考虑到企业性质的影响，在此对样本进行部分剔除，做法与表 7-3 相同，剔除样本后的结果见第（3）~（6）列，可以看出在剔除样本后，回归结果依旧支持环境信息公示阻碍企业投资的结论，并且该作用在 5%的置信水平上显著。表 7-5 中的评估结果与表 7-2 中对宏观层面的分析所得结论完全一致，这充分说明企业层面投资的减少正是引起地区层面外资利用总额减少的微观基础，两者之间的有效结合进一步验证了本章所得结论的稳健性。

表 7-5　环境信息公示对外资企业投资的影响

变量	*investment*					
	(1)	(2)	(3)	(4)	(5)	(6)
$EI_i \times Time_t \times Pollution_j$	−0.0553*	−0.0782**	−0.0798**	−0.0743**	−0.0788**	−0.0825**
	(0.0313)	(0.0344)	(0.0342)	(0.0347)	(0.0347)	(0.0329)
profit		0.2707*	0.2882*	0.2882*	0.2726*	0.2853*
		(0.1422)	(0.1528)	(0.1567)	(0.1432)	(0.1541)
cost		0.2262***	0.2243***	0.2237***	0.2281***	0.1797***
		(0.0444)	(0.0455)	(0.0473)	(0.0448)	(0.0274)
size		0.0086	−0.0135	−0.0143	0.0066	−0.0641
		(0.1437)	(0.1534)	(0.1572)	(0.1445)	(0.1451)
debt		0.2997***	0.2975***	0.2951***	0.3000***	0.2639***
		(0.0464)	(0.0472)	(0.0490)	(0.0466)	(0.0401)
right		0.0560***	0.0540***	0.0534***	0.0558***	0.0489***
		(0.0179)	(0.0175)	(0.0174)	(0.0179)	(0.0154)
age		−0.2989***	−0.2991***	−0.2840***	−0.3014***	−0.2591***
		(0.0663)	(0.0685)	(0.0737)	(0.0667)	(0.0642)
tax		0.2138	0.1971	0.1944	0.2019	0.1386
		(0.1945)	(0.2024)	(0.2048)	(0.1950)	(0.1954)
export		0.0377	0.0346	0.0348	0.0368	0.0386
		(0.0264)	(0.0279)	(0.0286)	(0.0265)	(0.0282)
subsidy		−0.0182*	−0.0199**	−0.0190*	−0.0185*	−0.0136*
		(0.0101)	(0.0097)	(0.0098)	(0.0102)	(0.0079)
企业固定效应	Yes	Yes	Yes	Yes	Yes	Yes
年份固定效应	Yes	Yes	Yes	Yes	Yes	Yes
_cons	0.0095	−7.0721***	−6.9659***	−6.9601***	−7.0782***	−5.8038***
	(0.0107)	(1.2520)	(1.2613)	(1.3049)	(1.2539)	(0.8634)
N	176716	174767	170372	167310	174013	169828
F	32.7462	49.7345	49.8963	48.2238	50.0917	54.6260
R^2_a	0.0025	0.0384	0.0378	0.0369	0.0384	0.0390

注：1. 括号内的数值为对四分位行业进行聚类的稳健标准误。

2. *、**、*** 分别表示在 10%、5%和 1%的置信水平上显著。

3. 表中省略了 $EI_i \times Time_t$、$Time_t \times Pollution_j$、$EI_i \times Pollution_j$ 的估计系数。

二、异质性分析

从表 7-2 可以看出，环境信息公示显著阻碍 FDI 流入。那么，该阻碍作用是否会随着外资饱和度、环境规制力度的差异以及政企合谋程度的不同而存在着异质性？对这一问题的回答将有利于本章研究结论对现实世界的解释力，因此，本节将分别对模型（7-15）~（7-17）进行回归，试图探究环境信息公示对外商投资的影响，具体见表 7-6 至表 7-8。

表 7-6 主要是分析环境信息公示对外资的影响是否会随着外资饱和度不同而产生差异。与中西部地区和二类城市相比，东部地区和一类城市的外资饱和度更高，故而环境规制对该地区 FDI 的影响更大。其中，第（1）~（4）列主要是东部地区与中西部地区之间的对比，第(5）~（8）列主要分析地区内不同城市等级间的对比情况。不管是横向地区之间的对比还是纵向城市之间的对比，都可以看出，相较于外资饱和度较低的地区，环境信息公示对外资饱和度较高地区具有较大的阻碍作用，并且该阻碍作用在 1%的置信水平上显著。该结论说明，环境信息公示作为一种环境规制手段，对外资流入较多地区具有显著的阻碍作用，而对那些外资流入不足的地区，环境规制并没有发挥有效的阻碍作用。

表 7-6　外资饱和度下环境信息公示对地区 FDI 的影响

变量	*fdi*		*perfdi*		*fdi*		*perfdi*	
	(1)	(2)	(3)	(4)	(5)	(6)	(7)	(8)
PITI×east	-0.4666*** (0.0943)		-0.4549*** (0.0946)					
PITI×west		0.1568 (0.1172)		0.1507 (0.1165)				
PITI×first					-0.5028*** (0.1001)		-0.5031*** (0.0995)	
PITI×second						0.0477 (0.1302)		0.0509 (0.1286)
控制变量	Yes	Yes	Yes	Yes	Yes	Yes	Yes	Yes

续表

变量	fdi		perfdi		fdi		perfdi	
	(1)	(2)	(3)	(4)	(5)	(6)	(7)	(8)
城市固定效应	Yes	Yes	Yes	Yes	Yes	Yes	Yes	Yes
年份固定效应	Yes	Yes	Yes	Yes	Yes	Yes	Yes	Yes
_ cons	7. 2879 **	8. 0620 **	9. 8473 **	10. 5903 **	5. 9027 **	7. 2519 **	8. 4634 **	9. 8165 **
	(3. 2398)	(3. 4906)	(4. 1190)	(4. 2753)	(2. 9229)	(3. 4947)	(3. 8517)	(4. 2960)
N	2711	2711	2711	2711	2711	2711	2711	2711
F	18. 3033	17. 8802	16. 0975	16. 0017	18. 3533	18. 3810	16. 0968	16. 4148
R^2_ a	0. 3169	0. 3039	0. 2933	0. 2805	0. 3188	0. 3023	0. 2960	0. 2791

注：1. 括号内的数值为在地市级层面进行聚类的稳健标准误。

2. ** 、*** 分别表示在 5%和 1%的置信水平上显著。

当然，对表 7-6 所得结论可能会产生一个疑问：信息公示对外资饱和度较高的地区产生作用更大，而这种作用的出现究竟是来自信息公示的影响还是外资饱和度高的地区本身不需要外资导致的？为了对上述疑问进行回答，分别绘制不同地区历年外商直接投资额和外资企业数量的分布情况，具体见图 7-1、图 7-2。无论是从外商直接投资额还是外资企业数量来看，东部地区在引进外资方面都要远远高于中西部地区，二者之间存在较大差距，从总量增长可以看出，东部地区的外资饱和度要大于中西部地区，证明了上述外资饱和度划分的可靠性；而从增长速度来看，东部地区依然是目前引进外资的主要地区，故而可以排除外资饱和度较高地区不需要外资的潜在可能性。因此，图 7-1 和图 7-2 充分说明表 7-6 所得结果主要是来自信息公示的作用，而不是外资饱和度较高地区不需要引进外资的结果。

除外资饱和度影响环境信息公示的效果外，信息公示引起的环境规制力度也对外资流入产生影响，具体见表 7-7。本章根据 PITI 得分将干预组内城市划分为强、中、弱三组，以此来说明环境规制力的强弱。表 7-7 中第（1）～（3）列主要分析环境规制强弱对地区外商直接投资总额的影响，第（4）～（6）列主要是对人均外商直接投资额进行考察。从结果可以看出，无

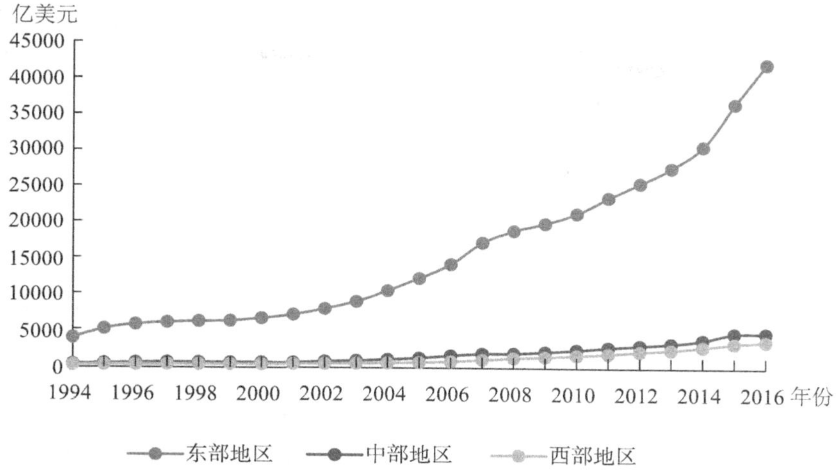

图 7-1　1994—2016 年不同地区外商直接投资额分布

资料来源：《中国统计年鉴》。

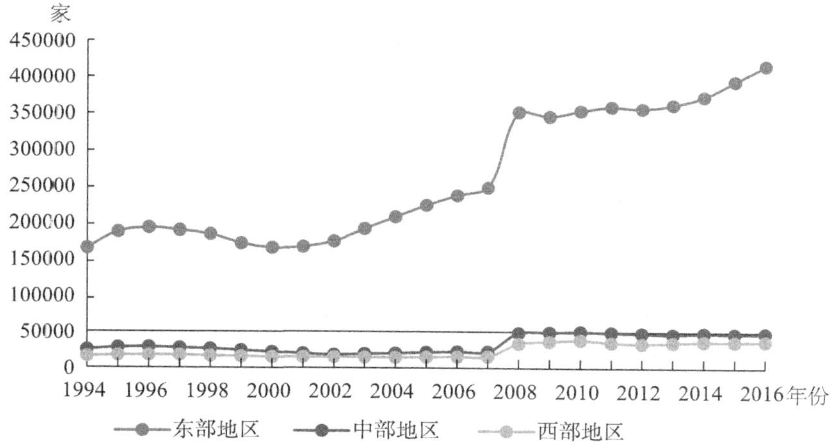

图 7-2　1994—2016 年不同地区外资企业数量分布

资料来源：《中国统计年鉴》。

论以哪种指标衡量地区外资活动，环境信息公示对外资活动的阻碍作用在政策执行力度上均呈现出递增效应，环境规制力度越大，信息公示对外资的阻碍作用越显著；反之，规制力度越小，信息公示对外资的阻碍作用越不显著。该结论表明，政策效果不仅取决于实施对象，执行力度的保障也是必不可少的。然而，表 7-7 所得结果备受质疑的便是环境规制力度的大小是否与外资饱和度之间存在着一定关系，如果存在，则表 7-7 呈现的递增规律将不完全来自环境规制力度，还可能受到外资饱和度的影响。鉴于此，我们对 PITI 进行深入的挖掘，并整理出 2008—2012 年东部地区与中西部地区之间各城市环境规制强度的分布，从各城市 2008—2012 年 PITI 得分前 50 名来看，东部地区分别有 30 个、32 个、31 个、32 个城市，中西部地区分别共有 20 个、18 个、19 个、18 个城市；而从各地区城市排名上升的数量来看，东部地区在 2009—2012 年分别有 33 个、33 个、25 个城市，而中西部分别共计 33 个、29 个、31 个城市。① 这些数字说明，外资饱和度高的东部地区环境规制力度并没有大于中西部地区，故城市分布变化幅度较小。可以看出，环境规制力度的大小与外资饱和度的高低之间并不存在关系，故表 7-7 所得结论是来自环境规制的强度，并不受外资饱和度的干扰。

表 7-7　不同规制强度下环境信息公示对地区 FDI 的影响

变量	*fdi*			*perfdi*		
	(1)	(2)	(3)	(4)	(5)	(6)
PITI×strong	−0.4393*** (0.1160)			−0.4214*** (0.1155)		
PITI×mid		−0.1786* (0.1049)			−0.1898* (0.1041)	
PITI×weak			0.1893 (0.1498)			0.1982 (0.1490)
控制变量	Yes	Yes	Yes	Yes	Yes	Yes
城市固定效应	Yes	Yes	Yes	Yes	Yes	Yes
年份固定效应	Yes	Yes	Yes	Yes	Yes	Yes
_cons	4.5876 (3.3929)	7.0905** (3.3582)	6.9423** (3.4853)	7.2557* (4.2572)	9.6447** (4.1735)	9.4913** (4.2872)
N	2711	2711	2711	2711	2711	2711
F	17.9513	17.9416	17.6344	15.9286	16.0122	15.7502

① 需要说明的是，2009—2010 年仅有一份报告，故上述结果中均缺少一年数值。

续表

变量	fdi			perfdi		
	(1)	(2)	(3)	(4)	(5)	(6)
R^2_ a	0.3100	0.3043	0.3038	0.2864	0.2813	0.2808

注：1. 括号内的数值为在地市级层面进行聚类的稳健标准误。

2. *、**、*** 分别表示在10%、5%和1%的置信水平上显著。

此外，环境信息公示主要由政府倡导和实施，而外资活动的变化取决于企业决策，在面临外部环境发生变化的前提下，企业除调整自身策略外，也必然向地方政府寻求庇护。政府与企业的合谋将弱化信息公示要求的环境规制，同时对外资产生不一样的影响。为了对此进行检验，我们利用城市政府廉政指数，将所有城市划分为优、良、差，以此说明政企合谋的程度，并考察政企合谋下信息公示对地区FDI的影响，具体结果见表7-8。可以看出，环境信息公示对外资的阻碍作用在政企关系上存在着递减规律，即清廉指数越大，政企合谋的概率越小，信息公示对外资流入的阻碍作用就越大；而清廉指数越小，政府与企业之间的合谋概率越大，环境信息公示并不能实现改善环境的初衷，从而对FDI流入的影响并不显著。

表7-8 政企合谋下环境信息公示对地区FDI的影响

变量	fdi			perfdi		
	(1)	(2)	(3)	(4)	(5)	(6)
PITI×best	-0.4281** (0.1904)			-0.4296** (0.1910)		
PITI×good		-0.2894** (0.1358)			-0.2872** (0.1329)	
PITI×bad			-0.0218 (0.0984)			-0.0176 (0.0981)
控制变量	Yes	Yes	Yes	Yes	Yes	Yes
城市固定效应	Yes	Yes	Yes	Yes	Yes	Yes
年份固定效应	Yes	Yes	Yes	Yes	Yes	Yes
_ cons	7.0282** (3.3061)	7.0565** (3.3661)	7.1120** (3.4584)	9.5890** (4.1083)	9.6191** (4.1554)	9.6917** (4.2582)

续表

变量	fdi			perfdi		
	(1)	(2)	(3)	(4)	(5)	(6)
N	2711	2711	2711	2711	2711	2711
F	17.7843	17.6360	17.6695	15.7946	15.7410	15.7951
R^2_ a	0.3063	0.3044	0.3023	0.2832	0.2812	0.2790

注：1. 括号内的数值为在地市级层面进行聚类的稳健标准误。
2. ** 表示在 5%的置信水平上显著。

三、稳健性检验

以上分析表明，环境信息公示对 FDI 流入具有显著的抑制作用，并且该作用在外资饱和度、政策执行力度以及政企合谋上存在着明显差异。为了对文中结果进行稳健性检验，此处将从 DID 要求的平行趋势假设入手，分别采取工具变量检验、反事实检验、政策干扰的排除与增加额外协变量等方法来排除干扰，具体如下。

（1）平行趋势检验。本章采取 DID 评估环境信息公示对地区 FDI 的影响，要想得到准确无偏的净效应，就必须满足 DID 要求的平行趋势假设。因此，对模型（7-18）进行回归估计，通过动态效应一方面可以验证平行趋势假设是否满足，另一方面可以看出环境信息公示对外资影响的动态变化，具体结果见表7-9。表 7-9 中第（1）~（4）列主要是对所有样本城市进行估计的结果，但考虑到中国经济发展存在着严重的区域不平衡现象，而这种不平衡与 FDI 流入密切相连，唯恐区域间发展差异引起外资活动的不同而影响平行趋势假设，本章在此分别剔除东部地区和西部地区，以减少考察样本之间的差异。

表 7-9 稳健性检验：平行趋势检验

变量	fdi		perfdi		fdi		perfdi	
	(1)	(2)	(3)	(4)	(5)	(6)	(7)	(8)
$PITI_{-3}$	-0.0455	-0.0331	-0.0652	-0.0463	-0.0325	-0.0993	-0.0392	-0.1106
	(0.1017)	(0.1039)	(0.1031)	(0.1043)	(0.1620)	(0.1076)	(0.1616)	(0.1083)

续表

变量	fdi		perfdi		fdi		perfdi	
	(1)	(2)	(3)	(4)	(5)	(6)	(7)	(8)
$PITI_{-2}$	0.0590	0.0618	0.0501	0.0531	0.1239	−0.0072	0.1118	−0.0099
	(0.1069)	(0.1073)	(0.1068)	(0.1071)	(0.1616)	(0.1071)	(0.1614)	(0.1072)
$PITI_{-1}$	−0.1282	−0.1029	−0.1396	−0.1084	−0.1060	−0.0713	−0.1130	−0.0741
	(0.1241)	(0.1245)	(0.1239)	(0.1246)	(0.1874)	(0.1252)	(0.1876)	(0.1253)
$PITI_0$	−0.0659	−0.0289	−0.0781	−0.0340	0.0310	−0.1076	0.0237	−0.1100
	(0.1417)	(0.1429)	(0.1415)	(0.1428)	(0.2200)	(0.1350)	(0.2197)	(0.1350)
$PITI_1$	−0.1582	−0.0720	−0.1693	−0.0759	−0.0336	−0.1694	−0.0398	−0.1710
	(0.1340)	(0.1358)	(0.1341)	(0.1358)	(0.1918)	(0.1389)	(0.1919)	(0.1390)
$PITI_2$	−0.3191**	−0.2325*	−0.3303**	−0.2355*	−0.2896	−0.2417*	−0.2943	−0.2406
	(0.1348)	(0.1387)	(0.1347)	(0.1386)	(0.1898)	(0.1456)	(0.1897)	(0.1457)
$PITI_3$	−0.3569**	−0.3201**	−0.3827***	−0.3187**	−0.3253*	−0.3402**	−0.3351*	−0.3316**
	(0.1462)	(0.1493)	(0.1456)	(0.1491)	(0.1935)	(0.1607)	(0.1938)	(0.1606)
$PITI_4$	−0.4041***	−0.3781**	−0.4339***	−0.3808**	−0.4157**	−0.3378**	−0.4244**	−0.3351**
	(0.1472)	(0.1501)	(0.1468)	(0.1499)	(0.1925)	(0.1609)	(0.1927)	(0.1609)
$PITI_5$	−0.3466**	−0.3324**	−0.3792**	−0.3354**	−0.3677*	−0.3062*	−0.3803*	−0.3019*
	(0.1546)	(0.1588)	(0.1545)	(0.1587)	(0.2067)	(0.1691)	(0.2073)	(0.1691)
控制变量	No	Yes	No	Yes	Yes	Yes	Yes	Yes
城市固定效应	Yes	Yes	Yes	Yes	Yes	Yes	Yes	Yes
年份固定效应	Yes	Yes	Yes	Yes	Yes	Yes	Yes	Yes
_cons	9.9173***	4.7984	4.0652***	7.3870*	1.4105	4.4973	3.6573	7.3443*
	(0.0533)	(3.3523)	(0.0532)	(4.2365)	(3.7510)	(2.7924)	(3.7423)	(3.8972)
N	2725	2711	2725	2711	1573	2226	1573	2226
F	16.3570	13.9972	14.5029	12.4432	23.3288	12.3304	20.1957	10.9567
R^2_a	0.2818	0.3090	0.2573	0.2857	0.4311	0.3239	0.4084	0.2975

注：1. 括号内的数值为在地市级层面进行聚类的稳健标准误。

2. *、**、*** 分别表示在 10%、5%和 1%的置信水平上显著。

具体结果见表 7-9 中的第（5）~（8）列，第（5）列、第（7）列为剔除东部地区城市样本后的回归结果，第（6）列、第（8）列为剔除西部地区城市样本后的结果。可以看出，在 2008 年前，环境信息公示对 FDI 的影响并不显著，即在没有实施信息公示的条件下，干预组与控制组间的 FDI 差异并不会随着时间的推移发生显著变化，故而满足平行趋势假设。此外，从动态效应可以看出，2008 年实施的信息公示具有一定时滞性，在信息公示两年后其对 FDI 流入的阻碍作用逐步增强并最终趋于平缓，这可能是企业内部战略调整的周期、信息的传递以及对已有投资的追加等因素限制了企业迅速做出当期决策引起的。而从评估系数可以看出，无论以 FDI 总额还是人均 FDI 来衡量外资活动，信息公示造成的阻碍作用都随着执行时间的推移逐渐增加，这充分说明环境规制引起的外资转移或投资减少具有长期效应。为了更加直观地展示动态效应的变化，分别根据表 7-9 中第（2）列和第（4）列的回归结果绘制图 7-3、图 7-4。如图 7-3、图 7-4 所示，在 2008 年前，信息公示的政策效应在零附近徘徊并且不显著，这说明平行趋势假设满足，而从长期效果可以看出，2008 年后的政策效果逐渐显现，并显著为负。

（2）工具变量检验。除了 DID 要求的平行趋势检验外，模型本身存在的潜在内生性可能会导致评估结果出现偏误，而这种内生性主要表现为：首先，实施信息公示的城市本身较差的环境质量可能就是 FDI 过度流入引起的，这种双向因果会导致潜在的内生性问题；其次，本章的分析中有可能忽略了那些难以衡量的因素，如制度建设、政策扶持等，遗漏变量也是造成内生性的原因之一。鉴于此，本章选取各地级市报纸的种类数量作为环境信息公示的工具变量，原因在于：一方面，尽管当前信息的主要来源是网络，但是地方官员依旧会通过阅读报纸来了解当前的民生诉求，一旦发现环境质量问题成为报纸报道的热点，就会强化实施环境信息公示制度，而各城市报纸种类越多，该城市环境信息公开的概率越大，反之越小；另一方面，报纸的种类及数量并不会随着 FDI 流入而发生明显变化，故而城市报纸种类满足工具变量的基本要求。我们采用两阶段最小二乘法（2SLS）进行回归，具体见表 7-10。可以看出，即使在解决模型中的内生性问题后，环境信息公示还是会对外资活动产生显著的阻碍作用。

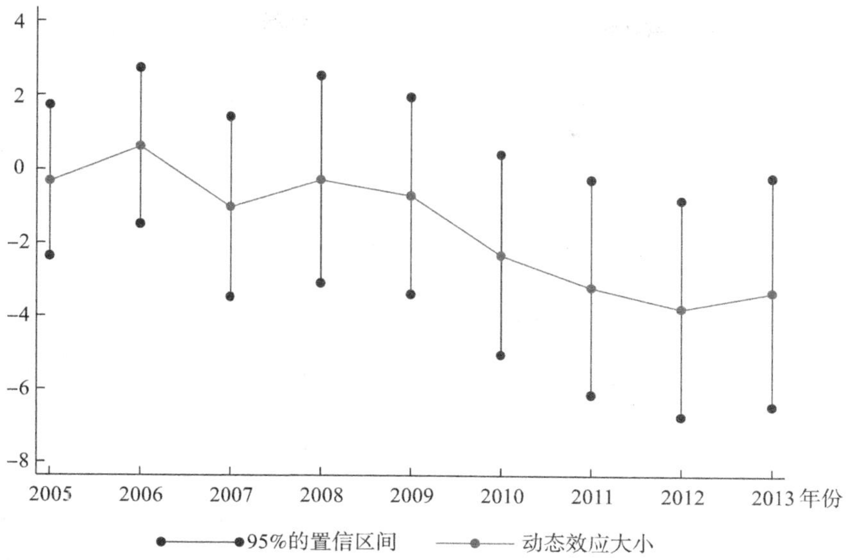

图 7-3　2005—2013 年环境信息公示对 *fdi* 的动态效应

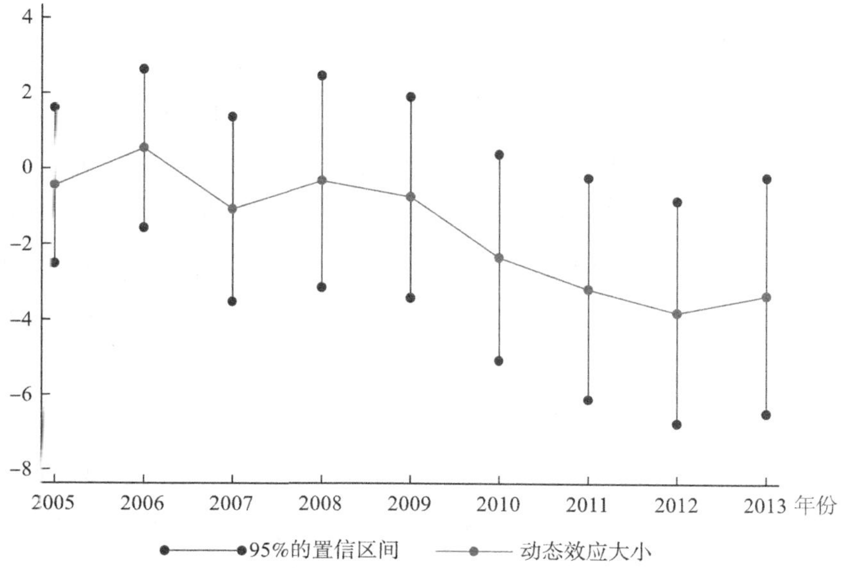

图 7-4　2005—2013 年环境信息公示对 *perfdi* 的动态效应

表 7-10　稳健性检验：工具变量检验

变量	fdi		perfdi	
	(1)	(2)	(3)	(4)
PITI	−0.5186***	−0.4107*	−0.5643***	−0.4223**
	(0.1757)	(0.2114)	(0.1763)	(0.2118)
控制变量	No	Yes	No	Yes
城市固定效应	Yes	Yes	Yes	Yes
年份固定效应	Yes	Yes	Yes	Yes
N	2080	2073	2080	2073
F	73.1072	44.8772	64.2285	40.3859
R^2_a	0.1940	0.2282	0.1642	0.2023
第一阶段				
iv	0.0728***	0.0611***	0.0728***	0.0611***
	(0.0048)	(0.0048)	(0.0048)	(0.0048)
Cragg-Donald Wald F statistic	230.99	163.09	230.99	163.09

注：1. 括号内的数值为标准误。

2. *、**、*** 分别表示在 10%、5%和 1%的置信水平上显著。

（3）反事实检验。环境信息公示对 FDI 流入的抑制作用是否还受到其他随机因素的干扰？为了回答上述问题，本章将分别使用地区反事实检验和时间反事实检验对此进行排除，具体结果见表 7-11。其中，第（1）～（4）列为地区反事实检验，第（5）～（8）列为时间反事实检验。首先，针对地区反事实，本章分别在控制组和干预组内进行考察，利用随机选择的方式在各组内随机选择一半城市作为假想环境信息公示样本，并使用 DID 估计假想效果，具体结果参见第（1）～（4）列，其中，第（1）列、第（2）列是在控制组内随机选择干预组，而第（3）列、第（4）列则是在干预组内随机选择控制组。从回归结果可以看出，并没有得到与真实结果相同的显著效应，这说明并不存在其他随机因素影响本章结果。除了地区反事实检验外，本章也担心时间上的潜在因素会影响结果，故而分别将信息公开的时间提前 2～3 年，即 2006 年和 2005 年，如果此时的评估效果显著，则说明存在其他因素影响 FDI 流入，并不完全来自环境信息公示的作用，回归结果见表 7-11 中第（5）～

（8）列。可以看出，信息公示时间的提前并没有带来显著的效果，该结果进一步证明对FDI的阻碍作用不是由其他因素引起的，而是来自环境信息的公示。

表7-11 稳健性检验：反事实检验

变量	*fdi*	*perfdi*	*fdi*	*perfdi*	*fdi*	*perfdi*	*fdi*	*perfdi*
	(1)	(2)	(3)	(4)	(5)	(6)	(7)	(8)
Random-control	0.0456 (0.0486)	0.0481 (0.0489)						
Randomtreat			-0.0251 (0.0321)	-0.0240 (0.0321)				
L2PITI					-0.1384 (0.1053)	-0.1358 (0.1053)		
L3PITI							-0.1358 (0.1118)	-0.1413 (0.1116)
控制变量	Yes	Yes	Yes	Yes	Yes	Yes	Yes	Yes
城市固定效应	Yes	Yes	Yes	Yes	Yes	Yes	Yes	Yes
年份固定效应	Yes	Yes	Yes	Yes	Yes	Yes	Yes	Yes
_cons	16.2508 (10.9816)	13.8461 (11.2910)	7.4223*** (1.5821)	8.6579*** (1.7297)	6.8422** (3.4080)	9.4105** (4.2409)	6.9597** (3.4003)	9.5112** (4.1961)
N	2050	2050	661	661	2711	2711	2711	2711
F	14.5043	13.7022	8.2957	3.4908	17.8008	15.9173	17.8581	15.9728
R^2_a	0.3152	0.2972	0.1128	0.0886	0.3035	0.2802	0.3029	0.2798

注：1. 括号内的数值为在地市级层面进行聚类的稳健标准误。

2. **、*** 分别表示在5%和1%的置信水平上显著。

（4）政策干扰的排除。尽管以上检验为本章评估结果的可靠性提供了进一步保障，但由于现实社会系统的复杂性，任何政策的实施将不可避免地受到其他政策或历史冲击的影响，从而潜在影响了政策效果的评估。鉴于此，本章在该部分排除一系列影响外资活动的政策冲击，确保本章估计结果的稳健性，见表7-12。具体包括以下内容。①考虑到2008年国际金融危机造成的剧烈影响，势必会影响外资在我国部分地区的投资，为此，在样本中剔除对外开放程度高的珠三角和长三角地区的城市，其余样本回归见表 7-12 中第（1）列和第（2）列，结果表明即使剔除国际金融危机的影响，环境信息公示对 FDI 流入的影响仍然具有显著的阻碍作用。②考虑到 2010 年中央在“五省八市”实施的碳试点政策可能会影响本章的评估，在剔除碳试点样本后，所得结果并没有发生明显变化，见第（3）列和第（4）列。③2011 年 11 月，中央政府决定在北京、上海、重庆、天津、广东以及湖北实施碳交易政策，考虑到该政策作为环境规制也将影响外资流入，在回归中剔除该部分样本，评估结果并未发生明显变化，见第（5）列和第（6）列。④除此之外，最严厉的环境规制便是 2007 年第三次“环评风暴”中国家环境保护总局对部分地区实施的“区域限批”和“流域限批”①，部分省份环保部门对省内部分地区也实施区域限批，考虑到该政策的执行力度与严厉惩罚，在回归中剔除该部分样本，具体结果见第（7）列和第（8）列，结果表明，在剔除该部分样本后本章所得结果依旧显著。表 7-12 的结果说明，即使在剔除一系列潜在影响外资活动的政策或事件后，信息公示对外资流入的阻碍作用也没有发生明显的变化，从而进一步说明上文结果的稳健性。

表 7-12　稳健性检验：政策干扰的排除

变量	*fdi*	*perfdi*	*fdi*	*perfdi*	*fdi*	*perfdi*	*fdi*	*perfdi*
	(1)	(2)	(3)	(4)	(5)	(6)	(7)	(8)
PITI	-0.1921*	-0.1924*	-0.2344**	-0.2336**	-0.2375**	-0.2328**	-0.2213**	-0.2166**
	(0.1107)	(0.1109)	(0.1088)	(0.1087)	(0.1012)	(0.1012)	(0.1006)	(0.1006)
控制变量	Yes	Yes	Yes	Yes	Yes	Yes	Yes	Yes
城市固定效应	Yes	Yes	Yes	Yes	Yes	Yes	Yes	Yes
年份固定效应	Yes	Yes	Yes	Yes	Yes	Yes	Yes	Yes

① 区域限批和流域限批的试点样本主要来自龙小宁、万威（2017）的研究成果，与之不同的是，本章主要在市级层面进行分析，即使某个城市仅有一个县实施区域限批或流域限批，该县所属的地级市也将被剔除，具体包括唐山、吕梁、六盘水、莱芜、巢湖、芜湖、白银、兰州、巴彦淖尔、渭南、河津、临汾、周口、蚌埠、邯郸、濮阳、聊城、泸州、晋州、石家庄、衡水、新乡、开封、上海、北京、霍州、长治、运城、汾阳、辽阳、清远、茂名。

续表

变量	*fdi*	*perfdi*	*fdi*	*perfdi*	*fdi*	*perfdi*	*fdi*	*perfdi*
	(1)	(2)	(3)	(4)	(5)	(6)	(7)	(8)
_cons	15.7371 (11.6026)	15.7101 (11.1011)	2.5850 (2.6218)	3.7064 (2.8350)	5.1328 (3.7434)	7.3990** (3.7265)	5.5178 (3.4733)	6.8490** (3.2522)
N	2087	2087	2001	2001	2344	2344	2442	2442
F	14.8555	13.7659	15.0142	12.4642	19.1906	16.7393	16.8367	15.2875
R^2_a	0.3093	0.2882	0.3068	0.2816	0.3326	0.3099	0.3083	0.2875

注：1. 括号内的数值为在地市级层面进行聚类的稳健标准误。

2. *、** 分别表示在 10%、5%的置信水平上显著。

（5）增加额外协变量。为了进一步对地区层面的因素进行有效的控制，本章参考 Moser 和 Voena（2012）的做法，在模型（7-14）的基础上添加地区随时间的变化趋势以及地区哑变量和年份哑变量的交互项（*district-by-year*），但考虑到自由度的问题，本章并没有直接在地市级层面进行处理，而是退而求其次，在省级层面进行地区类别考察。具体而言，我们在模型中分别加入省份随时间变化的一次项趋势 $\gamma_p \times t$（$t=year-2004$）、二次项趋势 $\gamma_p \times t^2$ 以及省份哑变量与年份哑变量的交互项 $\gamma_p \times \delta_t$，控制外资活动在不同地区发生的非线性趋势变化，使得 DID 的评估结果更加令人信服，具体回归结果见表 7-13。其中，第（1）~（4）列是加入地区随时间变化的一次项趋势和二次项趋势后的回归结果，第（5）~（8）列是加入地区与时间的交互项后的回归结果。从回归结果可以看出，在考虑地区和时间因素后，环境信息公示对 FDI 流入的阻碍作用仍然显著，但与表 7-2 评估效果相比较，表 7-13 中的数据略有下降，侧面说明原有评估结果存在着高估的隐患。

表 7-13 稳健性检验：增加额外协变量

变量	*fdi*		*perfdi*		*fdi*		*perfdi*	
	(1)	(2)	(3)	(4)	(5)	(6)	(7)	(8)
PITI	-0.1654** (0.0723)	-0.1536** (0.0748)	-0.1792** (0.0723)	-0.1499** (0.0752)	-0.1898** (0.0755)	-0.1843** (0.0780)	-0.2042*** (0.0753)	-0.1817** (0.0782)
控制变量	No	Yes	No	Yes	No	Yes	No	Yes

续表

变量	*fdi*		*perfdi*		*fdi*		*perfdi*	
	(1)	(2)	(3)	(4)	(5)	(6)	(7)	(8)
$\gamma_p \times t$	Yes	Yes	Yes	Yes	No	No	No	No
$\gamma_p \times t^2$	Yes	Yes	Yes	Yes	No	No	No	No
$\gamma_p \times \delta_t$	No	No	No	No	Yes	Yes	Yes	Yes
城市固定效应	Yes	Yes	Yes	Yes	Yes	Yes	Yes	Yes
年份固定效应	Yes	Yes	Yes	Yes	Yes	Yes	Yes	Yes
_ cons	9.9096***	7.8999**	4.0576***	10.6088**	10.1841***	6.8460**	4.5250***	10.1222***
	(0.0425)	(3.2590)	(0.0425)	(4.2375)	(0.0348)	(2.9734)	(0.0347)	(2.9800)
N	2725	2711	2725	2711	2725	2711	2725	2711
R^2_ a	0.4713	0.4769	0.4535	0.4607	0.4898	0.4963	0.4726	0.4818

注：1. 括号内的数值为在地市级层面进行聚类的稳健标准误。

2. **、*** 分别表示在 5%和 1%的置信水平上显著。

第六节　环境规制下外资企业的决策分析

一、环境规制对企业成本的影响

信息公示带来的环境约束使得 FDI 显著降低，那么企业为什么因为环境约束而减少投资呢？很显然，与没有环境约束相比，环境约束使得企业面临的生产成本发生明显变化，正是成本的变化才使得企业投资出现降低。为了对企业面临的成本进行实证检验，本章将分别采用管理费用取对数（*cost*）、工资总额取对数（*lnwage*）、应交所得税（*lnpaytax*）来衡量企业的生产成本，结果见表 7-14。可以看出，环境信息公示对企业管理费用、应交所得税均具有显著促进作用，而对于工资的增长并不显著。这说明环境规制会使企业加强管理，并且外资企业享有的税收补贴可能会随着环境治理发生变化，导致管理费用和所得税显著提高；而工资成本并未发生显著提高，原因可能在于外资的流入是基于中国丰富的劳动力资源，从而形成了大量的劳动力密集型产业，所以环境规制引起的成本提高无法通过企业内部劳动力的调整来实现，更多的是需要资本驱动下的创新。

表 7-14　环境信息公示对外资企业成本的影响

变量	*cost*		*lnwage*		*lnpaytax*	
	(1)	(2)	(3)	(4)	(5)	(6)
$EI_i \times Time_t \times Pollution_j$	0.0541** (0.0264)	0.0437** (0.0186)	0.0024 (0.0261)	0.0284 (0.0214)	0.1661** (0.0691)	0.1517** (0.0620)
size		0.2816*** (0.0111)		0.4350*** (0.0066)		0.7349*** (0.0180)
debt		0.0739*** (0.0054)		0.0631*** (0.0036)		-0.0491*** (0.0123)
right		0.0226*** (0.0078)		0.0093*** (0.0029)		0.0369** (0.0165)
age		0.0842*** (0.0223)		0.2209*** (0.0308)		-0.3159*** (0.0724)
tax		2.2487*** (0.3679)		0.5560*** (0.1724)		2.2502*** (0.4742)
export		0.5144*** (0.0054)		0.0345*** (0.0065)		0.4122*** (0.0099)
subsidy		0.0392*** (0.0037)		0.0483*** (0.0043)		0.0183 (0.0120)
企业固定效应	Yes	Yes	Yes	Yes	Yes	Yes
年份固定效应	Yes	Yes	Yes	Yes	Yes	Yes
_cons	7.6047*** (0.0062)	3.4304*** (0.1215)	7.8926*** (0.0098)	2.2212*** (0.0888)	5.5238*** (0.0167)	-1.5914*** (0.2863)
N	206174	204229	147267	145321	113845	112771
F	875.0154	4397.8791	574.9056	1218.3124	263.4655	460.6703
R^2_a	0.4145	0.5536	0.2773	0.4196	0.0441	0.1192

注：1. 括号内的数值为对四分位行业进行聚类的稳健标准误。
2. **、*** 分别表示在 5%和 1%的置信水平上显著。
3. 表中省略了 $EI_i \times Time_t$、$Time_t \times Pollution_j$、$EI_j \times Pollution_j$ 的估计系数。

以上分析充分证明，环境信息公示阻碍 FDI 流入，之所以产生这样的负面影响，是因为信息公示引起的环境约束将提高外资企业的生产成本，迫使企业减少投资。那么，在环境约束背景下，管理者该如何决策以改善企业的经营状况？对此，企业要么通过改善生产流程、采取清洁生产标准等创新活动来降低成本，为企业生存赢得机遇；要么直接从环境信息公示地区转移到信息未公示地区，以减少环境约束引起的成本增加给企业带来的负面影响。为了对企业决策进行检验，此处分别对微观企业的创新活动和宏观层面的企业迁移进行考察。

二、环境规制对企业创新的影响

环境规制引起企业生产过程的外部条件发生变化，而作为理性的企业经营者，通过采取合理的策略来应对外部压力。首先考虑到企业为应对环境约束引起的成本增加被迫进行创新活动，以采取清洁生产技术的方式来克服成本增加引起的投资减少，为企业生存寻求持久动力。对此，参考龙小宁和万威（2017）研究使用的创新指标，分别以新产品产值取对数（*lnnewproduct*）、出口产值取对数（*lnexportsize*）来衡量企业创新，同时也使用新产品产值占工业总产值的比例（*newproductrate*）来说明企业创新能力的相对大小，结果见表 7-15。可以看出，无论是从企业的创新能力还是相对创新带来的新产品产值来看，环境信息公示都没有显著地促进企业创新。该结论说明，环境约束背景下外资企业并没有倾向于选择创新活动，以创新的方式来改善企业成本的提高。产生这一结果的潜在原因在于：一方面，这些企业本身创新能力不强，或是创新需要的资金和技术难以达到，无法通过创新来改善企业状况；另一方面，从流入中国的外资属性来看，这些外资本身就是受国外环境约束无法生存而外逃的资本，试图通过转移的方式来寻求较低的生存成本（Copeland & Taylor，1994）。

表 7-15　环境信息公示对外资企业创新的影响

变量	*lnnewproduct*		*newproductrate*		*lnexportsize*	
	(1)	(2)	(3)	(4)	(5)	(6)
$EI_i \times Time_t \times Pollution_j$	-0.0375 (0.0810)	0.0018 (0.0621)	-0.0245 (0.0211)	-0.0278 (0.0201)	0.0005 (0.0502)	-0.0052 (0.0279)
profit		0.2503*** (0.0807)		0.0184*** (0.0043)		-0.1160*** (0.0297)
cost		0.3019*** (0.0292)		0.0098*** (0.0015)		0.0846*** (0.0097)
size		0.4715*** (0.0725)		-0.0254*** (0.0045)		1.0567*** (0.0341)
debt		-0.0740** (0.0289)		0.0008 (0.0010)		-0.0002 (0.0036)
right		-0.0001 (0.0077)		-0.0002 (0.0007)		0.0205*** (0.0052)
age		-0.0475 (0.1265)		0.0125* (0.0071)		0.2792*** (0.0274)
tax		1.4721*** (0.2981)		0.1455*** (0.0539)		1.1056*** (0.1294)
export		0.3293*** (0.0236)		0.0249*** (0.0055)		0.9853*** (0.0131)
subsidy		0.0034 (0.0311)		-0.0030 (0.0027)		0.0293*** (0.0060)
企业固定效应	Yes	Yes	Yes	Yes	Yes	Yes
年份固定效应	Yes	Yes	Yes	Yes	Yes	Yes
_cons	9.6996*** (0.0347)	-0.3644 (0.5279)	0.0342*** (0.0014)	-0.0157 (0.0190)	9.8803*** (0.0187)	-2.0554*** (0.1117)
N	14122	14122	147270	147270	139009	138709
F	304.6051	483.9023	5.7936	33.0821	441.6262	3385.9968
R^2_a	0.1806	0.2994	0.0008	0.0237	0.3082	0.6635

注：1. 括号内的数值为对四分位行业进行聚类的稳健标准误。

2. *、**、*** 分别表示在 10%、5%和 1%的置信水平上显著。

3. 表中省略了 $EI_i \times Time_t$、$Time_t \times Pollution_j$、$EI_i \times Pollution_j$ 的估计系数。

三、环境规制对企业转移的影响

由表 7-15 的结果可以看出，信息公示并没有引起外资企业的创新，那么企业是否会以跨区域转移的方式来摆脱环境规制带来的成本压力呢？即地区间的“污染避难所”假设是否在环境信息公示中扮演着重要角色？如果地区间的“污染避难所”假设成立，信息公示造成的污染企业转移将会带来严重的样本选择性偏误，从而影响上文中 DID 与 DDD 的净效应估计。本章将试图对该问题予以回答，基于中国工业企业数据库中各地级市内新建外资企业的数量变化来说明环境信息公示是否带来外资企业的跨区域转移，具体结果见表 7-16。

表 7-16　环境信息公示对外资企业转移的影响

变量	*firmnumber*					
	(1)	(2)	(3)	(4)	(5)	(6)
PITI	0. 3100	−0. 2375	0. 1834	0. 1100	0. 3390	−0. 1140
	(1. 0614)	(0. 9885)	(0. 2786)	(0. 2825)	(1. 3070)	(1. 2069)
gdp		0. 1544*		0. 0007		0. 3313**
		(0. 0889)		(0. 0083)		(0. 1349)
density		−87. 5319		117. 5704***		−92. 8293
		(99. 1394)		(41. 2731)		(95. 7868)
investment		−0. 0211		0. 0019		−0. 0230
		(0. 0197)		(0. 0049)		(0. 0270)
government		−0. 0014		0. 0003		−0. 0018
		(0. 0032)		(0. 0007)		(0. 0040)
consume		0. 0163		0. 0096**		0. 0150
		(0. 0160)		(0. 0048)		(0. 0192)
tax		0. 3627**		0. 0375		0. 4906*
		(0. 1651)		(0. 0284)		(0. 2522)
area		−16. 6452		4. 8580		−34. 5905
		(12. 1206)		(3. 3838)		(28. 0634)

续表

变量	*firmnumber*					
	(1)	(2)	(3)	(4)	(5)	(6)
financial		0.0162		0.0093**		0.0166
		(0.0126)		(0.0038)		(0.0152)
structure		−0.0630***		−0.0020		−0.0782***
		(0.0216)		(0.0043)		(0.0267)
城市固定效应	Yes	Yes	Yes	Yes	Yes	Yes
年份固定效应	Yes	Yes	Yes	Yes	Yes	Yes
_cons	7.9771***	167.3968	1.8966***	−49.4187	9.8224***	333.1250
	(0.5582)	(114.1354)	(0.1553)	(32.2799)	(0.6995)	(259.9354)
N	1919	1901	1136	1128	1531	1519
F	7.8174	4.4780	10.3465	5.4856	8.0675	4.7358
R^2_a	0.0674	0.0736	0.1415	0.1472	0.0819	0.0904

注：1. 括号内的数值为在地市级层面进行聚类的稳健标准误。

2. *、**、*** 分别表示在 10%、5%和 1%的置信水平上显著。

其中，表 7-16 第（1）列和第（2）列是对所有样本城市进行考察的回归结果，可以看出，环境信息公示对新建外资企业数量并没有产生显著影响，同时考虑到东西部地区经济发展的差异以及在引资上的区位差别，故而也分别剔除东部地区城市和西部地区城市，回归结果见第（3）~（6）列，结果并未发生明显的变化。因此，说明环境信息公示并不会使得外资企业进行跨区域转移，同时也说明环境规制对外资企业落户该地区并未产生明显效果，即中国地区间不存在“污染避难所”假设成立的事实基础与样本自选择的实证困境。当然，其中原因可能在于经济的高速发展使得我国在引进外资时已经将环境因素作为基本标尺，以此将部分污染型 FDI 拒之门外，从而对新引进的 FDI 产生影响。

综上所述，外资企业在面临环境信息公示带来的成本提高和投资降低时，既没有采取积极的创新战略以谋求企业长远的发展，也没有采取在国内跨区域转移生产的规避方式，而是选择退出中国市场，转移到国外以寻找适合企业生存并拥有较低环境成本的市场。同时，信息公示并不会对新进外资企业的选址产生影响，只会降低目前拥有的污染型企业投资，也就是说环境规制对现有流量不产生明显影响，只会显著作用于已有的存量。

第七节 本章小结

FDI是中国经济增长的重要助推力之一，在国家建设与经济发展中发挥着举足轻重的作用。长期以来，中国作为世界上重要的引资国之一，FDI在中国优化产业结构、促进产业升级、吸收外来资本与提高创新技术能力等方面做出了重要贡献。中国政府在长期政策实践中坚持“引进来”与“走出去”相结合的基本国策也为外商投资和自身发展提供了乐观的增长空间及培育环境。同时，中国经济发展和FDI的流入与增长息息相关，而和谐可持续性的发展模式也为二者之间的互惠共赢奠定了坚实的基础。

但是，经济发展的先决条件并不是以牺牲环境与生态平衡为代价的。当前，环境问题已作为社会亟须解决的重要议题受到了社会公众的广泛关注，面对经济发展与环境污染的矛盾，中国政府实施了一系列环境规制政策为中国的经济发展营造和谐可持续的增长空间与生态环境。已有文献对中国政府实施的一系列环境规制政策进行了大量研究与影响评估，但是鲜有文献从环境信息公示对FDI流入的角度来分析环境规制政策对国家贸易方面的影响，一方面，这与信息流动作为重要的不可观测因素很难被捕捉与识别有关；另一方面，由于信息流动造成的内生性问题会对相关的因果推断造成极大困扰。2007年实施的《环境信息公开办法（试行）》政策作为一次“天然”的外生冲击恰好为本章识别信息公示对FDI流入的影响提供了基本条件。本章利用该政策构造准自然实验，以地市级样本与微观企业层面的样本作为研究对象，并通过DID与DDD估计信息公示对FDI流入的“净效应”。结果发现，环境信息的公示一方面能显著降低当地城市与企业的FDI流入；另一方面能促进该地区的FDI结构优化与策略性调整，增加了清洁型FDI流入，而降低了污染型FDI流入。在内在影响机制上，外资企业在面临环境信息公示带来的成本提高和投资下降时，既没有采取积极的创新战略以谋求企业长远的发展，也没有采取跨区域转移生产的方式，而是选择退出中国市场，转移到国外以寻找适合企业生存并拥有较低环境成本的市场。

第八章　结论与政策建议

第一节　结论

本书围绕地方政府在“环境治理与引资行为之间的困境”进行了深入的理论分析和实证检验。事实证明，地方政府在环境治理过程中受到诸多因素的额外限制与约束，从而导致环境治理效果的弱化，甚至出现失效的局面。在引资竞争模型的统一框架下，地方政府长期以来存在着“为增长而竞争、为竞争而污染”的行为困境，为了对这一困境存在的内部机制进行深层次的挖掘，本书分别从政府竞争、财政压力、晋升激励以及环境规制的视角出发来考察环境治理与引资行为之间的困境并予以检验，研究表明地方政府面临的困境主要体现在以下方面。

一是为了吸引更多外资流入，地方政府以政策优惠的方式对外资企业予以补贴，并且为了提高本地区在吸引外资中的竞争优势，在实施经济补贴的同时将环境补贴作为对外资企业的一种隐性补贴，而这一行为的转变使得外资大量流入的同时，也污染了环境；在经济补贴和环境补贴的双向激励下，加剧了外资企业和本地企业在税负、要素分配以及市场竞争过程中的不平等现象，从而抑制了本地企业的投资，最终导致外资企业与本地企业之间出现了不平衡发展，严重影响了本地企业的长远发展。此外，政府补贴并没有显著促进辖区内已有外资企业产出的增加，而是仅仅提高了新建外资企业的数量，其中包括污染密集型外资企业与非污染密集型外资企业，正是由于污染密集型外资企业数量的增加使得本地环境污染加剧，造成了引资与环境治理之间的困境。

二是财权与事权之间的不匹配使地方政府面临一定的财政压力，而这一压力的存在迫使地方政府在引资过程中进行策略性的选择。为缓解财政压力，地方政府会选择采用引资的方式摆脱财政困窘；为了短期内增加财政收入，地方政府优先选择以外资数量的增加来实现规模的扩张，而非依托现有外资企业产出的扩大来扩大外资规模，最终出现了辖区内外资数量与质量的脱钩。同时，考虑到污染密集型外资和非污染密集型外资对政府财政收入的贡献程度有所差异，策略性地选择降低环境标准、弱化环境规制等方式来实现污染密集型外资企业更多地流入，从而造成了环境质量的恶化，加剧辖区内环境污染的排放。在导致辖区内外资数量和质量脱钩的同时，也造成了污染密集型外资企业的过度流入，使地方政府陷入引资与环境治理之间的困境。

三是地方政府引资行为的变化，一方面取决于经济发展的现实要求，另一方面取决于上级政府的目标考核。针对环境污染日益恶化的现实，地方政府将积极实施环境规制政策，而环境规制的实施将提高外资企业在中国的投资成本，会削弱地方政府在引资过程中的竞争力。环境规制的实施将显著降低地区整体的外资流入水平，并且该阻碍作用存在明显的时滞性与长期影响，同时，该阻碍作用在地区外资饱和度与环境规制强度上呈现出递增规律，即随着外资饱和度与规制强度的提高，环境规制对地区 FDI 的阻碍作用也将越强；此外，环境规制对流入本地的 FDI 结构调整具有显著的影响，导致污染型企业的市场退出增强与清洁型企业的投资增加，促进了外资结构的转型与优化。尽管环境规制对净化地区环境污染具有显著的作用，但不可否认的是，FDI 的整体下滑与经济增长的放缓、外资结构转型的长期性与地方政府行为的短期化之间的矛盾将极大地限制环境规制的作用，使其难以达到预期的理想效果。

第二节　政策建议

全书对地方政府在环境治理与引资行为之间的困境进行了详细考察，对该过程的分析既是对现实问题的解释，又是为地方政府摆脱环境治理与引资行为之间的困境提供决策基础，实现其现实价值。

本书从引资行为的角度出发来探究地方政府在环境治理过程中面临的困境，事实也证明困境的存在及其在不同因素影响下呈现出差异化结果。因此，要实现环境治理与外资增长之间的共赢，必须从彻底摆脱地方政府面临的种种困境着手，而破除困境的根源在于弥补现有运行制度的不足与缺陷，规范地方政府的引资行为、加大政府行为的约束力度，提供明确有效的目标导向，强化政府行为激励，并在该过程中不断完善对地方政府的管理与监督机制。但由于地方政府在不同因素驱动下困境的呈现方式有所差异，需要进一步细化具体困境的解决方式，此处依据本书研究所得结论提出如下具体政策建议。

第一，在经济发展步入新常态背景下，地方政府应该摒弃使用经济与环境双重补贴的策略来吸引外资，彻底转变以环境代价来换取经济增长的粗放式发展模式、改变“先发展、后治理”的传统理念。在转变思路的同时深刻理解绿色清洁发展的重要性，凸显环境质量在公众福利中的重要作用，并在引资过程中始终坚持以外资带动本地企业的发展，实现技术追赶和技术溢出效应的扩散，谨防地方政府采取税赋转嫁、资源垄断与政策倾斜等方式提高本地企业的投资成本，抑制本地企业的长远发展，应该选择适合本地企业发展需求的外资产业，减少外资对本地企业投资的挤出效应，实现两者之间的有效配套，鼓励和发展本地企业，尤其是加强对民营企业的扶持和帮助，最终实现内资与外资的平衡性增长。同时，加强对地方政府引资行为的规范和约束，避免过度竞争导致环境标准的“逐底竞争”，杜绝污染密集型外资企业的破坏性流入，从根本上降低地方政府使用环境质量换取经济增长的偏好动机，实现经济发展与环境保护之间的共赢，建立绿色清洁可持续的发展模式。

第二，财政压力背景下环境治理与引资行为之间的困境，主要是地方政府面临财权与事权不匹配造成的。对此，在新一轮的深化改革中，坚持理顺中央政府与地方政府之间有关财权和事权的关系，破除现有体制的弊端，切实解决两者之间的非对称问题，在事权优先的基础上进行合理的财权安排，从而在根本上缓解财政窘境给地方政府带来的引资扭曲影响。同时，在下放行政权力的同时要提供必要的财政权利保障，使两者同时满足经济发展的需求，避免改革过程中制度缺陷导致的政府“投机”行为。此外，地方政府应该实现税收来源的多元化，改变单一税种增加税赋的传统模式，以扩大税源的方式来摆脱财政窘境，减少政府对外资增加财政收入的依赖，转变地方政府过度依赖污染密集型产业增加财政收入的短视行为，并在该过程中加强对地方政府行为的有效监督、环境标准的制定，并加大执法力度，最终实现外资规模的不断扩大和外资企业数量的有序增加，保持外资质量与数量的同步增长。

第三，为改善环境质量实施的一系列环境规制政策会引起本地外资企业的转移，这是地方政府环境治理失效的重要原因。对此，地方政府应该更多地从地方经济产业结构转型升级的角度出发，通过环境规制实现对外资的筛选作用，加大地区清洁型外资的利用，减少传统污染密集型外资的使用，实现地区外资结构的转型并带动地区其他产业的升级。同时，在环境规制的过程中，要加大执行力度，加强环境治理的监督，避免企业与地方政府之间的寻租行为，从而弱化环境规制的效果。此外，为了消除地方政府担心外资转移导致经济增长下滑的恐慌心理，地方政府应对辖区内的污染密集型企业进行融资补贴、技术支持、政策倾斜等，鼓励企业进行创新，以创新的方式来抵销环境规制下企业成本的增加，提高企业在市场中的竞争力，实现企业的技术突破以及向清洁生产的转型。当然，地方政府要注重处理好短期经济损失和长期收益之间的关系。

第三节 研究不足与展望

虽然本书的分析与检验对地方政府在环境治理与引资行为之间的困境进行了充分解释，但本书的研究对环境治理与引资结构转型间地方政府行为的研究只起到抛砖引玉的作用，更多的因素还需要进一步地深化分析和挖掘。而对本书已有的研究分析，尽管从现实出发对地方政府现有的困境进行了合理解释，但整个研究过程中还存在不足，具体如下。

首先，由于本书的研究在问题导向与数据支撑方面侧重于选择前者，这一选择对重大现实问题的分析以及解决有着重要的意义，但数据的限制将影响本书的深化分析；其次，本书侧重于分析重大的现实问题，忽略了潜在因素的干扰，主要因素的分析固然重要，但潜在因素的影响逐渐显现出来，成为影响地方政府后续引资行为的重点，也成为后续研究的重点；最后，本书在分析过程中虽然考虑了地区间的差异、产业间的异质性以及外资类型的不同，但是忽略了外资企业间的异质性，这将使企业层面的影响因素被隐藏，不利于深层次地识别和挖掘外资企业在选择投资与环境治理过程中发挥的作用。

针对本书分析过程中存在的不足与缺陷，后续研究将主要从以下两个方面进行拓展和深化：第一，无论是在研究视角上还是主题选择上，数据资料的获取都会极大改善对政府面临困境分析的局限性，以此可以进一步深化分析污染企业选址偏好问题、外资企业跨区域转移问题以及环境规制下污染转移问题等。上述问题的深化研究对于国内环境治理与外资结构转型具有重要的现实意义，在突破数据限制的同时也弥补了现有研究视角的不足。第二，受诸多因素的限制，地方政府行为在经济发展过程中也会不断变化，行为的改变也将影响环境污染与引资行为的转变。在新时代发展背景下，地方政府行为的变化是否还会在环境治理与引资行为之间造成困境以及困境形成的其他机制，将是后续研究主要拓展的方向之一。

参考文献

中文文献

［1］DÉMURGER S，杰夫·萨克斯，胡永泰，等．地理位置与优惠政策对中国地区经济发展的相关贡献［J］．经济研究，2002（9）：14-23.

［2］白俊红，吕晓红．FDI质量与中国环境污染的改善［J］．国际贸易问题，2015（8）：72-83.

［3］白俊红，吕晓红．FDI质量与中国经济发展方式转变［J］．金融研究，2017（5）：51-66.

［4］包群，彭水军．经济增长与环境污染：基于面板数据的联立方程估计［J］．世界经济，2006，29（11）：48-58.

［5］薄文广，徐玮，王军锋．地方政府竞争与环境规制异质性：逐底竞争还是逐顶竞争？［J］．中国软科学，2018（11）：76-93.

［6］北京大学中国经济研究中心宏观组．产权约束、投资低效与通货紧缩［J］．经济研究，2004（9）：26-35.

［7］毕克新，杨朝均．FDI溢出效应对我国工业碳排放强度的影响［J］．经济管理，2012（8）：31-39.

［8］才国伟，黄亮雄．政府层级改革的影响因素及其经济绩效研究［J］．管理世界，2010（8）：73-83.

［9］才国伟，张学志，邓卫广．"省直管县"改革会损害地级市的利益吗？［J］．经济研究，2011（7）：65-77.

［10］曹春方，马连福，沈小秀．财政压力、晋升压力、官员任期与地方国企过度投资［J］．经济学（季刊），2014（4）：1415-1436.

［11］曹广忠，袁飞，陶然. 土地财政、产业结构演变与税收超常规增长：中国“税收增长之谜”的一个分析视角［J］. 中国工业经济，2007（12）：13-21.

［12］曹书军，刘星，张婉君. 财政分权、地方政府竞争与上市公司实际税负［J］. 世界经济，2009（4）：69-83.

［13］陈刚. FDI 竞争、环境规制与污染避难所：对中国式分权的反思［J］. 世界经济研究，2009（6）：3-7.

［14］陈抗，HILLMAN A L，顾清扬. 财政集权与地方政府行为变化：从援助之手到攫取之手［J］. 经济学（季刊），2002，2（1）：111-130.

［15］陈媛媛，李坤望. 中国工业行业 SO_2 排放强度因素分解及其影响因素：基于 FDI 产业前后向联系的分析［J］. 管理世界，2010（3）：14-21.

［16］陈志勇，陈莉莉. 财税体制变迁、“土地财政”与经济增长［J］. 财贸经济，2011（12）：24-29.

［17］程宇丹，龚六堂. 财政分权下的政府债务与经济增长［J］. 世界经济，2015（11）：3-28.

［18］程仲鸣，夏新平，余明桂. 政府干预、金字塔结构与地方国有上市公司投资［J］. 管理世界，2008（9）：37-47.

［19］代迪尔，李子豪. 外商直接投资的碳排放效应：基于中国工业行业数据的研究［J］. 国际经贸探索，2011，27（5）：60-67.

［20］樊纲. 论体制转轨的动态过程：非国有部门的成长与国有部门的改革［J］. 经济研究，2001（11）：16-17.

［21］范子英，张军. 财政分权、转移支付与国内市场整合［J］. 经济研究，2010（3）：53-64.

［22］范子英，田彬彬. 税收竞争、税收执法与企业避税［J］. 经济研究，2013，48（9）：99-111.

［23］付文林，耿强. 税收竞争、经济集聚与地区投资行为［J］. 经济学（季刊），2011，10（4）：1329-1348.

［24］傅勇，张晏. 中国式分权与财政支出结构偏向：为增长而竞争的代

价［J］. 管理世界，2007（3）：4-22.

［25］干春晖，邹俊，王健. 地方官员任期、企业资源获取与产能过剩［J］. 中国工业经济，2015（3）：44-56.

［26］郭峰，石庆玲. 官员更替、合谋震慑与空气质量的临时性改善［J］. 经济研究，2017，52（7）：155-168.

［27］郭晓丹，何文韬，肖兴志. 战略性新兴产业的政府补贴、额外行为与研发活动变动［J］. 宏观经济研究，2011（11）：63-69.

［28］韩永辉，邹建华. 引资转型、FDI 质量与环境污染：来自珠三角九市的经验证据［J］. 国际贸易问题，2015（7）：108-117.

［29］何平林，刘建平，王晓霞. 财政投资效率的数据包络分析：基于环境保护投资［J］. 财政研究，2011（5）：30-34.

［30］何元庆. 对外开放与 TFP 增长：基于中国省际面板数据的经验研究［J］. 经济学（季刊），2007，6（4）：1127-1142.

［31］和立道，王英杰，张鑫娜. 财政分权、节能环保支出与绿色发展［J］. 经济与管理评论，2018，34（6）：25-35.

［32］贺俊，刘亮亮，张玉娟. 税收竞争、收入分权与中国环境污染［J］. 中国人口·资源与环境，2016，26（4）：1-7.

［33］侯伟丽，方浪，刘硕. "污染避难所"在中国是否存在：环境管制与污染密集型产业区际转移的实证研究［J］. 经济评论，2013（4）：65-72.

［34］胡志国，严成樑，龚六堂. 政府研发政策的经济增长效应与福利效应［J］. 财贸经济，2013（9）：112-120.

［35］黄繁华，王晶晶. 服务业 FDI、吸收能力与国际 R&D 溢出效应：一项跨国经验研究［J］. 国际贸易问题，2014（5）：95-104.

［36］黄寿峰. 财政分权对中国雾霾影响的研究［J］. 世界经济，2017，40（2）：126-152.

［37］计志英，毛杰，赖小锋. FDI 规模对我国环境污染的影响效应研究：基于 30 个省级面板数据模型的实证检验［J］. 世界经济研究，2015（3）：56-64.

［38］纪志宏，周黎安，王鹏，等. 地方官员晋升激励与银行信贷：来自中国城市商业银行的经验证据［J］. 金融研究，2014（1）：1-15.

［39］江小涓，李蕊. FDI 对中国工业增长和技术进步的贡献［J］. 中国工业经济，2002（7）：5-16.

［40］蒋仁爱，冯根福. 贸易、FDI、无形技术外溢与中国技术进步［J］. 管理世界，2012（9）：49-60.

［41］阚大学，吕连菊. 要素市场扭曲加剧了环境污染吗：基于省级工业行业空间动态面板数据的分析［J］. 财贸经济，2016，37（5）：146-159.

［42］康志勇. 政府补贴与中国本土企业出口行为研究［J］. 世界经济研究，2014（12）：22-27.

［43］孔东民，刘莎莎，王亚男. 市场竞争、产权与政府补贴［J］. 经济研究，2013（2）：55-67.

［44］李国平，杨佩刚，宋文飞，等. 环境规制、FDI 与“污染避难所”效应：中国工业行业异质性视角的经验分析［J］. 科学学与科学技术管理，2013，34（10）：122-129.

［45］李国柱. 外商直接投资与环境污染的因果关系检验［J］. 国际贸易问题，2007（6）：105-109.

［46］李贲，吴利华. 开发区设立与企业成长：异质性与机制研究［J］. 中国工业经济，2018（4）：79-97.

［47］李静，陶璐，杨娜. 淮河流域污染的“行政边界效应”与新环境政策影响［J］. 中国软科学，2015（6）：91-102.

［48］李静，杨娜，陶璐. 跨境河流污染的“边界效应”与减排政策效果研究：基于重点断面水质监测周数据的检验［J］. 中国工业经济，2015（3）：31-43.

［49］李坤望，蒋为，宋立刚. 中国出口产品品质变动之谜：基于市场进入的微观解释［J］. 中国社会科学，2014（3）：80-103.

［50］李瑞琴，王汀汀，胡翠. FDI 与中国企业出口产品质量升级：基于上下游产业关联的微观检验［J］. 金融研究，2018（6）：91-108.

［51］李涛，刘思玥．分权体制下辖区竞争、策略性财政政策对雾霾污染治理的影响［J］．中国人口·资源与环境，2018，28（6）：120-129．

［52］李涛，周业安．财政分权视角下的支出竞争和中国经济增长：基于中国省级面板数据的经验研究［J］．世界经济，2008（11）：3-15．

［53］李拓．土地财政下的环境规制“逐底竞争”存在吗？［J］．中国经济问题，2016（5）：42-51．

［54］李子豪，刘辉煌．FDI 的技术效应对碳排放的影响［J］．中国人口·资源与环境，2011，21（12）：27-33．

［55］李宗卉，鲁明泓．中国外商投资企业税收优惠政策的有效性分析［J］．世界经济，2004，27（10）：15-21．

［56］梁平汉，高楠．人事变更、法制环境和地方环境污染［J］．管理世界，2014（6）：65-78．

［57］林毅夫，苏剑．论我国经济增长方式的转换［J］．管理世界，2007（11）：5-13．

［58］刘华军，刘传明．环境污染空间溢出的网络结构及其解释：基于1997—2013 年中国省际数据的经验考察［J］．经济与管理评论，2017（1）：57-64．

［59］刘建民，陈果．环境管制对 FDI 区位分布影响的实证分析［J］．中国软科学，2008（1）：102-107．

［60］刘建民，陈霞，吴金光．财政分权、地方政府竞争与环境污染：基于 272 个城市数据的异质性与动态效应分析［J］．财政研究，2015（9）：36-43．

［61］刘瑞明，白永秀．晋升激励、宏观调控与经济周期：一个政治经济学框架［J］．南开经济研究，2007（5）：19-31．

［62］刘瑞明，石磊．国有企业的双重效率损失与经济增长［J］．经济研究，2010（1）：127-137．

［63］龙小宁，万威．环境规制、企业利润率与合规成本规模异质性［J］．中国工业经济，2017（6）：155-174．

［64］陆铭，冯皓. 集聚与减排：城市规模差距影响工业污染强度的经验研究［J］. 世界经济，2014（7）：86–114.

［65］罗党论，佘国满，陈杰. 经济增长业绩与地方官员晋升的关联性再审视［J］. 经济学（季刊），2015（3）：1145–1172.

［66］罗党论，佘国满. 地方官员变更与地方债发行［J］. 经济研究，2015，50（6）：131–146.

［67］吕晓军. 政府补贴与企业技术创新投入：来自 2009—2013 年战略性新兴产业上市公司的证据［J］. 软科学，2016，30（12）：1–5.

［68］马光荣，李力行. 政府规模、地方治理与企业逃税［J］. 世界经济，2012，35（6）：93–114.

［69］毛其淋，许家云. 外资进入如何影响了本土企业出口国内附加值?［J］. 经济学（季刊），2018，17（4）：1453–1488.

［70］潘孝珍. 中国地方政府环境保护支出的效率分析［J］. 中国人口·资源与环境，2013，23（11）：61–65.

［71］彭可茂，席利卿，雷玉桃. 中国工业的污染避难所区域效应：基于 2002—2012 年工业总体与特定产业的测度与验证［J］. 中国工业经济，2013（10）：44–56.

［72］祁毓，卢洪友，徐彦坤. 中国环境分权体制改革研究：制度变迁、数量测算与效应评估［J］. 中国工业经济，2014（1）：31–43.

［73］綦建红，鞠磊. 环境管制与外资区位分布的实证分析：基于中国 1985—2004 年数据的协整分析与格兰杰因果检验［J］. 财贸研究，2007（3）：10–15.

［74］钱先航，曹廷求，李维安. 晋升压力、官员任期与城市商业银行的贷款行为［J］. 经济研究，2011（12）：72–85.

［75］乔宝云，范剑勇，冯兴元. 中国的财政分权与小学义务教育［J］. 中国社会科学，2005（6）：37–46，206.

［76］任曙明，吕镯. 融资约束、政府补贴与全要素生产率：来自中国装备制造企业的实证研究［J］. 管理世界，2014（11）：10–23.

［77］沈坤荣，付文林．中国的财政分权制度与地区经济增长［J］．管理世界，2005（1）：31-39．

［78］沈坤荣，金刚，方娴．环境规制引起了污染就近转移吗？［J］．经济研究，2017（5）：44-59．

［79］盛巧燕，周勤．地方政府存在环境“逐底”行为吗：来自环保部“环评”数据的实证检验［J］．产业经济研究，2015（4）：60-69．

［80］史贝贝，冯晨，张妍，等．环境规制红利的边际递增效应［J］．中国工业经济，2017（12）：40-58．

［81］苏振东，洪玉娟，刘璐瑶．政府生产性补贴是否促进了中国企业出口：基于制造业企业面板数据的微观计量分析［J］．管理世界，2012（5）：24-42．

［82］苏振东，周玮庆．外商直接投资对中国环境的影响与区域差异［J］．世界经济研究，2010（6）：63-67．

［83］孙俊．中国FDI地点选择的因素分析［J］．经济学（季刊），2002，1（3）：687-698．

［84］孙晓华，李明珊．国有企业的过度投资及其效率损失［J］．中国工业经济，2016（10）：109-125．

［85］谭志雄，张阳阳，付佳．预期的力量：晋升会引致环境污染吗？——基于工具变量法的实证研究［J］．管理工程学报，2018，32（4）：37-45．

［86］谭语嫣，谭之博，黄益平，等．僵尸企业的投资挤出效应：基于中国工业企业的证据［J］．经济研究，2017（5）：175-188．

［87］汤玉刚，苑程浩．不完全税权、政府竞争与税收增长［J］．经济学（季刊），2011，10（1）：33-50．

［88］唐雪松，周晓苏，马如静．政府干预、GDP增长与地方国企过度投资［J］．金融研究，2010（8）：99-112．

［89］陶然，陆曦，苏福兵，等．地区竞争格局演变下的中国转轨：财政激励和发展模式反思［J］．经济研究，2009，44（7）：21-33．

［90］佟爱琴，陈蔚. 政府补贴对企业研发投入影响的实证研究：基于中小板民营上市公司政治联系的新视角［J］. 科学学研究，2016，34（7）：1044-1053.

［91］涂正革，谌仁俊. 排污权交易机制在中国能否实现波特效应？［J］. 经济研究，2015（7）：160-173.

［92］王兵，戴敏，武文杰. 环保基地政策提高了企业环境绩效吗：来自东莞市企业微观面板数据的证据［J］. 金融研究，2017（4）：143-160.

［93］王兵，聂欣. 产业集聚与环境治理：助力还是阻力：来自开发区设立准自然实验的证据［J］. 中国工业经济，2016（12）：75-89.

［94］王文治，陆建明. 外商直接投资与中国制造业的污染排放：基于行业投入—产出的分析［J］. 世界经济研究，2011（8）：55-62.

［95］王贤彬，徐现祥. 地方官员来源、去向、任期与经济增长：来自中国省长省委书记的证据［J］. 管理世界，2008（3）：16-26.

［96］王贤彬，徐现祥，李郇. 地方官员更替与经济增长［J］. 经济学（季刊），2009，8（4）：1301-1328.

［97］王贤彬，徐现祥. 地方官员晋升竞争与经济增长［J］. 经济科学，2010（6）：42-58.

［98］吴俊培，丁玮蓉，龚旻. 财政分权对中国环境质量影响的实证分析［J］. 财政研究，2015（11）：56-63.

［99］吴延兵. 国有企业双重效率损失研究［J］. 经济研究，2012，3（3）：15-27.

［100］席鹏辉，梁若冰，谢贞发. 税收分成调整、财政压力与工业污染［J］. 世界经济，2017（10）：170-192.

［101］夏光，赵毅红. 中国环境污染损失的经济计量与研究［J］. 管理世界，1995（6）：198-205.

［102］夏友富. 外商投资中国污染密集产业现状、后果及其对策研究［J］. 管理世界，1999（3）：109-123.

［103］谢千里，罗斯基，张轶凡. 中国工业生产率的增长与收敛［J］.

经济学（季刊），2008，7（3）：809-826.

［104］谢建国. 外商直接投资对中国的技术溢出：一个基于中国省区面板数据的研究［J］. 经济学（季刊），2006，5（4）：1109-1128.

［105］谢罗奇，龚玲，赵纯凯. 官员晋升、金融发展与环境污染：来自市长变更的证据［J］. 山西财经大学学报，2018，40（8）：15-26.

［106］谢贞发，范子英. 中国式分税制、中央税收征管权集中与税收竞争［J］. 经济研究，2015，50（4）：92-106.

［107］许和连，成丽红，孙天阳. 制造业投入服务化对企业出口国内增加值的提升效应：基于中国制造业微观企业的经验研究［J］. 中国工业经济，2017（10）：62-80.

［108］徐静，蔡萌，岳希明. 政府补贴的收入再分配效应［J］. 中国社会科学，2018（10）：39-58，205.

［109］徐现祥，王贤彬. 晋升激励与经济增长：来自中国省级官员的证据［J］. 世界经济，2010（2）：15-36.

［110］严成樑，李涛，兰伟. 金融发展、创新与 CO_2 排放［J］. 金融研究，2016（1）：14-30.

［111］杨海生，贾佳，周永章，等. 贸易、外商直接投资、经济增长与环境污染［J］. 中国人口·资源与环境，2005，15（3）：99-103.

［112］杨瑞龙，王元，聂辉华. "准官员"的晋升机制：来自中国央企的证据［J］. 管理世界，2013（3）：23-33.

［113］尹恒，杨龙见. 地方财政对本地居民偏好的回应性研究［J］. 中国社会科学，2014（5）：96-115，206.

［114］应瑞瑶，周力. 外商直接投资、工业污染与环境规制：基于中国数据的计量经济学分析［J］. 财贸经济，2006（1）：76-81.

［115］于文超，何勤英. 辖区经济增长绩效与环境污染事故：基于官员政绩诉求的视角［J］. 世界经济文汇，2013（2）：20-35.

［116］余明桂，回雅甫，潘红波. 政治联系、寻租与地方政府财政补贴有效性［J］. 经济研究，2010（3）：65-77.

［117］俞雅乖. 我国财政分权与环境质量的关系及其地区特性分析［J］. 经济学家，2013，9（9）：60-67.

［118］云鹤，舒元. 财政分权、转换系数与经济增长［J］. 经济研究，2005（6）：40-50.

［119］张成，朱乾龙，于同中. 环境污染和经济增长的关系［J］. 统计研究，2011，28（1）：59-67.

［120］张军，高远，傅勇，等. 中国为什么拥有了良好的基础设施?［J］. 经济研究，2007（3）：4-19.

［121］张军，高远. 官员任期、异地交流与经济增长：来自省级经验的证据［J］. 经济研究，2007，42（11）：91-103.

［122］张克中，王娟，崔小勇. 财政分权与环境污染：碳排放的视角［J］. 中国工业经济，2011（10）：65-75.

［123］张磊，韩雷，叶金珍. 外商直接投资与雾霾污染：一个跨国经验研究［J］. 经济评论，2018（6）：69-85.

［124］张鹏杨，唐宜红. FDI 如何提高我国出口企业国内附加值：基于全球价值链升级的视角［J］. 数量经济技术经济研究，2018，35（7）：79-96.

［125］张小蒂，李晓钟. 外商直接投资对我国进出口贸易影响的实证分析［J］. 数量经济技术经济研究，2001（7）：107-110.

［126］赵霄伟. 地方政府间环境规制竞争策略及其地区增长效应：来自地级市以上城市面板的经验数据［J］. 财贸经济，2014（10）：105-113.

［127］郑风田. 不宜神化"省直管县"［J］. 农村工作通讯，2009（22）：46.

［128］郑易生，阎林，钱薏红. 90 年代中期中国环境污染经济损失估算［J］. 管理世界，1999（2）：189-207.

［129］钟昌标. 外商直接投资地区间溢出效应研究［J］. 经济研究，2010，45（1）：80-89.

［130］周黎安. 晋升博弈中政府官员的激励与合作：兼论我国地方保护主义和重复建设问题长期存在的原因［J］. 经济研究，2004（6）：33-40.

[131] 周黎安. 中国地方官员的晋升锦标赛模式研究 [J]. 经济研究, 2007 (7): 36-50.

[132] 周力, 应瑞瑶. 外商直接投资与工业污染 [J]. 中国人口·资源与环境, 2009, 19 (2): 42-50.

[133] 周业安, 章泉. 财政分权、经济增长和波动 [J]. 管理世界, 2008 (3): 6-15.

[134] 朱平芳, 张征宇, 姜国麟. FDI 与环境规制: 基于地方分权视角的实证研究 [J]. 经济研究, 2011 (6): 133-145.

[135] 朱平辉, 袁加军, 曾五一. 中国工业环境 EKC 分析 [J]. 中国工业经济, 2010 (6): 65-75.

[136] 祝树金, 付晓燕. 政策优惠、经济环境影响 FDI 的动态效应与区域差异: 兼论我国内外资企业所得税并轨 [J]. 数量经济技术经济研究, 2008, 25 (1): 15-27.

[137] 邹建华, 韩永辉. 引资转型、FDI 质量与区域经济增长: 基于珠三角面板数据的实证分析 [J]. 国际贸易问题, 2013 (7): 147-157.

英文文献

[1] Acharyya J. FDI, growth and the environment: evidence from India on CO_2 emission during the last two decades [J]. Journal of economic development, 2009, 34 (1): 43.

[2] Aichele R, Felbermayr G. Kyoto and the carbon footprint of nations [J]. Journal of environmental economics and management, 2012, 63 (3): 336-354.

[3] Aichele R, Felbermayr G. The effect of the Kyoto protocol on carbon emissions [J]. Journal of policy analysis and management, 2013, 32 (4): 731-757.

[4] Aitken B J, Harrison A E. Do domestic firms benefit from direct foreign investment? Evidence from Venezuela [J]. American economic review, 1999, 89 (3): 605-618.

[5] Akbostanci E, Tunc G I, Türüt-Aşik S. Pollution haven hypothesis and the role of dirty industries in Turkey's exports [J]. Environment and development economics, 2007, 12 (2): 297-322.

[6] Albornoz F, Cole M A, Elliott R J R, et al. In search of environmental spillovers [J]. World economy, 2009, 32 (1): 136-163.

[7] Almer C, Winkler R. Analyzing the effectiveness of international environmental policies: the case of the Kyoto Protocol [J]. Journal of bioethical inquiry, 2017, 82 (1): 125-151.

[8] Amezcua A, Grimes M, Bradley S W, et al. Organizational sponsorship and founding environments: a contingency view on the survival of business incubated firms, 1994-2007 [J]. Social science electronic publishing, 2013, 56 (56): 1628-1654.

[9] Antweiler W, Copeland B R, Taylor M S. Is free trade good for the environment? [J]. American economic review, 2001, 91 (4): 877-908.

[10] Becker R, Henderson V. Effects of air quality regulations on polluting industries [J]. Journal of political economy, 2000, 108 (2): 379-421.

[11] Berthélemy J C, Démurger S. Foreign direct investment and economic growth: theory and application to China [J]. Review of development economics, 2000, 4 (2): 140-155.

[12] Birdsall N, Wheeler D. Trade policy and industrial pollution in Latin America: where are the pollution havens? [J]. The journal of environment & development, 1993, 2 (1): 137-149.

[13] Boeing P, Mueller E, Sandner P. China's R&D explosion—analyzing productivity effects across ownership types and over time [J]. Research policy, 2016, 45 (1): 159-176.

[14] Bronzini R, Piselli P. The impact of R&D subsidies on firm innovation [J]. Research policy, 2016, 45 (2): 442-457.

[15] Brunnermeier S B, Cohen M A. Determinants of environmental

innovation in US manufacturing industries [J]. Journal of environmental economics and management, 2003, 45 (2): 278-293.

[16] Bu M, Wagner M. Racing to the bottom and racing to the top: the crucial role of firm characteristics in foreign direct investment choices [J]. Journal of international business studies, 2016, 47 (9): 1032-1057.

[17] Busse M, Silberberger M. Trade in pollutive industries and the stringency of environmental regulations [J]. Applied economics letters, 2013, 20 (4): 320-323.

[18] Cai H, Chen Y, Gong Q. Polluting thy neighbor: unintended consequences of China' s pollution reduction mandates [J]. Journal of environmental economics and management, 2016, 76: 86-104.

[19] Cai X, Lu Y, Wu M, et al. Does environmental regulation drive away inbound foreign direct investment? Evidence from a quasi-natural experiment in China [J]. Journal of development economics, 2016 (123): 73-85.

[20] Carboni O A. R&D subsidies and private R&D expenditures: evidence from Italian manufacturing data [J]. International review of applied economics, 2011, 25 (4): 419-439.

[21] Carson R T, Jeon Y, McCubbin D R. The relationship between air pollution emissions and income: US data [J]. Environment and development economics, 1997, 2 (4): 433-450.

[22] Caviglia-Harris J L, Chambers D, Kahn J R. Taking the "U" out of Kuznets: a comprehensive analysis of the EKC and environmental degradation [J]. Ecological economics, 2009, 68 (4): 1149-1159.

[23] Chakraborty D, Mukherjee S. How do trade and investment flows affect environmental sustainability? Evidence from panel data [J]. Environmental development, 2013, 6: 34-47.

[24] Chen S X. The effect of a fiscalsqueeze on tax enforcement: evidence from a natural experiment in China [J]. Journal of public economics, 2017, 147:

62-76.

[25] Chen Y, Li H, Zhou L A. Relative performance evaluation and the turnover of provincial leaders in China [J]. Economics letters, 2005, 88 (3): 421-425.

[26] Christainsen G B, Haveman R H. Public regulations and the slowdown in productivity growth [J]. American economic review, 1981, 71 (2): 320-325.

[27] Christmann P, Taylor G. Globalization and the environment: determinants of firm self-regulation in China [J]. Journal of international business studies, 2001, 32 (3): 439-458.

[28] Cin B C, Kim Y J., Vonortas N S. The impact of public R&D subsidy on small firm productivity: evidence from Korean SMEs [J]. Small business economics, 2017, 48 (2): 345-360.

[29] Clay K, Lewis J, Severnini E. Pollution, infectious disease, and mortality: evidence from the 1918 Spanish influenza pandemic [R]. National bureau of economic research, 2015.

[30] Cole M A, Elliott R J R, Fredriksson P G. Endogenous pollution havens: does FDI influence environmental regulations? [J]. Scandinavian journal of economics, 2006, 108 (1): 157-178.

[31] Cole M A, Elliott R J R. FDI and the capital intensity of "dirty" sectors: a missing piece of the pollution haven puzzle [J]. Review of development economics, 2005, 9 (4): 530-548.

[32] Copeland B R, Taylor M S. Trade, growth, and the environment [J]. Journal of economic literature, 2004, 42 (1): 7-71.

[33] Copeland B R, Taylor M S. North-south trade and the environment [J]. Quarterly journal of economics, 1994, 109 (3): 755-787.

[34] Currie J, Davis L, Greenstone M, et al. Environmental health risks and housing values: evidence from 1, 600 toxic plant openings and closings [J]. American economic review, 2015, 105 (2): 678-709.

[35] Dam L, Scholtens B. The curse of the haven: the impact of multinational enterprise on environmental regulation [J]. Ecological economics, 2012, 78: 148-156.

[36] Dasgupta S, Laplante B, Wang H, et al. Confronting the environmental Kuznets curve [J]. Journal of economic perspectives, 2002, 16 (1): 147-168.

[37] Dean J M, Lovely M E, Wang H. Are foreign investors attracted to weak environmental regulations? Evaluating the evidence from China [J]. Journal of development economics, 2009, 90 (1): 1-13.

[38] Dean T J, Brown R L, Stango V. Environmental regulation as a barrier to the formation of small manufacturing establishments: a longitudinal examination [J]. Journal of environmental economics and management, 2000, 40 (1): 56-75.

[39] Defever F, ReYES J, Riaño A, et al. All these worlds are yours, except India: the effectiveness of export subsidies in Nepal [D]. Policy research working paper, 2017.

[40] Doh S, Kim B. Government support for SME innovations in the regional industries: the case of government financial support program in South Korea [J]. Research policy, 2014, 43 (9): 1557-1569.

[41] Du J, Girma S. Red capitalists: political connections and firm performance in China [J]. Kyklos, 2010, 63 (4): 530-545.

[42] Du J, Mickiewicz T. Subsidies, rent seeking and performance: being young, small or private in China [J]. Journal of business venturing, 2016, 31 (1): 22-38.

[43] Duflo E, Greenstone M, Pande R, et al. Truth-telling by third-party auditors and the response of polluting firms: experimental evidence from India [J]. The quarterly journal of economics, 2013, 128 (4): 1499-1545.

[44] Ebenstein A, Fan M, Greenstone M, et al. Growth, pollution, and life expectancy: China from 1991-2012 [J]. Social science electronic publishing,

2015, 105 (5): 226-231.

[45] Feltenstein A, Iwata S. Decentralization and macroeconomic performance in China: regional autonomy has its costs [J]. Journal of development economics, 2005, 76 (2): 481-501.

[46] Feng C, Shi B B, Kang R. Does environmental policy reduce enterprise innovation? —Evidence from China [J]. Sustainability, 2017, 9 (6): 872.

[47] Ferreira F, Gyourko J. Do political parties matter? Evidence from US cities [J]. The quarterly journal of economics, 2009, 124 (1): 399-422.

[48] Fogarty J J, Sagerer S. Exploration externalities and government subsidies: the return to government [J]. Resources policy, 2016, 47 (3): 78-86.

[49] Fowlie M, Holland S P, Mansur E T. What do emissions markets deliver and to whom? Evidence from Southern California' s NOX trading program [J]. American economic review, 2012, 102 (2): 965-993.

[50] Frankel J A. The environment and globalization [R]. National bureau of economic research, 2003.

[51] Eskeland G S, Harrison A E. Moving to greener pastures? Multinationals and the pollution haven hypothesis [J]. Journal of development economics, 2003, 70 (1): 1-23.

[52] Esty D C, Geradin D. Market access, competitiveness, and harmonization: environmental protection in regional trade agreements [J]. Social science electronic publishing, 1997, 21 (2): 265-336.

[53] Gibson M, Carnovale M. The effects of road pricing on driver behavior and air pollution [J]. Journal of urban economics, 2015, 89: 62-73.

[54] Girma S, Gong Y, Görg H. Foreign direct investment, access to finance, and innovation activity in Chinese enterprises [J]. The world bank economic review, 2008, 22 (2): 367-382.

[55] Glickman N J, Woodward D P. The location of foreign direct investment in the United States: patterns and determinants [J]. International regional science

review, 1988, 11 (2): 137-154.

[56] Gray W B, Shadbegian R J. Environmental regulation, investment timing, and technology choice [J]. Journal of industrial economics, 1998, 46 (2): 235-256.

[57] Grossman G M, Krueger A B. Economic growth and the environment [J]. The quarterly journal of economics, 1995, 110 (2): 353-377.

[58] Grossman G M, Krueger A B. Environmental impacts of a North American free trade agreement [R]. National bureau of economic research, 1991.

[59] Grunewald N, Martinez-Zarzoso I. Did the Kyoto Protocol fail? An evaluation of the effect of the Kyoto Protocol on CO_2 emissions [J]. Environment and development economics, 2016, 21 (1): 1-22.

[60] Halpern L, Koren M, Szeidl A. Imported inputs and productivity [J]. American economic review, 2015, 105 (12): 3660-3703.

[61] Harrison A, Hyman B, Martin L, et al. When do firms go green? Comparing price incentives with command and control regulations in India [R]. National bureau of economic research, 2015.

[62] Hayashi M, Boadway R. An empirical analysis of intergovernmental tax interaction: the case of business income taxes in Canada [J]. Canadian journal of economics/revue Canadienne D' économique, 2001, 34 (2): 481-503.

[63] He G, Fan M, Zhou M. The effect of air pollution on mortality in China: evidence from the 2008 Beijing Olympic Games [J]. Journal of environmental economics and management, 2016, 79 (3): 18-39.

[64] He J. Pollution haven hypothesis and environmental impacts of foreign direct investment: the case of industrial emission of sulfur dioxide (SO_2) in Chinese provinces [J]. Ecological economics, 2006, 60 (1): 228-245.

[65] He Y, Sheng P, Vochozka M. Pollution caused by finance and the relative policy analysis in China [J]. Energy & Environment, 2017, 28 (7): 808-823.

[66] Head K, Mayer T. Market potential and the location of Japanese investment in the European Union [J]. Review of economics and statistics, 2004, 86 (4): 959-972.

[67] Hering L, Poncet S. Environmental policy and exports: evidence from Chinese cities [J]. Journal of environmental economics & management, 2014, 68 (2): 296-318.

[68] Hottenrott H, Rexhäuser S. Policy-induced environmental technology and inventive efforts: is there a crowding out? [J]. Industry and innovation, 2015, 22 (5): 375-401.

[69] Jaffe A B, Peterson S R, Portney P R, et al. Environmental regulation and the competitiveness of US manufacturing: what does the evidence tell us? [J]. Journal of economic literature, 1995, 33 (1): 132-163.

[70] Javorcik B S, Wei S J. Pollution havens and foreign direct investment: dirty secret or popular myth? [J]. Contributions in economic analysis & policy, 2003, 3 (2): 47-68.

[71] Jia R, Kudamatsu M, Seim D. Political selection in China: the complementary roles of connections and performance [J]. Journal of the European economic association, 2015, 13 (4): 631-668.

[72] Jia R. Pollution for promotion [R]. Social science electronic publishing, 2012.

[73] Javorcik B S. Does foreign direct investment increase the productivity of domestic firms? In search of spillovers through backward linkages [J]. American economic review, 2004, 94 (3): 605-627.

[74] Johnstone N, Haščič I, Popp D. Renewable energy policies and technological innovation: evidence based on patent counts [J]. Environmental and resource economics, 2010, 45 (1): 133-155.

[75] Jones B F, Olken B A. Do leaders matter? National leadership and growth since World War Ⅱ [J]. Quarterly journal of economics, 2005, 120 (3):

835-864.

[76] Kamwa E. Tax competition and determination of the quality of public goods [J]. Journal of applied microbiology, 2012, 112 (1): 90-98.

[77] Keller W, Levinson A. Pollution abatement costs and foreign direct investment inflows to US states [J]. Review of economics and statistics, 2002, 84 (4): 691-703.

[78] Khalil S, Inam Z. Is trade good for environment? A unit root cointegration analysis [J]. The Pakistan development review, 2006, 45 (4): 1187-1196.

[79] Klette T J, Møen J, Griliches Z. Do subsidies to commercial R&D reduce market failures? Microeconometric evaluation studies [J]. Research policy, 1999, 29 (4): 471-495.

[80] Letchumanan R, Kodama F. Reconciling the conflict between the pollution-haven hypothesis and an emerging trajectory of international technology transfer [J]. Research policy, 2000, 29 (1): 59-79.

[81] Levinson A, Taylor M S. Unmasking the pollution haven effect [J]. International economic review, 2008, 49 (1): 223-254.

[82] Li G, He Q, Shao S, et al. Environmental non-governmental organizations and urban environmental governance: evidence from China [J]. Journal of environmental management, 2018, 206 (1): 1296-1307.

[83] Li H, Zhou L. 6 A. Political turnover and economic performance: the disciplinary role of personnel control in China [J]. Journal of public economics, 2005, 89 (9): 1743-1762.

[84] Li P, Lu Y, Wang J. Does flattening government improve economic performance? Evidence from China [J]. Journal of development economics, 2016, 123 (12): 18-37.

[85] Lin J Y, Liu Z. Fiscal decentralization and economic growth in China [J]. Economic development and cultural change, 2000, 49 (1) : 1-21.

[86] Lipscomb M, Mobarak A M. Decentralization and pollution spillovers:

evidence from the re-drawing of county borders in Brazil [J]. The review of economic studies, 2017, 84 (1): 464-502.

[87] List J A, Daniel S. How elections matter: theory and evidence from environmental policy [J]. Quarterly journal of economics, 2006, 121 (4): 1249-1281.

[88] List J A, Co C Y. The effects of environmental regulations on foreign direct investment [J]. Journal of environmental economics and management, 2000, 40 (1): 1-20.

[89] List J A, Gerking S. Regulatory federalism and environmental protection in the United States [J]. Journal of regional science, 2000, 40 (3): 453-471.

[90] List J A, McHone W W, Millimet D L. Effects of air quality regulation on the destination choice of relocating plants [J]. Oxford economic papers, 2003, 55 (4): 657-678.

[91] Liu Y, Martinez-Vazquez J. Public input competition under stackelberg equilibrium: a note [J]. Journal of public economic theory, 2015, 17 (6): 1022-1037.

[92] Liu Z. Foreign direct investment and technology spillovers: theory and evidence [J]. Journal of development economics, 2008, 85 (1): 176-193.

[93] Lockwood B. Distributive politics and the costs of centralization [J]. The review of economic studies, 2002, 69 (2): 313-337.

[94] Löfgren Å, Wråke M, Hagberg T, et al. The effect of EU-ETS on Swedish industry's investment in carbon mitigating technologies [R]. Working papers in economics, 2013.

[95] Lu Y, Wang J, Zhu L. Do place-based policies work? Micro-level evidence from China's economic zone program [R]. Social science electronic publishing, 2015.

[96] Maddison D. Environmental Kuznets curves: a spatial econometric approach [J]. Journal of environmental economics and management, 2006, 51

(2): 218-230.

[97] Mani M, Wheeler D. In search of pollution havens? Dirty industry in the world economy, 1960 to 1995 [J]. The journal of environment & development, 1998, 7 (3): 215-247.

[98] Markusen J R, Venables A J. Foreign direct investment as a catalyst for industrial development [J]. European economic review, 1999, 43 (2): 335-356.

[99] Mazzanti M, Zoboli R. Environmental efficiency and labour productivity: trade-off or joint dynamics? A theoretical investigation and empirical evidence from Italy using NAMEA [J]. Ecological economics, 2009, 68 (4): 1182-1194.

[100] Merican Y. Foreign direct investment and pollution in five Asean nations [J]. International journal of economics & management, 2007, 1 (2): 245-261.

[101] Meuleman M, Maeseneire W D. Do R&D subsidies affect SMEs' access to external financing? [J]. Research policy, 2012, 41 (3): 580-591.

[102] Mielnik O, Goldemberg J. Foreign direct investment and decoupling between energy and gross domestic product in developing countries [J]. Energy policy, 2002, 30 (2): 87-89.

[103] Millimet D L. Assessing the empirical impact of environmental federalism [J]. Journal of regional science, 2003, 43 (4): 711-733.

[104] Moser P, Voena A. Compulsory licensing: evidence from the trading with the enemy act [J]. American economic review, 2012, 102 (1): 396-427.

[105] Oates W E, Schwab R M. The window tax: a case study in excess burden [J]. Journal of economic perspectives, 2015, 29 (1): 163-180.

[106] Oates W E. Fiscal and regulatory competition: theory and evidence [J]. Perspektiven der wirtschaftspolitik, 2002, 3 (4): 377-390.

[107] Oates W E. An essay on fiscalfederalisme [J]. Journal of economic

literature, 1999, 37 (3): 1120-1149.

[108] Osano H M, Koine P W. Role of foreign direct investment on technology transfer and economic growth in Kenya: a case of the energy sector [J]. Journal of innovation and entrepreneurship, 2016, 5 (1): 31.

[109] Pan X, Tian G G. Political connections and corporate investments: evidence from the recent anti-corruption campaign in China [J]. Journal of banking & finance, 2017, 3 (5): 1-15.

[110] Pellegrini G, Muccigrosso T. Do subsidized new firms survive longer? Evidence from a counterfactual approach [J]. Regional studies, 2017, 51 (10): 1483- 1493.

[111] Perkins R, Neumayer E. Transnational linkages and the spillover of environment - efficiency into developing countries [J]. Global environmental change, 2009, 19 (3): 375-383.

[112] Pethig R. Pollution, welfare, and environmental policy in the theory of comparative advantage [J]. Journal of environmental economics and management, 1976, 2 (3): 160-169.

[113] Porter M E. Towards a dynamic theory of strategy [J]. Strategic management journal, 1991, 12 (S2): 95-117.

[114] Qian Y, Weingast B R. Federalism as a commitment to reserving market incentives [J]. Journal of economic perspectives, 1997, 11 (4): 83-92.

[115] Richardson S. Over-investment of free cash flow [J]. Review of accounting studies, 2006, 11 (2-3): 159-189.

[116] Rogge K S, Schleich J., Haussmann P, et al. The role of the regulatory framework for innovation activities: the EU ETS and the German paper industry [J]. International journal of technology, policy and management, 2011, 11 (3-4): 250-273.

[117] Romer P. Endogenous technological change [J]. Journal of political economy, 1990, 98 (5): 71-102.

[118] Romer P. Increasing returns and long-run growth [J]. Journal of political economy, 1986, 94 (5): 1002-1037.

[119] Sadorsky P. The impact of financial development on energy consumption in emerging economies [J]. Energy policy, 2010, 38 (5): 2528-2535.

[120] Saveyn B, Proost S. Energy-tax reform with vertical tax externalities [J]. FinanzArchiv: Public finance analysis, 2008, 64 (1): 63-86.

[121] Selden T M, Song D. Environmental quality and development: is there a Kuznets curve for air pollution emissions? [J]. Journal of environmental economics and management, 1994, 27 (2): 147-162.

[122] Shapiro, Joseph S, Reed Walker. Why is pollution from US manufacturing declining? The roles of environmental regulation, productivity, and trade [J]. American economic review, 2018, 108 (12): 3814-3854.

[123] Shleifer A, Vishny R W. Corruption [J]. The quarterly journal of economics, 1993, 108 (3): 599-617.

[124] Siegel R. Why has productivity slowed down? [J]. Data resources US review, 1979 (1): 59-65.

[125] Sigman H. Transboundary spillovers and decentralization of environmental policies [J]. Journal of environmental economics and management, 2005, 50 (1): 82-101.

[126] Singh N. Fiscal decentralization in China and India: competitive, cooperative or market preserving federalism? [R]. MPRA paper, 2007: 1705.

[127] Stern D I, Common M S. Is there an environmental Kuznets curve for sulfur? [J]. Journal of environmental economics and management, 2001, 41 (2): 162-178.

[128] Stewart R B. Pyramids of sacrifice—problems of federalism in mandating state implementations of national environmental policy [J]. Yale law journal, 1977, 86 (6): 1196-1272.

[129] Tanaka S. Environmental regulations on air pollution in China and their

impact on infant mortality [J]. Journal of health economics, 2015, 42 (7): 90-103.

[130] Tiebout C M. A pure theory of local expenditure [J]. Journal of political economy, 1956, 64 (5): 416-424.

[131] Tuan C, Ng L F Y, Zhao B. China's post-economic reform growth: the role of FDI and productivity progress [J]. Journal of asian economics, 2009, 20 (3): 280-293.

[132] Wagner U J, Timmins CD. Agglomeration effects in foreign direct investment and the pollution haven hypothesis [J]. Environmental and resource economics, 2009, 43 (2): 231-256.

[133] Waldkirch A, Gopinath M. Pollution control and foreign direct investment in Mexico: an industry-level analysis [J]. Environmental and resource economics, 2008, 41 (3): 289-313.

[134] Walter I W, Ugelow J. Environmental policies in developing countries. [J]. Ambio, 1979, 8 (2/3): 102-109.

[135] Walter I. The pollution content of American trade [J]. Western economic journal, 1973, 11 (1): 61-70.

[136] Wang H, Jin Y. Industrial ownership and environmental performance: evidence from China [J]. Environmental and resource economics, 2007, 36 (3): 255-273.

[137] Wheeler D. Racing to the bottom? Foreign investment and air pollution in developing countries [J]. The journal of environment & development, 2001, 10 (3): 225-245.

[138] Wildasin D E. Interjurisdictional capital mobility: fiscal externality and a corrective subsidy [J]. Journal of urban economics, 1989, 25 (2): 193-212.

[139] Woods N D. Interstate competition and environmental regulation: a test of the race-to-the-bottom thesis [J]. Social science quarterly, 2006, 87 (1): 174-189.

[140] Wu H, Guo H, Zhang B, et al. Westward movement of new polluting firms in China: pollution reduction mandates and location choice [J]. Journal of comparative economics, 2017, 45 (1): 119-138.

[141] Xing Y, Kolstad C D. Do lax environmental regulations attract foreign investment? [J]. Environmental and resource economics, 2002, 21 (1): 1-22.

[142] Xu C. The fundamental institutions of China's reforms and development [J]. Journal of economic literature, 2011, 49 (4): 1076-1151.

[143] Zhang Y J. The impact of financial development on carbon emissions: an empirical analysis in China [J]. Energy policy, 2011, 39 (4): 2197-2203.

[144] Zhang Y J, Peng Y L, Ma C Q, et al. Can environmental innovation facilitate carbon emissions reduction? Evidence from China [J]. Energy policy, 2017, 100 (C): 18-28.

[145] Zheng S, Kahn M E, Sun W, et al. Incentives for China's urban mayors to mitigate pollution externalities: the role of the central government and public environmentalism [J]. Regional science and urban economics, 2014, 47 (7): 61-71.

附录

附表1　全国各省份政策优惠指数的测算结果（1985—2016年）

省份	1985年	1990年	1995年	2000年	2005年	2010年	2016年
北京	0	2	6	6	6	6	6
天津	7	9	21	21	21	26	34
河北	7	17	21	21	21	25	37
山西	0	0	0	4	8	12	16
内蒙古	0	0	2	6	6	6	14
辽宁	10	26	35	35	35	43	59
吉林	0	0	4	4	4	12	22
黑龙江	0	0	6	6	6	14	34
上海	5	21	21	21	26	26	34
江苏	42	42	46	46	66	94	138
浙江	32	32	48	48	48	80	112
安徽	0	0	7	11	11	19	47
福建	12	16	28	28	28	36	48
江西	0	0	7	7	7	27	43
山东	14	31	43	43	43	59	83
河南	0	0	0	4	8	20	36
湖北	0	0	10	10	10	26	34
湖南	0	0	3	7	7	19	35
广东	47	47	55	55	55	59	63
广西	3	3	5	5	9	13	21
海南	0	5	9	9	9	9	9
重庆	0	0	7	7	11	20	20
四川	0	0	0	4	4	12	32

续表

省份	1985年	1990年	1995年	2000年	2005年	2010年	2016年
贵州	0	0	0	4	8	8	8
云南	0	0	3	3	3	11	24
西藏	0	0	0	0	4	4	4
陕西	0	0	0	4	4	12	20
甘肃	0	0	0	0	4	12	20
青海	0	0	0	4	4	4	8
宁夏	0	0	0	0	4	4	8
新疆	0	0	7	11	11	21	50

附表2　各地级市报纸种类的数量　单位：种

地区	种类数	地区	种类数	地区	种类数	地区	种类数
北京市	11	阜新市	1	金华市	1	菏泽市	1
天津市	6	盘锦市	1	舟山市	1	郑州市	6
石家庄市	7	铁岭市	1	台州市	1	开封市	1
唐山市	1	朝阳市	1	丽水市	1	洛阳市	1
秦皇岛市	1	长春市	6	合肥市	5	平顶山市	1
邯郸市	1	四平市	1	芜湖市	1	安阳市	1
邢台市	1	辽源市	1	蚌埠市	1	鹤壁市	1
保定市	1	通化市	1	淮南市	1	新乡市	1
张家口市	1	白山市	1	马鞍山市	1	焦作市	1
承德市	1	哈尔滨市	6	铜陵市	1	许昌市	1
沧州市	1	齐齐哈尔市	1	安庆市	1	商丘市	1
廊坊市	1	鸡西市	1	巢湖市	1	周口市	1
衡水市	1	鹤岗市	1	福州市	7	驻马店市	1
太原市	11	双鸭山市	1	厦门市	1	武汉市	3
大同市	1	大庆市	1	莆田市	1	黄石市	1
阳泉市	1	伊春市	1	三明市	1	十堰市	1
长治市	1	佳木斯市	1	泉州市	1	宜昌市	1
晋城市	1	牡丹江市	2	漳州市	1	襄阳市	1
朔州市	1	黑河市	1	南平市	1	鄂州市	2

续表

地区	种类数	地区	种类数	地区	种类数	地区	种类数
晋中市	1	绥化市	1	龙岩市	1	孝感市	1
运城市	2	上海市	21	宁德市	1	黄冈市	1
忻州市	1	南京市	7	南昌市	4	咸宁市	1
临汾市	1	无锡市	4	九江市	1	长沙市	6
吕梁市	1	徐州市	1	新余市	1	湘潭市	1
呼和浩特市	3	常州市	1	赣州市	1	衡阳市	1
包头市	1	苏州市	1	宜春市	1	邵阳市	1
乌海市	1	南通市	1	抚州市	1	岳阳市	1
赤峰市	1	连云港市	1	上饶市	1	常德市	1
通辽市	1	淮安市	1	济南市	4	张家界市	1
鄂尔多斯市	1	盐城市	1	青岛市	1	益阳市	1
巴彦淖尔市	1	扬州市	1	淄博市	1	郴州市	1
沈阳市	5	镇江市	1	东营市	1	永州市	1
大连市	1	泰州市	1	烟台市	2	广州市	11
鞍山市	1	宿迁市	1	潍坊市	1	韶关市	1
抚顺市	1	杭州市	3	济宁市	1	深圳市	2
本溪市	1	宁波市	1	泰安市	1	珠海市	1
丹东市	1	温州市	1	威海市	1	汕头市	1
锦州市	1	嘉兴市	1	莱芜区	1	佛山市	1
营口市	1	绍兴市	1	德州市	1	湛江市	1
肇庆市	1	海口市	3	宜宾市	1	玉溪市	1
惠州市	1	重庆市	5	广安市	1	拉萨市	2
梅州市	1	成都市	9	达州市	1	西安市	5
汕尾市	1	自贡市	1	雅安市	1	铜川市	1
东莞市	1	攀枝花市	1	巴中市	1	宝鸡市	1
中山市	1	泸州市	1	贵阳市	6	咸阳市	1
潮州市	1	绵阳市	1	六盘水市	1	渭南市	1
南宁市	5	广元市	1	遵义市	1	延安市	1
柳州市	1	内江市	1	昆明市	6	汉中市	1
桂林市	1	乐山市	1	楚雄市	1	榆林市	1

续表

地区	种类数	地区	种类数	地区	种类数	地区	种类数
北海市	1	南充市	1	红河哈尼族自治州	1	安康市	1
钦州市	1	眉山市	1	大理州	1	商洛市	1
兰州市	5	天水市	1	平凉市	1	定西市	1
金昌市	1	武威市	1	酒泉市	1	陇南市	1
白银市	1	张掖市	1	庆阳市	1	西宁市	2
银川市	3	吴忠市	1	固原市	1	中卫市	1
乌鲁木齐市	5	—	—	—	—	—	

重要术语索引

致谢

行文于此，意味着博士学位论文的终结。而这一刻，我却没有当初想象的那样兴奋，更多的是一种来自内心深处的慰藉。本书是我对当前中国环境污染治理问题的深入思考。在研究分析中，我也曾惶恐不安，着实担心问题脱离实际、解释主观臆断，得出一些华而不实、误人子弟的结论，这绝非我的研究初衷。为了溯本清源，研究之初，我便着重从现实观察出发，尽可能地对现实做出合理的经济解释。正因如此，分析的过程给了我信心，证明我的判断是对的，我的研究选题是好的。好的选题让我倍感命运的眷顾，也不枉费博士三年对这一问题的执着追求，希望通过我的努力可以为中国的环境治理贡献一点力量，同时，我也迫切地希望这篇论文尽快地失去其现实价值，那将证明我在文中所提到的问题在现实中得到了彻底解决，那又有什么不好呢？

博士学位论文的顺利完成为我的学生时代画上了圆满的句号，也留下了一段难以忘怀的回忆。值此之际，感谢我的母校——西北大学，为我的求学营造了良好的环境，熟悉的图书馆，为我的学术研究提供了便利，营造了一方只属于我的天地。同时，知识的收获仅仅是人生中的一部分，情谊的长存才是重要的人生财富，在此感谢给予我“财富”的诸位老师和同学。

感谢我的老师——贾明德教授。求学的波折让我有幸成为贾老师的弟子，他严谨的治学态度对我影响深远，高尚的师德操守为我做人树立了典范，求真的学术追求是我学习的榜样。更重要的是，独立思考、坚持己见、独树一帜的学术观点为老师所鼓励和赞扬，并期望我有所坚持，老师的言传身教深深地影响着我。特此，我道一声：老师，谢谢您。

感谢康蓉副教授，给予我生活和学术上的诸多帮助，使我不再孤军奋战，拥有学术交流的空间；感谢曾经为我的经济学思考带来转变的马莉莉教授，是您让我真正懂得研究不止一种方式的存在；感谢为我传道授业解惑的老师，是你们的付出让我对经济学有了更深刻的理解；感谢我的同窗，王泽润博士、王晗博士、白东北博士、程锐博士和彭邦文博士，与诸位相互学习，是我的一份荣耀；感谢上海财经大学的冯晨博士，与君相识，实为缘分，与君相交，收益颇多。

感谢我的夫人杨菲博士，是你的照顾和陪伴，让我倍感温暖，是你的理解和支持，让我在学术的道路上走得更远。

最后，感谢我的爸爸妈妈，你们的爱是我坚持不懈的动力。

士不可不弘毅，任重而道远。写给未来的我，愿坚持自己所追求的、所信仰的、所执着的，不曾放弃、不想放弃，也不要放弃。

西北大学长安校区

2019 年 6 月 1 日